U0067289

特殊學生
鑑定與評量
（第二版）

陳麗如　著

作者簡介

陳麗如

學歷：國立台灣師範大學教育心理與輔導學士、碩士
　　　國立彰化師範大學特殊教育博士
經歷：高中輔導教師一年
　　　國中啟智班教師、組長共七年
　　　空中大學等三所大學兼任講師四年
　　　長庚大學教育學程中心專任助理教授四年
　　　長庚大學師資培育中心專任副教授四年
　　　美國 University of Connecticut 訪問研究一年
現任：長庚大學早期療育研究所專任副教授
著作（至 2014 年止）：
　　　《特殊教育論題與趨勢》、《身心障礙學生教材教法》（心
　　　理出版社）、《生涯發展阻隔因素量表》（第二版）等五份
　　　量表（心理出版社）。
　　　"Transition services in Taiwan: A comparison between service
　　　need and services received education and training on mental retar-
　　　dation and developmental disabilities" 等國內外 SSCI 等期刊六
　　　十篇學術論著發表。"CEC" 等單位主辦之國內外學術研討會
　　　三十三場論文發表。

王序

　　特殊教育學生，無論是身心障礙者或資賦優異者，均具有個別間與個別內的差異，這是眾所皆知的事實。站在教育的立場，如何選擇最適當的教材與最合宜的方法，予以因材施教，確是自古以來辦理教育一直積極探尋的一個方向。

　　我國《特殊教育法施行細則》第二條規定，中央主管教育行政機關應會商相關機關，為身心障礙與資賦優異學生，訂定鑑定原則鑑定基準，教育部乃據以訂定《身心障礙及資賦優異學生鑑定原則鑑定基準》共十九項，用意至佳，內容亦屬充實，可惜多屬原則性的揭示，於實務的工作上助益不大。因此從事特殊教育工作者亟需有一套明確的指導方針。

　　本書涵蓋特殊教育鑑定與評量有關的學理基礎、鑑定、評量，和工具四篇，堪稱理論與實務兼顧。無論對從事特殊教育領域研究者或從事特殊教育的實務工作者而言，均具有參考價值與貢獻。尤其工具篇部分涉及版權問題，本書作者皆得一一爭取授權使用，其間過程的艱辛，可以體會，對作者的用心，也值得敬佩。

　　本書作者陳麗如博士為年輕學者中的佼佼者，她對學術的專注與努力，令人敬佩。本人曾忝為其博士論文指導教授之一，對於她在學術界的卓越貢獻，深感榮幸。值此專書問世之際，特贊數語，以為祝賀之意，並藉以向特教界諸位先進介紹這本值得一讀的好書。

王文科　謹序

于彰化師大

孟序

　　特殊教育為一國經濟進步的指標，而特殊教育之早期介入與適性教育等重要原則則端賴完整與正確的鑑定，然而或因特殊教育在國內之起步相較於歐美為遲，或因國內在發展相關評量工具與模式上有其先天不足之處。雖已有一九九九（民88）年所確立的《身心障礙及資賦優異學生鑑定原則鑑定基準》，然卻缺乏相關實務鑑定工作上所需的鑑定工具配合，而已發展的少數本土化評量工具，一般特教老師更缺乏對其系統化的認識，遑論鑑定模式的建立。

　　對照上述情形，由培育特教老師搖籃的主要大專院校做起，加重未來特教老師對特殊兒童鑑定與評量的認識實為當務之急。特殊兒童鑑定與評量在一般特教學程已是一門必修課，然這方面的大專教科書卻相對稀少，這次欣然見到陳麗如博士所著的《特殊學生鑑定與評量》一書，不僅是理論與實務兼備，對特殊學生的鑑定與評量的基本概念、方法、注意事項等皆有詳述，更對國內目前有的特殊兒童相關鑑定工具作了一系列的完整整理；同時尤其難得是文字深入淺出、體例完整，非常適合初學者學習之用，相信這會是國內目前最好的特殊兒童鑑定與評量教科書之一。

　　筆者與陳麗如博士曾在研究方面共事數年，亦忝為其博士論文指導教授之一，於公於私皆非常欣賞她各方面的能力，尤其在研究方面的思緒敏捷與努力不輟更是值得學習，相信她在著述不斷的過程中定能對國內特教界有綿遠的貢獻。這是她的第一本專書著作，已令人驚艷，日後成就定當可期。

孟瑛如　謹序
于新竹師院

再版序

　　受到讀者的肯定是使一份著作繼續努力的堅定動力。近年來國內特殊教育的發展已有許多的變化，更由於國內學者們的努力，特殊教育相關測驗有諸多的發展，對於在最前線的特殊教育工作真是一大助益。為了使讀者能夠掌握最新測驗應用，該是這本書改版的時候了。

　　與第一版比較，第二版最大的改變除了增加應用篇「評量篇」中的「實作評量」外，主要在調整第四篇「測驗工具」的篇幅，乃增加近年來各學者所發展的新測驗，並為求精簡，刪除初版部分性質較相近的測驗。其他篇章則只做小幅修訂，內涵並未做太大更動。讀者若持有第一版，則只須參考其中增頁部分（見下表）即可。

再版與初版之比較表

篇次	新增內容	刪減內容	調整內容	備註
基礎篇				
鑑定篇	新增表 5-6；各節末新增各類障礙學生的評量工具。		《身心障礙及資賦優異學生鑑定原則鑑定基準》改以新法案《身心障礙及資賦優異學生鑑定標準》呈現。	從附錄五中即可查閱、了解新增工具；新法案只作名稱更改，內容未改變。
評量篇	新增「實作評量」一章。			
工具篇	新增新近發展測驗共七節；每節後增加附欄「相近測驗簡介」。	刪除性質重複之量表兩節。		相近測驗簡介以一九九九年以後出版之測驗為主。
應用篇	增加「綜合研判」一章。			
附錄	附錄三以新頒法案呈現；附錄四增列新鑑定醫院；附錄五（原附錄六）增列新近發展測驗；增列附錄六鑑定表格。	附錄五（原附錄六）刪除一九九一年以前工具。	原附錄三與附錄四合併於新附錄三。	

　　再版之時，同樣地要感謝諸多前輩的指引、讀者們的回饋鼓勵、基隆市特殊教育資源中心的資料借予、長庚大學子弟素錦及盛家的文書處理，尤其是各量表編製者慷慨授權本人刊登其大作實例於拙作中，使得國內特殊教育工作者得以對新近的特殊教育評量工具有充分的認識與應用。並再次期望各方前輩不吝賜教，使本書能有更大的成長機會，以嘉惠於讀者。

陳麗如

二〇〇五年九月十六日

作者序

　　特殊學生，或在生理功能方面、或在智力潛能、學業成就水準、情緒表現等方面，是一異質性頗大的群體。為因應這一群體的特殊學習需求，鑑定與評量遂成為教育的重要過程。

　　特殊教育的鑑定結果，關乎學生的受教權益，其過程必須謹慎；特殊教育評量工作，關乎學生的學習方向，將影響學生的學習成敗，過程更須用心。特殊教育鑑定與評量的工作並不限於使用測驗工具，舉凡各種有利於蒐集學生學習的相關資訊，皆不應被忽視，因此具有多元化的過程與內容。近年來，國內學者已努力於發展一系列適於評估國內學生的評量工具，然而一般教師對評量工具的認識不多，為特殊教育工作推行的一個明顯阻礙因素。因此特殊教育工作者應充分了解各類障礙學生鑑定與評量的內涵、方法與工具。

　　本書共分四篇，首先提及鑑定與評量的基本概念，包括特殊學生鑑定與評量應用的注意事項；第二篇探討各類特殊學生的鑑定方法及其相關問題；第三篇在介紹目前對特殊學生普遍評量的方法；第四篇則整理目前國內常用於評量特殊學生的標準化測驗工具。為了使讀者在各個相關概念間進行比較，在各篇中，各章均以相似的格式編寫。相信讀者在精熟各章節之後，將能活用鑑定與評量的功能，以期達到特殊教育的基本精神──「個別化教育」。

　　一份著作的完成不易，需要感謝的人相當多。首先，感謝各量表編者授權本人刊登其大作實例於拙作中，使得國內特殊教育工作者得以對目前的特殊教育評量工具有充分的分享學習機會。同時因為學淺見聞不豐，未能及時蒐集國內更多的工具，其實遺漏了部分學者的傑作，此為遺憾之處。期望各方前輩不吝指教，往後若有機會，將能有更完整的工具嘉惠於讀者。

　　另外要感謝的是王文科教授及孟瑛如教授的鼓勵；好友婉玲、

潔、惠美、梅菁的精神支持；乃慧小姐的插畫貢獻；長庚大學子弟春美、世旻、秋怡、韻年的文書處理等等，皆是著作付梓的要角；而長庚大學整個教育體系所提供的資源，更使我得以有精力與心情完成這一份淺作，亦是我相當感恩的。最後謹將這博士學位取得以來第一本出版的議題專書獻給我的父親、母親、婆婆，及先生馬士貴博士、子女宛儀及宗儀。願將這一點微薄的成就與他們分享。

陳麗如

于長庚大學

目　錄

圖表目錄

表

圖

圖表

基礎篇

　　為了使鑑定（identification）與評量（assessment）的工作順利推展，所有相關的人員應該具備一定的基本概念，以便在閱讀鑑定或評量結果時，認知其中的真正涵意。

　　本篇目的在提出有關特殊教育鑑定與評量工作的基本概念，全篇共分四章，首先談及鑑定與評量的基本概念，其次探討國內特殊學生鑑定之運作情形，第三章論及特殊學生評量之運作，最後則在介紹特殊教育評量工作的發展與測驗（test）的取得。後三章並分別提出應該注意的事項。期望所有相關人員能具備應有之概念，以使特殊教育鑑定與評量的工作發揮應有之功能。

第 *1* 章

鑑定與評量之基本概念

第一節　相關名詞

　　就教育工作而言，鑑定或評量的相關名詞相當多，這些名詞的意義具有某些相似性，在執行過程中也具有一定程度的相關性，其內涵是我們在運用鑑定與評量工作時，應該了解的。這些名詞，在不同時機可能具有不同的意義，不同學者也常有不同的定義，讀者可多多閱讀相關的文章，以更深入體會其中的概念。

鑑定與評量之意義

測量（measurement）

　　測量指對個體某種特質實施量測的歷程，在心理學上是指根據某種量尺（如測驗、檢核表、問卷、訪談指南、觀察表等），以數字描述個人特質的歷程，所得的結果通常以數值或分數表示，而不是使用文字的質性描述，也不加以價值的判斷。例如 IQ（Intelligent Quotient，智商）就是以數值描述個人與他人比較的智力程度。

測驗（test）

指採用一套標準刺激，對行為樣本進行客觀且有系統程序的量測；或指評量個體某方面行為或特質的科學工具，其類別可就不同的向度分為：(1)就測驗的材料而言，可分為文字或非文字形式的測驗；(2)就施測人數而言，可分為以個別方式進行，或以團體方式進行的測驗；(3)就標準化而言，乃依測驗的編製過程、施測及結果解釋為標準化否，而分為標準化或非標準化測驗；(4)就評分方式而言，可分為客觀的或主試者主觀給分的測驗；(5)就受試者測驗反應型態而言，可分為測量學生的最大潛能表現，或測量學生的日常生活典型表現的測驗；(6)就測驗的功能而言，可分為評量學生起點行為的能力，或診斷（diagnosis）學生學習問題的測驗；(7)就測驗分數解釋方式而言，可分為以常模參照（norm-referenced evaluation）表示結果，或以標準參照（criterion referenced）表示結果的測驗；(8)就評量目的而言，可分為在學習過程中進行的形成性評量（formative evalua-tion），或在學習結束時進行的總結性評量（summative evaluation）（請參閱郭生玉，1999：9-15）。

評量（assessment）

或說評估，是根據一項標準（criterion），對所測量到的數值予以價值判斷。由於教育評量的結果常做為各種教育決定的依據，如安置、教學協助等，因此在評量過程中，除根據某項標準（如常模參照）予以評量外，更應蒐集個人潛能或其他相關資料，加以整理解釋，而後作最終判斷，方能取得具有效度（validity）的評量結論。

診斷（diagnosis）

診斷一詞來自醫學，其目的在確認某一病症或障礙狀況的原因，並於確認病因之後，提出適當處方（prescription）的歷程，其意義在於對症下藥。用在特殊教育上，則指分析研判會影響特殊學生學習成果有關的任何生理問題、心理歷程或行為表現及其原因，以便做為進一步的教學策略計畫及輔導治療的依據。

鑑定（identification）

按照某種標準將事物或人員加以區分歸類的歷程，稱之為鑑定。在教

育鑑定工作上，則更強調以法定標準進行歸類，判定個體是否具備某種資格。例如判定某生是否具備接受特殊教育服務的法定資格（eligibility）（Elliott, Ysseldyke, Thurlow, & Erickson, 1998; Kauffman, 1997）。依據《特殊教育法》，目前對特殊學生鑑定的分類為十二項身心障礙學生，及六項資賦優異（talented；gifted）學生。

評鑑（evaluation）

指根據某個標準對某件事物或活動的價值，以有系統的方式予以判斷評定的歷程。例如對某一個別化教育方案進行評鑑，按照預定目標檢核優劣，以了解其個別化教育精神實施的成效。一般而言，評鑑過程所得的資料可以做為工作的回饋與活動修正的依據。

表 1-1　鑑定與評量相關名詞比較

	定　義	特　徵	實　例
測量	根據某種量尺描述個人特質的歷程。	常以數值或分數表示。	以魏氏兒童智力量表（Wechsler Intelligence Scale for Children，簡稱 WISC）測量甲生的智力。
測驗	評量個體行為或特質的科學工具；對行為樣本進行量測。	通常存在一項標準化刺激。	WISC；以 WISC 對乙生進行施測。
評量	根據標準，對所測量到的數值予以價值判斷。	進行價值判斷，具有主觀性。	從丙生中華適應行為量表施測結果，顯示丙生為生活適應不良者。
診斷	分析研判影響特殊學生學習成果的現象及其原因。	常做為進一步教學策略及安置的計畫依據。	丁生具有注意力不集中特質，導致書寫緩慢。
鑑定	判定個體是否具備某種資格的過程。	具有法定意義。	鑑定戊生為中度智能障礙（mental retardation，簡稱 MR）者。
評鑑	根據標準對目的事件的價值予以判斷評定。	目的在了解方案或活動實施的成效。	A 校九十學年度特殊教育運作成績評鑑結果為乙等。

第二節　鑑定與評量工作的必備認知

鑑定與評量在特殊教育工作中，扮演著重要的角色。因此任何一個相關的人員，或在執行鑑定評量過程中、或在閱讀其結果中，皆應具備一定的知能，方可正確掌握其結果。

信度（reliability）

信度乃指測驗或評量結果的可靠程度，其係數值介於 0 至 1 之間。一般信度可以從兩方面予以確認，一是估量測驗結果的穩定性，二是估量測驗題目的內部一致性。

穩定性的估量

指以同一測驗工具實施二次測量結果的相關程度，包括：重測信度（test-retest reliability）及複本信度（alternate-forms reliability）。重測信度指經過一段時間後，以內容順序完全相同的工具，對同一群測驗對象進行第二次測量，求得兩次測量結果的相關程度。而複本信度乃另行編製一份性質、題數、形式、難度均相同的題本，做為複本，求得兩份測量結果之相關程度。

霧裡看花，愈看愈花

內部一致性（internal consistency reliability）的估量

指每個題項測量同一構念的一致性程度。其種類包括折半信度（split-half reliability）、庫李信度（Kuder-Richardson reliability）及α信度（Alpha reliability）。

效度（validity）

效度是指測量結果的有效性，亦即是否測量到所要測量的內容。一份評量工作若缺乏效度則推論與解釋都不適切。效度可分為三類，即：內容效度（content validity）、構念效度（construct validity）及效標關聯效度（criterion-related validity）。

內容效度

乃從測量工具的內容來檢驗與測量目的相符合的程度。測量的內容未盡周延完整，則測量的結果不能測出預期測量的目標，便無法具有高的內容效度。

構念效度

編製工具者基於編製的目的，經常會建立一個假設存在的屬性或特性，而發展出一套相關的理論或原理來支持其論點，以便完成測驗的編製。例如智力測驗（intelligence test）乃假設一個人的智力包含某些向度，而該測驗便是在測驗這些向度。若論點完善周延，則構念效度便高。

效標關聯效度

以其他評量工具為標準（稱為效標），將測量結果與效標作一比較，若彼此相關程度愈大，則效標關聯效度愈高。例如編擬一份新的智力量表，而以目前最被認可的魏氏兒童智力量表為效標，計算兩者之間的相關程度，即為效標關聯效度。

常模（norm）

常模是以某一群體分數的分布情形為分數架構，做為解釋個別分數的標準和依據。教育評量中常用的常模有年齡常模（age norm）、年級常模（grade norm）、百分等級（percentile rank，簡稱 PR）及標準分數（standard score）。

年齡常模

是以年齡來表示分數的高低程度。通常與生理發展有關的測驗分數，會以年齡常模來表示。例如「甲童的感覺發展檢核表分數相當於三歲的平均發展水準」，即是以年齡常模表示其測驗結果。

年級常模

是以年級來表示分數的高低程度，通常與學業相關的成績分數，會以年級常模來表示。例如「乙生的數學成就測驗分數相當於國中一年級的平均發展水準」，即是以年級常模表示其測驗結果。

百分等級

即PR值，係指在某個特定群體中，分數在此PR值以下的人數百分比率。例如「A生在注意力缺陷測驗中得到原始分數為25分，百分等級為80（即PR＝80）」，意即以某個團體進行比較，有百分之八十的受試者注意力缺陷測驗的得分比A生低。

標準分數

乃以標準差為單位的相對分數。最常見的有Z分數（Z score）、T分數（T score）及魏氏差數智商：

1. Z分數：當Z＝0時，該分數等於群體的平均分數；若Z＞0，則該分數在平均數之上；若Z＜0，表示低於平均數。

2. T分數：T分數乃由Z分數轉換而來，若T＝50，表示恰好在平均數的位置上。

3. 魏氏差數智商：乃以平均數為100，標準差為15的標準分數。但是魏氏智力量表的分測驗，是以平均數為10，標準差為3的標準分數。

一般而言，在常態分配下，幾乎所有相對地位的標準分數間均可做比較，如圖1-1，即可發現，其間可隨意做轉換。例如若乙生在一個測驗得分為Z＝1的位置，其與團體比較的相對地位量數分數位置，相當於T分數＝60的位置，又相當於魏氏智力量表115分，而PR值為84之位置。

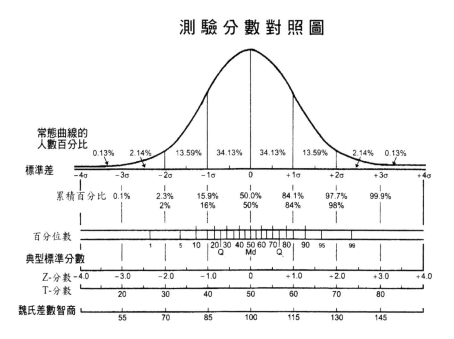

測 驗 分 數 對 照 圖

圖 1-1　各相對地位分數間之轉換

特殊學生鑑定之運作

第一節　鑑定之意涵

　　鑑定的工作需要經過十分繁複的過程，本節就鑑定的功能、執行單位及鑑定方法，探討鑑定的意涵，並進一步介紹鑑定小組的功能及程序。

鑑定的功能

　　就身心障礙者而言，鑑定是對其相關福利取得的資格確認，此項確認不僅涉及對象的適當性，同時牽涉到障礙者及其家長權益的保障問題。其功能至少具有三項：

福利服務的決定

　　各國均有針對身心障礙人士所製定特別的福利措施，我國亦不例外。這些福利服務的取得，均需透過一定的鑑定過程後，取得身心障礙手冊者，方有權利提出申請。

教育安排的決定

　　確認個案是否符合法令對特殊學生的認定標準，以便予以適性的安

置，而後施予特殊教育。此項教育方面的決定與前項福利服務的對象，不完全一致，例如資優生、學習障礙（learning disabilities，簡稱LD）者均為特殊教育服務的對象，但目前我國並未將之列入社會福利服務的對象中。

教學設計的決定

確認個案是否為具有某種特殊需求的學生，以便在教學設計中提供特別服務。例如懷疑B生是構音障礙（articulation disorder）的學生，則應該安排語言治療師進行診斷，並協助特殊教育教師在實用語文課程中，設計構音矯治的訓練課程。

鑑定的執行單位

一般而言，鑑定的執行單位可分為三個層次，即醫療單位、教育單位及教學現場的鑑定：

醫療單位的鑑定

是由醫療單位加以評量鑑定，我國內政部所頒發的身心障礙手冊中的身心障礙類別，即是透過指定醫院的醫師進行鑑定後，由鄉市鎮公所發予鑑定證明，即「身心障礙手冊」。其中鑑定小組委員，包括衛生局代表、社會科（局）代表、教育局代表、醫療人員、身心障礙者團體代表及地方人士等。

目前由於早期療育（early intervention）的提倡，自一九九七年四月以來，行政院衛生署委託各地區適當醫療機構，成立「發展遲緩兒童聯合鑑定中心」，由兒童心智科、復健科、小兒科等相關醫療科別與社工員所組成的專業團隊合作下，進行科技整合的會診與療育鑑定會議，為疑似身心障礙幼兒提供早期鑑定與療育的服務。於完成鑑定後，將障礙及發展遲緩的兒童轉介（referral）至適當的機構中進行療育，並執行持續追蹤輔導工作。截至二〇〇五年為止，共有十八所醫院加入聯合鑑定的行列（見表2-1），其數目並在陸續增加中，正朝向每個縣市設立一所鑑定中心的目標邁進。

表 2-1　發展遲緩兒童聯合鑑定中心

醫　院　名　稱	地　　　　址	電　　　話
1.羅東聖母醫院	宜蘭縣羅東鎮中正南路 160 號	03-9544106 轉 6146
2.衛生署基隆醫院	基隆市信二路 268 號	02-24292525 轉 3502
3.台北市立婦幼綜合醫院	台北市中正區福州街 12 號 2 樓	02-23916471 轉 369
4.長庚醫院林口兒童分院	桃園縣龜山鄉復興街 5 號	03-3281200 轉 8147
5.衛生署新竹醫院	新竹市經國路一段 442 巷 25 號	03-5326151 轉 3551
6.中國醫藥學院附設醫院	台中市北區育德路 2 號	04-22052121 轉 2153
7.台中榮民總醫院	台中市西屯區中港路 3 段 160 號	04-3592525 轉 5936
8.彰化基督教醫院	彰化市南校街 135 號	04-7238595 轉 7401
9.嘉義基督教醫院	嘉義市忠孝路 539 號	05-2765041 轉 2706
10.天主教若瑟醫院	雲林縣虎尾鎮新生路 74 號	05-63304047
11.奇美綜合醫院	台南縣永康市中華路 901 號	06-2812811 轉 2978
12.成功大學醫學附設院	台南市北區勝利路 138 號	06-2353535 轉 3565、4188
13.高雄醫學大學附設中和紀念醫院	高雄市三民區十全一路 100 號	07-3154663
14.長庚醫院高雄分院	高雄縣鳥松鄉大埤路 123 號	07-7317123 轉 8167
15.屏東基督教醫院	屏東市大連路 60 號	08-7368686 轉 2235
16.慈濟綜合醫院	花蓮市中央路三段 70 號	03-8561825 轉 2311
17.金門縣立醫院	金門縣金湖鎮復興路 2 號	082-332546 轉 1350
18.衛生署澎湖醫院	澎湖縣馬公市安宅里 91-2 號	06-92611511 轉 241

教育單位的鑑定

　　即由各縣市政府教育局所組成的「特殊教育學生鑑定及就學輔導委員會」（簡稱鑑輔會，見圖 2-1）進行鑑定，其成員包括衛生及相關機關代表、相關服務專業人員及學生家長代表等。教育單位通常會在每個學年度結束前，經由一系列的鑑定過程，全面篩選（screening）及鑑定出學齡階段有特殊教育需求的學生，以便於下一個學年度前順利完成安置的工作。而在學期中亦可在需要時，透過鑑輔會鑑定後，安排適當的特殊教育服務。

教學現場的鑑定

　　由教師以自身的專業能力，藉由標準化的工具，或由專業治療師的協

助進行學生問題的鑑定，以利於教學安排。但是此種鑑定工作通常較不具備法律上之效力。

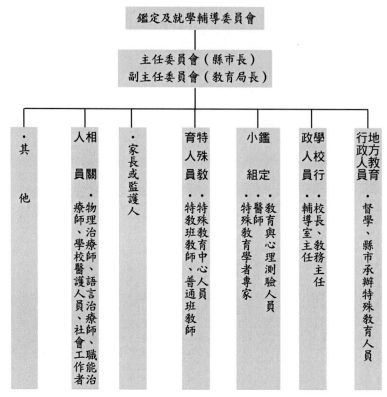

圖 2-1　鑑定及就學輔導委員會組織圖

The organizational chart shows:

鑑定及就學輔導委員會

主任委員會（縣市長）
副主任委員會（教育局長）

- 其他
- 相關人員
  ·物理治療師、語言治療師、學校醫護人員、社會工作者
- ·家長或監護人
- 特殊教育人員
  ·特教班教師、普通班教師
- 鑑定小組
  ·醫師、特殊教育學者專家
- 學校行政人員
  ·校長、教務主任、輔導室主任
- 地方教育行政人員
  ·督學、縣市承辦特殊教育人員

鑑定小組之功能

　　鑑定小組應該有適當的功能，方能達成其中目標。鑑定小組之功能可就醫療及教育面予以探討：

醫療鑑定小組

　　是根據《身心障礙者鑑定作業辦法》第三條規定（參見附錄二）執行鑑定工作，直轄市及縣（市）衛生主管機關應依規定，以任務編組方式設置鑑定小組，辦理事項包括：鑑定醫療機構之指定事項、身心障礙等級重新鑑定之指定事項、鑑定結果爭議與複檢之處理事項及其他相關事項。

教育鑑定小組

是指負責特殊教育鑑定工作的鑑輔會，其功能至少具有下列幾點：

1. 負責學生障礙問題之鑑定事宜：包括鑑定過程的商定、會議籌開、商請委員與會、鑑定結果之公布及鑑定後的受理申訴。

2. 規劃安置事宜：安排學生進入適當的教育環境中，如特殊教育學校、特殊教育班、資源班等，並以安置入最少限制環境為原則。

3. 協助擬定特殊學生的個別化教育計畫（individualized educational plan，簡稱IEP）：包括學生在特殊教育上的相關服務，如復健服務的建議及安排。

4. 評鑑及督導學生個別化教育計畫的執行情形。

5. 再評鑑特殊教育學生安置的適當性。

目前我國鑑輔會多只局限於第一點及第二點之功能表現，其他功能則有待加強。

鑑定的方法

鑑定工作可從醫療單位的鑑定及教育單位的鑑定兩方面加以探討：

醫療單位的鑑定

在醫療單位方面，對特殊兒童的鑑定工作上，通常會透過三方面進行檢查：

1. 理學檢查：包括一般理學檢查、醫師理學檢查，或餘尿測定等等，依擬鑑定的障礙類別而定。

2. 基本檢查：包括智力測驗、一般視力檢查、純音聽力檢查（pure-tone audiometry）、肢體基本結構檢查，或語言能力檢查等等，依擬鑑定的障礙類別而定。

3. 特殊檢查：包括發展測驗、光覺（light perception）測定、聽阻聽力檢查、頭顏部 X 光攝影等等，仍依擬鑑定的障礙類別而定。

教育單位的鑑定

教育單位的鑑定工作可從《身心障礙及資賦優異學生鑑定標準》第二條中了解：「各類特殊教育學生之鑑定，應採多元評量之原則，依學生個

別狀況，採取標準化評量、直接觀察、晤談、醫學檢查或身心障礙手冊等方式蒐集個案資料，綜合研判之」。可知特殊教育的鑑定工作為一多元化的形式，由具有測驗資格的人員以各種方式進行鑑定，而參考醫學診斷資料亦為其中不可缺少的方法。

一般而言，鑑輔會在鑑定與就學輔導工作之程序，主要分為下列七項（參見圖 2-2）：

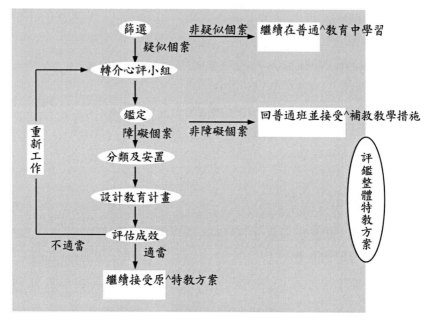

圖 2-2　鑑輔會的工作程序

1. 篩選：利用簡便經濟的評量工具發覺疑似身心障礙的學生，通常若屬於全面性的篩檢工作，則會藉由普通班老師的協助予以進行。
2. 轉介：將疑似個案隨同轉介表（參見表 2-2）轉介至所屬縣市鑑輔會，通知家長，並向家長說明在特殊教育計畫的決策過程中，所享有的權益。
3. 鑑定執行：個案提出鑑定申請表（如表 2-3 為新竹市九十學年度升高中高職學習障礙學生鑑定申請報名表）後，鑑定小組利用各種測驗、檢查、晤談、觀察、評量等方法，蒐集兒童各方面的資料，以

表2-2　轉介表

學生 資料	姓名		性別		出生日期	年　　月　　日	
	學校		班級	年　　班	導師		
家庭 狀況	家長姓名		教育程度		職業		
	住址				電話		
轉介者 姓　名			與被轉介 者之關係				
電　話			填寫日期		年　　月　　日		

轉　介 理　由	

學　習 困　難 領　域 (請在勾選 處打∨， 可複選)	項　　目	勾選處	問題敘述	項　　目	勾選處	問題敘述
	閱讀能力			自理能力		
	口語能力			知動能力		
	書寫能力			行為問題		
	數學能力			人際關係		
	理解能力			學習習慣		
	其　　他					

備　註	

鑑定學生是否為身心障礙者？為何種障礙類型？障礙程度如何？有無必要接受特殊教育？等。

4.分類與安置：依鑑定結果為學生進行障礙類別的分類，並安置至適當的教學環境中。在此過程中，家長應獲得測驗結果及學校任何有

表 2-3 升高中高職學習障礙學生鑑定申請報名表

※下表由申請學生之家長（或監護人）及就讀學校共同填寫並核章。

<table>
<tr><td rowspan="4">學生基本資料</td><td>學生姓名</td><td colspan="2"></td><td>性別</td><td>☐男
☐女</td><td rowspan="4">請貼兩吋半身照片</td></tr>
<tr><td>出生日期</td><td>年　月</td><td>身分證號</td><td colspan="2"></td></tr>
<tr><td>戶籍住址</td><td colspan="4"></td></tr>
<tr><td>現在住所</td><td colspan="4"></td></tr>
<tr><td rowspan="2">家長或監護人資料</td><td>家長或監護人姓名</td><td colspan="2"></td><td>職業</td><td colspan="2">與學生關係</td></tr>
<tr><td>聯絡電話</td><td colspan="5">O:（　）　　　　H:（　）　　　　行動電話：　　　</td></tr>
<tr><td>申請鑑定同意書</td><td colspan="6">　　本人同意子弟　　　　　　　　申請學習障礙鑑定，並接受學校及新竹市特殊教育學生鑑定及就學輔導委員會因鑑定需要，而進行之各項相關鑑定工作。
家長或監護人簽章：　　　　　　　　日期：　　年　　月　　日</td></tr>
<tr><td>檢附證件</td><td colspan="6">1.戶口名簿影本（或戶籍謄本）
2.學生證或畢業證書影本
3.學業成績證明正本
4.特殊需求學生轉介資料表
5.教師推薦書
6.學生輔導資料記錄表影本（含IEP資料）
7.國中基本學歷測驗證明正本（未取得者可暫不檢附）
8.國中相關測驗紀錄（可不檢附）
9.公私立教學醫院醫療證明及相關診斷證明（未取得者可不檢附；若檢附則需為詳細診斷紀錄）
10.兩吋脫帽半身照片三張（背面請填寫姓名及就讀學校名稱）
11.回郵信封二個（直式標準信封）</td></tr>
</table>

學生接受教育狀況	就學學校	國民中學
	就學狀況	☐應屆生　☐非應屆生（畢業日期：　年　月）
	就學類型	☐普通班 ☐資源班 ☐自足式特教班（☐啟智班 ☐啟聰班）
	導師姓名	聯絡電話

國中階段施測紀錄	是否曾經做過任何測驗：☐是（請繼續填寫本欄）　☐否（本欄免填）					
	測驗名稱	測驗日期	測驗原始分數	百分等級	測驗結果	施測者

表 2-3　升高中高職學習障礙學生鑑定申請報名表（續）

學習障礙檢核資料	測驗名稱		測驗日期	測驗結果	
	特殊需求學生轉介資料表				
	教師推薦書				
	國中基本學力測驗（申請鑑定學生須參加學力測驗並於測驗後補齊資料）				

學習障礙評量結果	測驗名稱	測驗日期	原始分數	測驗標準	結果分析	施測者
	中文年級認字量表			國小六年級百分等級50	□符合 □不符合	
	閱讀理解困難篩選測驗			國小六年級百分等級50	□符合 □不符合	
	基礎數學概念評量			國小六年級百分等級50	□符合 □不符合	
	完成以上測驗後不符合學習障礙特質，但仍可能是學習障礙，因為發現以下事例：（請說明）					
	綜合測驗		□上述結果分析其中一項不符合 □上述結果分析全部不符合			
			評量者：＿＿＿＿＿＿＿＿　日期：＿＿年＿＿月＿＿日			
備註						

校長：　　教務主任：　　輔導主任：　　承辦人：　　（電話：　　　　）

關其子女教育的決策說明，並受邀請參加教育計畫決策的會商。

5. 設計教育計畫：根據鑑定與診斷結果，配合學生的能力與需要，設計個別化教育計畫，指引未來特殊教育的執行。

6. 評估學生學習成效：實施形成性與總結性評量，以了解學生的學習成效及是否需要再調整教學及服務。

7. 評鑑教育方案：評鑑特殊教育的執行成果，以了解學生接受特殊教育的成效。

特殊學生入學鑑定與安置流程

各縣市在每學年結束前均會完成特殊學生的鑑定工作，以使特殊學生於次一學年順利進入適當的環境接受教育。一般而言，特殊學生入學鑑定與安置的工作流程如圖 2-3。在安置上，以最少限制的環境為其原則，但許多中重度障礙的學生仍然應該安置到特殊教育學校，方可在適當的療育下維持最佳的學習狀態。目前國內共有二十五所特殊教育學校，其中二十三所為公立學校，二所為私立學校（見圖 2-4）。均招收中重度障礙的身心障礙者，其中啟明學校主要招收盲（blind）又智能障礙、盲又肢體障礙以及盲聾（deaf）啞等，以視覺障礙（visual impairments）為主之多重障礙學生（multiple disabilities）；啟聰學校主要招收聾又智能障礙、聾又肢體障礙（physical disabilities）以聽覺障礙（hearing impairments）為主之多重障礙學生；和美實驗學校（前仁愛實驗學校）國中小則以中重度肢體障礙為主之多重障礙學生為招生對象；而啟智學校則以智能障礙或以智能障礙為主之多重障礙學生為招生對象。

身心障礙手冊申請流程

身心障礙手冊的申請流程，可分五個步驟進行：

1. 向戶籍所在地直轄市區公所或縣市鄉（鎮、市、區）公所申請。
2. 經直轄市區公所或縣市鄉（鎮、市、區）公所詢視後發給身心障礙者鑑定表。
3. 持憑身心障礙者鑑定表至指定之醫療機構或場所（見附錄四）辦理鑑定。但植物人或癱瘓在床無法自行至醫療機構辦理鑑定者，由直轄市或縣（市）衛生主管機關請鑑定醫療機構指派醫師前往鑑定。
4. 鑑定醫療機構或鑑定作業小組於鑑定後一個月內，將該鑑定表送達申請人戶籍所在地之直轄市及縣（市）衛生主管機關。
5. 直轄市或縣（市）衛生主管機關核發鑑定費用，並將該鑑定表核轉直轄市或縣（市）社政主管機關依規定製發身心障礙手冊。

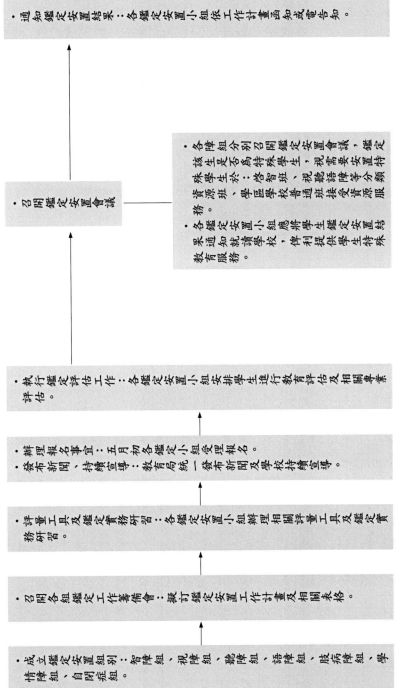

圖 2-3　特殊學生入學鑑定與安置流程
（資料來源：台北市教育局，2001）

- 成立鑑定安置組列：智障組、視障組、聽障組、語障組、肢病障組、學情障組、自閉症組。

- 召開各組鑑定安置工作籌備會：擬訂鑑定安置工作計畫及相關表格。

- 評量工具及鑑定事務研習：各鑑定安置小組辦理相關評量工具及鑑定事務研習。

- 辦理報名事宜：五月初各鑑定小組受理報名。
- 發布新聞、持續宣導：教育局統一發布新聞及學校持續宣導。

- 執行鑑定評估工作：各鑑定安置小組安排學生進行教育評估及相關事業評估。

- 召開鑑定安置會議

- 各障組分列召開鑑定安置會議，鑑定該生是否為特殊學生於：啟智班、視障、聽語障等分類特教資源班、學區學校普通班接受資源服務各資務。
- 各鑑定安置小組應將學生鑑定安置結果通知就讀學校，俾利提供學生特殊教育服務。

- 通知鑑定安置結果：各鑑定安置小組依工作計畫函知或電告知。

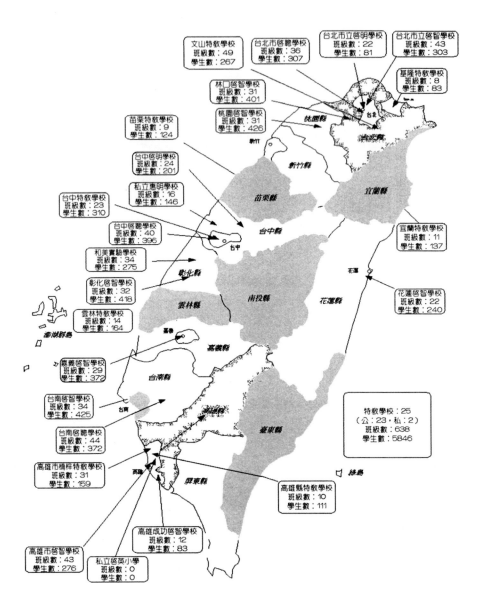

文山特教學校
班級數：49
學生數：267

台北市啟聰學校
班級數：36
學生數：307

台北市立啟明學校
班級數：22
學生數：81

台北市立啟智學校
班級數：43
學生數：303

基隆特教學校
班級數：8
學生數：83

林口啟智學校
班級數：31
學生數：401

桃園縣

桃園啟智學校
班級數：31
學生數：426

台北

苗栗特教學校
班級數：9
學生數：124

新竹

新竹縣

宜蘭縣

台中啟明學校
班級數：24
學生數：201

私立惠明學校
班級數：16
學生數：146

苗栗縣

台中特教學校
班級數：23
學生數：310

台中縣

宜蘭特教學校
班級數：11
學生數：137

台中啟聰學校
班級數：40
學生數：396

台中

花蓮

和美實驗學校
班級數：34
學生數：275

彰化縣

南投縣

花蓮縣

花蓮啟智學校
班級數：22
學生數：240

彰化啟智學校
班級數：32
學生數：418

雲林縣

雲林特教學校
班級數：14
學生數：164

澎湖群島

嘉義

嘉義縣

嘉義啟智學校
班級數：29
學生數：372

台南縣

特教學校：25
（公：23，私：2）
班級數：638
學生數：5846

台南啟智學校
班級數：34
學生數：425

台南

台南啟聰學校
班級數：44
學生數：372

臺東縣

高雄市楠梓特教學校
班級數：31
學生數：159

高雄

綠島

屏東縣

高雄縣特教學校
班級數：10
學生數：111

高雄成功啟智學校
班級數：12
學生數：83

高雄市啟智學校
班級數：43
學生數：276

私立啟英小學
班級數：0
學生數：0

圖 2-4 台灣地區特殊學校分布圖

（資料來源：教育部，2005）

第二節　鑑定之注意事項

　　鑑定結果關係著個案的權益，因此鑑定過程應當謹慎。為避免鑑定結果所可能導致的標記（label）現象，導致失去鑑定的功能，鑑定人員及閱讀鑑定結果者，對測驗結果更應該有一些處理上應注意的事項。

鑑定過程的注意事項

　　鑑定過程能否嚴謹執行為正確取得鑑定結果的關鍵所在，因此相關人員應予以注意。

鑑定過程，應做個別評量

　　在宣告障礙學生鑑定結果以前，必須先做個別評量，從評量過程中，注意個別學生的反應，以發現測驗以外的其他訊息，確保測驗的誤差在最小程度。

不可僅根據一種結果作鑑定

　　許多測驗使用者過度相信測驗結果的數字意義，如此常導致錯誤的鑑定結果。因此，即使是魏氏兒童智力量表結果顯示受試者全量表智商為55，仍不可就此斷言受試者為智能障礙者，應該再配合適應量表或其他生理測驗，並且進一步參考其他與教育需求相關的資料等，謹慎地分析後再作最後的結論。

以多專業人員合作的鑑定方式運作

　　教育單位進用的鑑定人員，大都以特殊教育教師兼任，具有專業醫療背景的語言治療師、物理治療師、職能治療師等人員，常常不夠充足。許多學生的症狀往往因而不能正確被診斷，而常導致錯誤的鑑定結果。一個完整的鑑定工作應由多位相關專業人員組合而成，應至少包括特殊教育專家、臨床心理學家、專科醫師、社會工作者、復健師和語言治療師等專業人員，以團隊合作方式進行。

鑑定過程家長應充分參與

家長通常與學生有長期的接觸，對學生的障礙問題亦多有深入的了解。鑑定過程若有家長充分參與，將更能了解學生的平常表現與問題所在，其結果方能具有可靠性。

鑑定會議過程應謹慎

目前國內特殊教育學生的鑑定會議，往往一個鑑輔會必須在兩三天內將所有評量資料以會議的形式對全縣或全市的特殊學生達成鑑定結論。因為擬討論的個案過多，缺乏適當時間對所有個案資料作深入的了解與討論，使得會議常過於粗糙。鑑定會議應該要有充足的時間，或分數次舉行，以免導致錯誤的結論。

鑑定後的注意事項

鑑定工作完成後，亦有應注意的事項：

應注意標記的現象

標記在於便利研究及行政人員之間的溝通，然而標記更容易導致他人形成負面的態度。標記存在最大的問題是，它可能使我們只注意到學生的缺陷處，而非個人同時具備的其他優勢能力。例如當一個學生不曾用功學習課業致使成績較差而被標記為「笨學生」，或「輕度智能障礙學生」時；如果有一天，他對該次考試範圍十分有興趣，因而多看些書，得到了不錯的成績，則會因為已經既有的標記，而使他該次的成績被懷疑為「運氣好」或「可能作弊」等。因此對於鑑定結果應視為只是學生的一項問題，這項問題可能改善，而不是個案永久性的特質。

注意鑑定的目的及功能

一般而言，鑑定的主要功能，就如同醫療上疾病名稱的功能一樣。例如某人被診斷出為腎臟病，我們應該安排他到腎臟科進行腎臟方面的診療。在教育上的鑑定也應該保持此一原則，鑑定的目的在於為不同障礙類別的學生進行適當的安置，提供直接、快速的教育服務。然而在教育界中，往往完成了鑑定及安置之後，並沒有其他針對鑑定過程後的發現，做積極的處理，而使得鑑定工作失去極大的意義。目前國內雖有組成「特殊

教育學生鑑定及就學輔導委員會」，然而其功能表現多僅在於鑑定與安置會議，較少發揮就學輔導的功能，此為鑑定工作不足之處。鑑定結果、課程、評量與教學間應該是緊密結合的。

避免主觀建議

身心障礙者的問題應該從多元的角度考量，主試者或其教師不應根據個人主觀的認知給與建議，而應有更多客觀的資料後方可提出適當的參考意見。

安置後應陸續做檢討

許多教師僅在學生入班時作一次鑑定即進行安置，而後並無定期評估，以了解對學生所做的安置是否恰當，是否必須調整安置，或是否原有的障礙事實已消失。就測驗的誤差及學生的身心發展狀態改變而言，鑑定資料皆有相當程度改變的可能性。教師對於個案應避免犯下「一試定終身」之錯誤，而應在鑑定之後陸續做檢視的工作。

臨界障礙學生的處理

一般而言，接受轉介參加身心障礙鑑定的個案，均是在普通教育中遇到學習問題的學生。鑑定結果若未符合入特殊班標準者，也不應忽略其可能亦需要額外教學策略的介入，因此應責成學校輔導室或相關教師，針對學生困難，在普通教育下施予適當的輔導。

特殊學生評量之運作

第一節　評量之意涵

特殊學生的評量涉及學生多方面的權益。特殊教育教師應了解評量的功能、層次、評量的內容及可能方法等，以掌握評量的意涵，而後謹慎於評量的計畫，及評量報告的執行，方能有適當的評量應用。

評量的功能

不管評量的對象是一般學生或是特殊學生，評量至少具有四個功能：

學生個人資料的建立

為建立學生的學習資料，評量為不可或缺的部分，如成績評定在了解學生的學習成果；又如診斷，在了解學生的學習問題等。均為表達學生學習狀況，建立個人資料的評量功能所在。

行政決定

包括篩選與安置。從整體人員中選出某些特定類別的學生，是為篩選。例如藉由檢核表全面清查疑似情緒障礙（emotional disability，簡稱

ED）的學生，以便進一步鑑定是否為特殊學習需求的學生；選擇某些期望的對象，安排至某一個環境中，以做為進一步一系列課程之計畫執行，是為安置。例如將學生進行分類，安排於資源教室、特殊班、特殊學校，或職訓機構等，給與適性教育及相關服務。兩者均為評量上常做的行政決定。

輔導決定

例如疑似有生活適應不良的學生，可藉由測驗工具或會談過程，評量學生的心理困擾問題所在，以進一步策劃輔導介入的策略。

教學介入

藉由對學生能力表現及學習缺陷的評量，以計劃教學的方針，如個別化教育計畫的設計，而後依以實施教學，此為教師日常生活中最常見的評量功能。

評量的內容

評量應依評量對象的需求決定其內容（Elliott, Ysseldyke, Thurlow, & Erickson, 1998）。一份完整的特殊教育評量一般包括個案的生理狀態、心理表現、教育資料，及社會適應四個部分。其中生理狀態包括案主的健康狀況，如視力、聽力、語言功能，及家庭與個人病史等，通常由學生本人、家長及醫師提供評量資料。心理表現乃包括智力、人格發展、情緒行為困擾狀況、性向等，通常可藉由標準化的心理測驗工具獲得資料。教育資料通常包括學業成績、知覺動作發展、語言表達能力、學習條件之優劣等，通常由各任課教師提供資料，由導師或輔導教師進行資料的蒐集與整理。而社會適應包括案主的重要生活事蹟、求學經過、親子手足關係及家長的期望與管教態度等，通常由教師或輔導人員依社會適應評定量表，或訪談結果取得資料。

評量的方法

評量方法可以從無標準化工具的評量方法，及有標準化工具的評量方法予以分類：

1. 有標準化工具的評量方法，通常指標準化測驗（standardized test），該測驗均具有一定的編製過程、施測程序及一定的解釋原則，且均具有信度及效度的考驗，用途也有一定的限制。國內目前這方面的測驗，經由學者們的努力，已愈來愈多元化。讀者可閱讀本書第四篇「工具篇」，了解國內目前常用的特殊教育測驗工具。

2. 無標準化工具的評量方法，指非以標準化測驗為工具的評量方法，其形式眾多，包括本書第三篇介紹的生態評量（ecological approach）、動態評量（dynamic assessment）、功能性評量（functional assessment）、課程本位評量（curriculum-based assessment）、檔案評量（portfolio assessment），及實作評量（performance assessment）等等，均為特殊教育中常用的評量方法，在此不多做介紹。而這些評量中常使用的技巧包括觀察、訪談、事件紀錄表、評定量表（rating scale）等，茲分別說明如下：

(1)觀察

由相關人員如教師、父母、專家，就學生的表現加以觀察。觀察通常可分為有系統的觀察和非系統的觀察。

- 系統的觀察是僅針對兒童的某幾項特別行為或障礙情形和程度進行觀察，觀察者必須設計時間表，並排列觀察順序，以探究行為背後所隱藏的問題。

- 非系統的觀察是指觀察者並非依照一定的觀察規則進行觀察，只要與觀察目標有關的所有特徵及行為反應均列入觀察紀錄中。

(2)訪談（interview）

訪談可分為結構式、半結構式或非結構式的形式進行：

- 結構式的訪談常常有訪談內容在手邊，依預先設計的問題一項一項進行訪談。受訪者的答案通常具有一定的形式。如為了撰寫 IEP，訪談家長某些項目以了解學生的病史，即為結構式的訪談。

- 半結構式的訪談通常會事先擬定一份訪談大綱，依大綱為主題，進行訪談。受訪者的答案通常不具有一定的形式。一般如家庭訪問，事先都會計劃欲了解的內容，而後進行訪談，則為半結構的訪談。

・非結構式的訪談，通常沒有事先的書面資料，或預期一定要訪談的方向，因此其訪談結果常常不可預期，時間也較無法掌握。一般如家長到學校接送孩子，教師趁此機會向家長們提出學生在家的學習狀況的相關問題，做為了解學生的資料，則為非結構式訪談的一種形式。

(3)評定量表

通常是沒有經過標準化編製的過程，故無信效度、常模等。其功能通常在於方便記錄、編寫 IEP 等。所評估的內容可由教師依擬定要評定的目標自行設計，而其形式有相當多種（可參閱郭生玉，1999：309-315），如圖表 3-1 為對聽覺障礙學生特質的評定量表，即為其中的一種形式。

(1)他對來自他背後的聲音無法有敏銳的反應。

總是如此	時常如此	有時如此	很少如此	幾乎沒有
5	4	3	2	1

(2)老師講課時他會盯著老師的嘴形看。

5	4	3	2	1

圖表 3-1　評定量表示例

評量的計畫

一個較謹慎的評量，應事先擬定周詳的評量計畫，尤其是較具影響性的評量，如行政決定的評量及個案研究的評量，更應作妥善的規劃，以便有系統性地執行評量的過程。其擬定的項目應該至少包括評量的目的、評量的項目、評量的方法、評量的人員及評量的進度。其中評量的目的可從轉介資料中了解轉介的原因，或由個案表現中建立評量的目的，以便設計後續的評量過程。而由評量的目的擬定評量的項目，由擬定的評量項目設

計評量的方法，由評量的項目及方法安排具有資格的專業評量人員，並且編排評量的時間進度，以掌握評量的程序。

評量的報告

一般而言，特殊教育個別化教育計畫中即應該適時呈現評量報告，而一份完整的評量報告至少應該包括以下幾個項目：

1. 基本資料：包括案主的姓名、性別、出生日期等。
2. 評量目的：描述案主進行該項評量的原因及目的，包括轉介資料。
3. 標準化測驗所得資料：指與評量內容直接相關的標準化測驗結果及測驗結果的解釋。
4. 非標準化測驗所得資料：包括經由觀察、訪談等過程所取得與評量目的有關的資料。非正式測驗往住在補充或驗證正式測驗的訊息。
5. 結果解釋：將所有相關資料進行整合後，針對評量目的提出結果解釋。
6. 建議：根據結果，提出具體建議，包括教學、輔導及相關服務等。

評量之應用

「評量－教學－再評量－再教學」乃教學工作上的必然原則，由於特殊學生學習狀況因障礙問題有很大的差異，所以此原則在特殊教育中更為重要。特殊教育在教學上強調在教學前應先加以評量，了解學生之基本能力及學習缺陷之後，再進行教學；教學一段時日後，再進行評量，以了解學生的學習困難所在，以便根據評量結果進行教學的調整。而後「再評量、再教學」，該過程一再循環地進行，亦即教學方案應透過評量，作持續性的評估與監控。

第二節　評量之注意事項

　　評量是一件可繁可簡的工程，無論是簡是繁，其結果均對學生可能產生諸多的影響，因此評量者有諸多應該注意之處。

評量過程的注意事項

　　一九七五年美國聯邦政府通過《全體殘障兒童教育法案》（Education for All Handicapped Children Act），即 94-142 公法，規定：「評量過程中應該對受評者給以保護，評量材料應具公平性，沒有種族或文化上的偏見。」此說明為了使身心障礙者的評量具有意義，在評量過程中應該「適性地評量」。以下為其中的要點：

受試同意權

　　由於人權主義的提倡，身心障礙者的權益問題愈加受到重視。在策畫評量工作時，尤其是將做為鑑定依據的評量時，應該經由案主或其家長同意。

依受試者之狀況設計施測情境

　　為了真正評量出受試者的潛能，應該因應身心障礙者的障礙問題，適時地以時間延長、測驗分段、放大字體、彈性作答方式，或電腦輔助等形式進行評量。而對於個別性需求高的受試者，更應該以一對一的個別施測形式為主。

彈性運用各種適當的方法進行評量

　　特殊教育評量乃利用各種有效的評量工具或評量方法，蒐集學生在特殊教育上的完整訊息，藉以了解學生接受特殊教育的有利及不利條件，並做出對學生之特殊教育有效決策的系統化歷程。因此對身心障礙者應該以多元化的方式進行評量，例如對智能障礙者進行智力測驗、生態評量、適應生活的能力分析等，以達到評量的目的。

非標準化測驗工具的評量，亦應注意其信效度

對於特殊學生，一般常常會以一些非標準化的測驗工具進行評量，其蒐集的資訊對實際學習均有積極的意義，對教學或鑑定均為重要的訊息，所以也應著重非標準化測驗工具的準確度，仍不可忽略其信效度之維持。

評量結果的注意事項

經過細心的評量之後，其結果的閱讀或使用，亦有許多評量者應注意的事項，例如：

免受傷害的權利保護

身心障礙者的評量結果往往有診斷鑑定的功能，其結果常常導致身心障礙者被標籤或受同儕的嘲笑。如果有此現象之疑，則施測者應該特別注意其負向結果的保密，以免身心障礙學生受到傷害。

對於閱讀測驗者應做適當的解釋

許多與受試者有關的人員，如家長、任課老師等，可能對學生的測驗結果相當關注。主試者應該告知其相關的訊息，但由於他們多未必具有測驗或該評量的相關知能，因此在解釋上應該謹慎，務必說明測驗的內涵及誤差的存在，以免產生對受試者不當的認知及態度。

應盡可能利用評量結果設計教學方案

許多研究均發現，經過多重繁瑣的評量過程，終於得到對身心障礙者問題及需求的認識後，卻往往因為教學者未能充分運用評量資料，教學與評量工作截然二分，使得評量工作無太大意義。根據近來諸多學者的研究發現，許多評量結果對教學的啟示性不大，難以有效類化（generalization）至實際的課業學習。評量的最終目的在於對學生做出有效的教學決策，因此應進一步對評量內容加以分析，了解學生的個別內差異。

掌握學生狀況後方下結論

許多身心障礙者的生理限制，常會使其在評量過程中無法表現真正實力。例如曾有聽覺障礙兼具智能障礙者，因為其詞句表達及文法使用的問題，而被誤診為精神病患。在任何評量的結論之前應該先了解學生的狀況，配合多元評量後方才予以作下結論。

特殊教育測驗的發展與取得

　　個別智力測驗（individual intelligence tests）的發展，起源於對智能障礙者的鑑定工作。而後為因應測驗環境的需求，測驗陸續發展為各種形式及各種功能，為了避免測驗的濫用，而降低測驗的功能，便由學者及相關單位提出約束規章以約束測驗的取得。本章首先探討測驗的發展，其次提出測驗取得的管道及取得限制，最後則提出測驗的注意事項。

第一節　特殊教育評量工作的發展

　　十九世紀人道主義盛行，促使法國許多醫生對智能障礙者及精神異常者進行研究。例如艾斯奎洛（Esquiral）醫生致力於發展分類不同程度智能障礙者的評估工具，做為鑑定與分類的標準，並指出「藉由語言可鑑別一個人的智力」。現今許多智力測驗著重對個體語言能力的評估，多受此影響；謝根（Sequin）醫生採用感覺區辨與動作控制了解個體的發展表現，也使得現今智力測驗著重作業和非文字的形式；一九〇五年比奈（Binet）和西蒙（Simon）醫生發展了比西量表（Binet-Simon Scale），成為智力測

驗的始祖。而後生物學家高爾登（Galton）致力於研究個別差異的現象，影響許多後來有名的個別智力測驗，如魏氏智力量表。這些醫生學者的努力與貢獻，成為後來許多學術領域及各職場中的重要工具。

由於評量工作的愈見盛行，個別智力測驗已無法滿足評量工作的大量負荷。第一次世界大戰時，美國為了將新兵進行分類，而有了陸軍普通分類測驗（Army General Classification Test）的發展，其中測驗並因新兵之語文能力而分為兩種，一為較著重文字敘述的α陸軍（Army Alpha）測驗，及專為不識字新兵而設計的β陸軍（Army Beta）測驗。團體測驗因而陸續發展，以因應測驗環境的大量需求，如托尼非語文智力測驗（Test of Non-verbal Intelligence，簡稱 TONI）等。

至於我國，自古因為文官考試的制度，評量之事早已有之，但多在於評量受試者之文史經書能力。近幾十年來受到西方測驗技術的引進，以及文教和軍事機構對於測驗的需求，使得我國之評量工具亦朝向科學化發展。一九六二年，台北市中山國民小學在台北心理衛生中心的協助下，成立第一個啟智班，更因而引發對智能障礙學生鑑定的工作需求。根據教育部訂定的《特殊兒童鑑定及就學輔導標準》，及《語言障礙、身體病弱、性格異常、行為異常、學習障礙暨多重障礙學生鑑定標準及就學輔導原則要點》等的頒布，成為資優教育和身心障礙教育的評量工作規劃及實施的法源。而《特殊教育法》指出，特殊教育之設施以適合個別教學為原則。為了進行個別化教育，則評量工作更不得不予以重視。

第二節　測驗的取得

一位測驗使用者應該了解可取得測驗的來源，以便在選擇測驗時，能在多種測驗中挑選其中最適當的。而為了避免測驗的濫用，有關的測驗機構對測驗取得與使用有相當多的管制措施。以下分別針對測驗的來源與限制進行說明。

測驗資訊

為了選用適當的測驗，測驗的使用者應密切注意相關的資訊。許多測驗的資訊會出現在出版資訊、測驗彙編或期刊中。

出版資訊

一般刊載有最新的測驗資料，可從各測驗出版商所發行的測驗目錄中獲得。一般測驗出版商的測驗目錄會列舉相關的測驗資料，如編製者、測驗目的、施測時間、價格及適用對象等（心理出版社，2005；中國行為科學社，2005）。

測驗彙編

是一些專門蒐集測驗資料的書籍，內容包括測驗名稱、編製者、出版單位及出版日期等。例如《測驗目錄》（中國測驗學會於一九五四年編印）、《我國心理測驗簡介彙編》（中國測驗學會編輯，一九八〇年出版）、《我國心理與教育測驗彙編》（陳明終、許勝哲、吳清山和林天祐等編輯，一九八五年出版，一九八八年修訂版）。由於一九九二年六月《新著作權法》發布以來，測驗版權的問題才受到國內人士的檢討。因此在此之前測驗彙編中所介紹之測驗，多未具版權而不可使用。近年來國內較為有名的測驗彙編則有：

1. 《特殊學生評量工具彙編》：乃張蓓莉於一九九一年編印。其中收錄一百八十五種測驗，分為認知能力、知動能力、語言能力、人格、適應行為、人際關係、成就性向、學習策略、職業興趣及其他等十大項（張蓓莉，1991）。

2. 《我國心理與教育測驗彙編》：簡茂發、何榮桂、吳鐵雄、歐滄和、陳明終、謝淑敏等合編，由教育部訓育委員會委請中國測驗學會於一九九二年出版。

3. 《各級學校可用測驗使用手冊》：教育部訓育委員會編印，於一九九四年出版（教育部，1994）。

4. 《特殊教育評量鑑定工具調查研究──評量工具彙編》：由林寶貴於一九九七年透過國科會經費提供所蒐集的工具彙編。其中收錄一

百三十九種測驗，分智力測驗、成就測驗（achievement test）、性向測驗（aptitude test）、社會適應測驗、知覺動作測驗及其他測驗等六類。

期刊

常能提供最新的測驗資訊，許多國內學者最新編製發展的測驗，及評量的相關研究多會在知名的研究期刊中發表。就特殊教育測驗工具而言，常在兩種期刊中發現：一為學術刊物，二為通行刊物。例如：

1. 學術性刊物：包括《測驗學刊》（由中國測驗學會編審，心理出版社印行，每年出刊二期）、《特殊教育研究學刊》（台灣師範大學特殊教育系所出版，每年出刊二期）、《特殊教育學報》（彰化師範大學特殊教育系所出版，每年出刊二期）及《特殊教育與復健學報》（台南大學特殊教育系出版，不定期出刊）等。

2. 通行刊物：包括《測驗與輔導》（行政院青年輔導委員會出版，每兩個月出刊一期）、《特殊教育季刊》（中華民國特殊教育學會出版，每季出刊一期）、《特教園丁》（彰化師範大學特殊教育中心出版，每季出刊一期）、《國小特殊教育》（台北市立教育大學特殊教育中心出版）、《台東特教》（台東大學特殊教育中心出版，每半年出刊一期）等。

測驗來源

欲使用測驗者，可以一定程序向相關單位購買或借用方式取得測驗，其中常見的管道有：

測驗出版商

透過適當的資格認證，可以透過學校機構，向測驗出版社購置。目前國內出版方面較具規模的測驗出版社，包括心理出版社、中國行為科學社、測驗出版社、正昇教育科學社、欣興出版社等。其中特殊教育方面的測驗工具以前二者為主。

教育部

教育部常委託學者研究發展測驗而後出版，學校單位亦可透過一定程

序向教育部委託管理單位借用及購買所需要的測驗。

各院校特殊教育中心

各大學院校特殊教育系附設之特殊教育中心，都有出版或購置相當份量之測驗。具有測驗資格之教師或相關人員可向各中心借用。目前國內附設有特殊教育中心的院校包括：台灣師範大學、彰化師範大學、高雄師範大學、嘉義大學、台東大學、中原大學、台北市立教育大學、台北教育大學、新竹教育大學、台中教育大學、台南教育大學、花蓮教育大學及屏東教育大學十三所（張蓓莉、胡梅，1999）。

各地方特殊教育資源中心

每一縣市均在縣市內某一指定學校中附設特殊教育資源中心，亦有購置相當數量及種類之測驗評量工具，供具有測驗資格之教師或相關人員借用。

各校輔導室

各級學校輔導室多有採購一些常用的測驗，而附有特殊班級的學校，則會多採購一些特殊學生評量的測驗工具，以供該校具有測驗資格之教師使用。若未具有資格之教師亦可轉介請輔導室人員，以適當測驗為學生進行評量。

測驗取得的限制

為了控制測驗運用的品質，在採購或使用測驗時均會有所限制。一般較嚴謹的測驗販售者均會向採購測驗者進行限制，他們通常不售予個人式書店，而只售予學校、研究者。且購買時需經過一定程序，及具書面之文件方得以採購，如公函、測驗訂購申請單、採購協議書等。

另外，由於測驗的使用者必須具有一定的專業程度，方能使測驗結果具有效度。有些測驗較複雜，須要具有一定測驗知能方可使用，有些則只須要具有一些相關的基本概念即可進行。因此，測驗的使用者將因測驗的性質而予以限制。一般測驗可分為四級，對使用者予以不同程度的限制。

第一級

具五年以上專業資格之臨床心理師、復健治療師、特殊教育教師，或

具該測驗研習證書者方可使用。例如魏氏兒童智力量表、嬰幼兒綜合發展測驗、簡明知覺動作測驗（Quick Neurological Screening Test，簡稱QNST）等。

第二級

具三年以上專業資格之臨床心理師、復健治療師、特殊教育教師，或具該測驗研習證書者方可使用。例如中華畫人測驗、畢保德圖畫詞彙測驗（Peabody Picture Vocabulary Test-Revised）、簡易個別智力量表等。

第三級

教育部認可之各級學校輔導教師、學術單位研究人員、醫療、社會服務及心理諮商機構諮商員，或具該測驗研習證書者允許使用。例如基本人格測驗等。

第四級

相關教育人員在具有輔導、特殊教育或測驗專業人員指導下，或具該測驗研習證書者可使用。例如國民中小學學習行為特徵檢核表、身心障礙者轉銜服務評估量表等。

第三節　測驗實施的注意事項

測驗實施的恰當與否，將決定測驗功能發揮的程度。為了使測驗有好的效度，應在測驗工具的選擇、測驗過程，及測驗結果的應用上細心注意。

測驗工具選用之注意事項

評量工具為評量結果正確性的重要關鍵，評量者應注意各個測驗的內涵，而後謹慎選擇。

測驗版權、年代的問題

在十多年以前，版權的問題尚未被重視，我國許多測驗未被授權即翻

修使用；於《著作權法》公布後，此一問題即被提出，至今能出版的測驗都具有合格的版權。但許多測驗，尤其是一些常模的資料，因年代較久而不適用，此乃測驗使用者在選擇測驗時應該注意的。

依目的及對象選擇適當的測驗

在進行測驗的選擇前首先應當確定測驗的目的。測驗的目的或為篩檢、或為診斷、或為鑑定。目的若為篩檢，則可選擇團體測驗，若為了鑑定則應以個別測驗為主；而就測驗的對象而言，則應考量受試者的年齡、障礙類別、特質等，以挑選適當的測驗。又如，許多評量者為了快速完成測驗，常常在不了解學生的情況下，或不確定評量目的，即隨意選擇工具進行評量，結果將易導致錯誤的評量或鑑定方向。例如若只使用生活適應量表以了解學生的情緒障礙問題，則為誤用。因此一位評量者在評量進行之前，應該先多方了解可用的評量工具，而後慎選其中適當的測驗類型進行評量。

依指導手冊選擇測驗

通常測驗指導手冊，均會詳細列出測驗的目的、施測程序、使用注意事項及應用等重要的訊息，這些均是在測驗前即應該了解確定的部分。如此，方可能選擇一份正確的測驗。

測驗內容應避免外洩

國內常發現測驗工具外洩，尤其在資優學生鑑定工作上最為嚴重。坊間甚至有所謂資優補習班，截取測驗工具的內容，大量培訓學生的應考能力，而造成「假資優」學生進入資優班。往往使學生在入班後，學業成就表現低下而心理受創。所有鑑定工具及內容應該謹慎保密，並且相關人員的觀念應該正確，以便提升鑑定的準確性，方可真正造福具有特殊教育需求的學生。

測驗過程的注意事項

為了使測驗發揮功能，在測驗過程中應該注意測驗實施情境的恰當性及進行細緻的觀察。包括：

依指導手冊說明進行測驗的程序

測驗的進行應該是標準化的過程。標準化的過程意即該測驗的所有使用者應該依相同的程序及原則進行。為了符合此一標準，測驗的指導手冊中均有清楚的程序介紹，測驗的使用者應該依照該指導說明，包括指導語，進行每一個步驟。

施測得由受過測驗訓練的專業人員實施

測驗人員所具備心理測驗的專業知能，將會深深地影響測驗的準確度。因此在進行測驗時，均應安排受過測驗訓練的專業人員管理實施。以掌控測驗工作的品質，如測量性質、情境、結果解釋、當事人文化背景等，提升測驗的效度。

觀察受試者反應

在測驗實施過程中，除了受試者的答題狀況外，施測者更應該觀察受試者在過程中的其他反應。例如：「受試者是否東張西望顯得不安？」「受試者雖然正接受一般智力測驗，但是受試者似乎也具有構音障礙問題，是否應進一步給與正音檢核表進行檢視？」等等。在測驗過程中觀察受試者的表現，可得到許多測驗以外的寶貴訊息，增加對測驗結果的詮釋。因此主試者在測驗過程中應特別注意學生的行為表現，並記錄於紀錄紙中，以便未來相關人員在取得結果時，即能對學生進行適當的介入輔導。

判斷受試者的練習經驗

許多參加資賦優異鑑定的學生在入班以前即接受測驗訓練，反覆練習評量內容，以應付鑑定評量。因此主試者應在施測過程中以試探及觀察方式判斷學生的受測經驗。例如在 WISC 施測完第一題時，即可嘗試問受試者：「你有沒有做過這種測驗？」或在施測過程中，未提示指導語時，受試者就自行說：「這個我知道！」如果發現有此情形，則應追問受試者在多久以前、何種情況下做過，並記錄於紀錄本中。

在適當的時機、環境中進行

測驗的進行應該選擇適當的時機進行，例如若為智力測驗，則應該選擇受試者身心狀態不錯的情況，在安靜不受干擾的情境下進行，以能取得

其最大表現為目的;若為行為檢核表,則應該選擇受試者一般的表現狀態下進行,並最好另外配合實際生活表現的觀察,以取得其典型表現。

依測驗目的掌握測驗工作

施測時應該確切了解測驗的目的,並在此目的之下做測驗相關工作的掌握。例如中文年級認字量表主要目的為了解學生之認字能力,則今天若以朗讀施測一位台灣國語(語音表達不標準)的學生,則主試者應依其專業能力判斷受試者對某些刺激字雖然沒有唸出正確的音,但認識該字,在該測驗目的的考量下則應予以計分;但相對地,如果此情形是發生於國語正音檢核表的測驗過程中,則雖然認識刺激字卻不應予以計分。

測驗後的注意事項

主試者在測驗以後應該對測驗結果的呈現及應用予以注意。包括:

得分偏低的保守性

身心障礙者由於生理障礙的限制,表現往往會比一般學生容易出現更多得分偏低的情形,因此對於其結果的認定,應趨於保守。且在呈現身心障礙者的分數時,應盡量以分數帶呈現,如此可以提醒閱讀者測驗誤差的存在,可避免直接看到某一個分數點,而誤評了身心障礙者的潛能。

數字應意義化

許多測驗者在施測後,只以數字表示測驗結果,測驗目的似乎只在做鑑定或診斷。事實上測驗除了用以鑑定或診斷之外,從測驗所得的訊息更可以做為日後課程設計,或復健安排的依據,因此若只以數字呈現結果,未將其意義化,則將使測驗的功能大為降低。

測驗結果應做適當的保密

測驗結果的呈現,應以適當表達測驗目的為原則,對較負面的結果,應做適當的保密,且除非是與受試者相關的人員,否則不應將結果公開或討論。

鑑定篇

　　鑑定的最主要目的在「對症下藥」。為了使特殊學生能獲得適當的教育，便應該謹慎於鑑定的過程，以便取得正確的鑑定結果。本篇目的在介紹我國《特殊教育法》（教育部，1997）中所列十三類特殊教育學生的界定工作，包括其定義、鑑定方法與常用鑑定工具的初步介紹。其中定義的部分以我國《特殊教育法》子法之一的《身心障礙及資賦優異學生鑑定標準》為主軸，進行介紹。而《身心障礙者保護法》對身心障礙者的類別有清楚的列舉，並由行政院衛生署進行定義及等級的界定，亦呈現於文中。此外，並附隨重要相關組織的界定，如二〇〇〇年美國精神醫學協會（The American Psychiatric Association）所出版的《精神疾病診斷與統計手冊》（*Diagnostic and Statistical Manual of Mental Disorders*）第四版——教科書版（Text Revision，即 DSM-IV-TR）（APA，2000），及世界衛生組織（World Health Organization，簡稱 WHO）（WHO，1992）所出版的「疾病國際分類」（International Classification of Diseases）第十版（ICD-10）。它們都是臨床描

述與診斷的重要指引，亦適時地列入定義中。期望能使讀者以多元的角度認知特殊學生。

　　同時，為了使讀者對鑑定工作更易掌握，乃將相關的特殊學生置於同一章中，以方便讀者做一比較。並在其中統一以「課題」做為章名，乃期望讀者不以面對「障礙者」或「問題者」的態度介入鑑定工作。

鑑定的目的是——
方便教學，不是作標記。

認知課題之鑑定

本章主要以認知課題為主，共探討三類特殊學生的鑑定，包括智能障礙（mental retardation，簡稱 MR）學生、學習障礙（learning disabilities，簡稱 LD）學生，及資賦優異（talented；gifted）學生。

第一節　智能障礙

定義

對於智能障礙學生的鑑定，除了《特殊教育法》、《身心障礙者保護法》、DSM-IV及ICD-10外，AAMR——美國智能障礙協會（American Association on Mental Retardation；其前身為美國智能不足協會，American Association on Mental Deficiency，簡稱 AAMD）的定義亦是許多鑑定者所遵循的重要依據，在本節中將一併介紹。

一、《特殊教育法》

我國在《身心障礙及資賦優異學生鑑定標準》中指稱智能障礙為：「個人之智能發展較同年齡者明顯遲緩，且在學習及生活適應能力表現上有嚴重困難者」，並進一步說明其鑑定標準有二：一為「心智功能明顯低下或個別智力測驗結果未達平均數負二個標準差。」二為「學生在自我照顧、動作、溝通、社會情緒或學科學習等表現上較同年齡者有顯著困難情形。」由此可知，《特殊教育法》乃規定智能障礙的鑑定工作，應經個別化智力測驗過程，且強調個案適應社會之表現情形。

二、《身心障礙者保護法》

我國行政院衛生署依《身心障礙者保護法》的條例，對智能障礙定義為「在成長過程中，心智的發展停滯或不完全發展，導致認知能力和社會適應有關之智能技巧的障礙稱為智能障礙。」並將其障礙等級分為四級，即：

輕度

智商介於智力測驗平均數以下二個標準差至三個標準差（含）之間，或成年後心理年齡介於九歲至未滿十二歲之間，在特殊教育下可部分獨立自理生活，及從事半技術性或簡單技術性工作者。

中度

智商介於智力測驗平均數以下三個標準差至四個標準差（含）之間，或成年後心理年齡介於六歲至未滿九歲之間，在他人監護指導下僅可部分自理簡單生活，在他人庇護下可從事非技術性工作，但無獨立自謀生活能力者。

重度

智商介於智力測驗平均數以下四個標準差至五個標準差（含）之間，或成年後心理年齡在三歲以上至未滿六歲之間，無法獨立自我照顧，亦無自謀生活能力，須依賴他人長期養護者。

極重度

智商未達智力測驗平均數以下五個標準差，或成年後心理年齡未滿三歲，亦無自謀生活能力，須依賴他人長期養護者。

我國行政院衛生署乃將智能障礙者分為四個等級，除了以智力測驗進行評估外，並強調心理年齡發展限度，及獨立生活之能力表現。

三、DSM-IV

在 DSM-IV 中，對智能障礙者之診斷乃依據三個準則，即：

智力功能顯著低於一般水準

個人智力測驗智商分數約 70 或 70 以下。對於嬰兒則需臨床判斷其智力功能顯著低於一般水準。

適應功能

具適應功能者意指個體能有效滿足其文化團體針對其年齡所預期能力的標準。DSM-IV 強調若個體在所列十項適應能力中，至少兩項同時有缺陷或障礙，則為不良適應者。該十項適應能力包括：溝通、自我照顧、家居生活、社交／人際關係技巧、使用社區資源、自我管理（self-direction）、功能性學業技能、工作、休閒娛樂、健康及安全維護能力。

十八歲以前即初發

亦即發生病症時機必須在十八歲以前。故十八歲以後方才發生病症事實，則不列屬為智能障礙者。

DSM-IV 並將智能障礙程度分為五類，即：

1. 輕度（mild）：智商在 50～55 到大約 70。

2. 中度（moderate）：智商在 35～40 到 50～55。

3. 重度（severe）：智商在 20～25 到 35～40。

4. 極重度（profound）：智商在 20 或 25 以下。

5. 嚴重度未註明之智能障礙（mental retardation, severity unspecified）：若強烈懷疑個案為智能障礙，但其智能無法以標準化智力測驗來施測（如智能過低或不合作，或個案為嬰兒），則列入此智能障礙分項中。

DSM-IV從適應表現來界定智能障礙者，而在智商的界定標準上，乃以約數，而非以絕對的數據界線呈現。

四、ICD-10

世界衛生組織指出，智能障礙者可能在某些方面表現嚴重的障礙（例如語言），而縱使他是重度智能障礙的個案，仍可能在其他某方面有較好的技能（如簡單的視覺—空間操作）。智能的評估須依據可取得的所有資料進行評估，包括臨床發現、適應行為（須依據個人的文化背景判定）及心理測驗的結果。其智能障礙程度分為：

輕度

輕度智能障礙者的語言學習較慢，但大多數能學會日常生活所需的語言，可以與人交談，具有獨立自我照顧及操作家務的能力。因為他們多具有閱讀及書寫方面的困難，因此在學業表現上顯現明顯的困難。但是，經由設計的教育過程可以幫助他們克服這些問題。他們在一般標準化的智力測驗結果為 50 到 69 之間。

中度

中度智能障礙者在語言的理解及使用方面發展遲滯，在這方面的訓練成果也有限。自我照顧及運動技能發展也很遲滯，終身須仰賴他人照顧。學校課業的學習成就有限，但是也有一部分個案可學會閱讀、書寫及計算的基本技能。假如工作本身經過結構性安排，並予以適切督導，中度智能障礙的成人通常都能從事簡單、操作性的工作。他們在一般標準化的智力測驗結果為 35 到 49 之間。

重度

重度智能障礙者語言的使用十分有限，且大多數具有明顯的運動障礙及其他併發的缺陷，在臨床上常可發現有中樞神經系統損害或發育不良。他們的智商通常在 20 至 34 之間。

極重度

了解或服從指示的能力極為有限。大多數的個案無法行動，大小便多失禁，只能用原始的非語言形式來溝通。幾乎無法處理自身的基本需求，

需要持續照顧。他們的智商在 20 以下。

　　ICD-10 除了以智商為鑑定標準外，並從語言等表現加以界定。

五、AAMR

　　美國智能障礙協會（AAMR）對於智能障礙的定義有多次的修訂（見表 5-1）。其中最值得注意的是一九七三年及一九九二年，及其間在定義上的改變。一九七三年 AAMD（美國智能不足協會，AAMR 前身）提出「智能障礙係指顯現在發展時期的普通智力功能顯著低下，且伴隨著適應行為缺失之狀態。」一九九二年並參考美國心理學會發展的 DSM-Ⅳ所指稱十項適應能力為指標，評估智能障礙者的適應行為缺失狀態。

表 5-1　AAMR 對智能障礙定義的重要改變

	Heber (1959, 1961)	Grossman (1973)	Grossman (1983)	Luckasson et al. (1992)
一般定義	發展期間智力功能低於平均值以下，並伴隨適應行為的缺陷。	發展期間智力功能顯著低於平均值以下，同時伴隨適應行為缺陷。	發展期間智力功能顯著低於平均值以下，同時引起或伴隨適應行為缺陷。	一般智力功能顯著低於平均值以下，同時在下列應用性適應行為能力領域中存在兩種或兩種以上的缺陷：溝通、自我照顧、居家生活、社交技能、社區資源使用、自我指導、健康與安全、功能性學科、休閒娛樂及工作。智能障礙發生在十八歲之前。
平均值以下	低於平均數一個標準差以上。	低於平均數兩個或兩個標準差以上。	標準化智力測驗分數在 70 分以下；在一些可靠的智力測驗下，可允許延伸到 75 分或以上。	標準化智力測驗分數在 70 分以下；在一些可靠的智力測驗下，可允許延伸到 75 分或以上。
評估過程	通常使用一個或多個標準化智力測驗來評估智力功能。	通常使用一個或多個標準化智力測驗來評估智力功能。	通常使用一個或多個標準化智力測驗來評估智力功能。以臨床診斷或標準化量表評估適應行為。	由一系列的方式評估所提及的特徵。

表 5-1　AAMR 對智能障礙定義的重要改變（續）

發展期間	大約十六歲之前。	十八歲之前。	受胎到十八歲之間。	受胎到十八歲之間。
適應行為能力	適應行為指個人在自然環境或社會要求的適應狀態。 可能受到個人生理年齡、學習、社會適應的影響。	在考量其年齡及文化要求的條件下，個人能符合獨立及社會責任的程度，其表現可能包括： 一、幼年或兒童時期 1.感官動作發展。 2.溝通技能。 3.自我協助技能。 4.社會化。 二、兒童或少年時期 1.在日常生活中應用基本學科的能力。 2.在環境中適當地推理及判斷的能力。 3.社會技巧。 三、青年及成年時期 1.社會技能表現。 2.職業及社會責任表現。	在考量其生理年齡及文化團體的條件下，其成熟度、學習、個人獨立或社會責任的表現有限。	呈列一般的適應行為到特定的適應技能共十項，如前定義中所列。
嚴重程度	・臨界： IQ 68-84 ・輕度： IQ 52-67 ・中度： IQ 36-51 ・重度： IQ 20-35 ・極重度： IQ＜20	— ・輕度：IQ 52-67 ・中度：IQ 36-51 ・重度：IQ 20-35 ・極重度：IQ＜20	— ・輕度：IQ 50-55 到大約 70 ・中度：IQ 35-40 到 50-55 ・重度：IQ 20-25 到 35-40 ・極重度：IQ 20 或 25 以下；不可測。	傳統標準已被拋棄。使用支持系統需求的強度區分為四個類型，即：間歇的、有限的、廣泛的、全面的。 這些程度是運用到適應性技能的領域。

（資料來源：Smith, Patton, & Ittenbach, 1994: 70-71）

鑑定

一、鑑定原則

綜合前述，對智能障礙學生的鑑定上，有許多應掌握的原則，包括：

「智能障礙」之正名

我國於一九六八年所公布的《九年國民教育實施條例》，及一九七四年公布的《特殊兒童鑑定及就學輔導標準》，均將此類障礙名稱定為「智能不足」。一九九〇年內政部修正公布《殘障福利法》時，為了與視覺障礙、肢體障礙等其他障礙類別用詞劃一，乃將「智能不足」改稱為「智能障礙」。此後我國各相關法令中均一律正名為「智能障礙」。

智力與適應問題為鑑定的兩個層面

前述各個鑑定來源，多強調智力與適應能力為智能障礙者存在的兩大問題，因此兩者成為鑑定智能障礙者的必要鑑定層面。

障礙事實發生期間

美國 AAMR 自一九九二年即指稱智能障礙是指障礙問題發生在「發展期間」，意即從「受胎開始到十八歲止」（AAMR, 1992）。主張十八歲以後才因腦神經中樞受傷而導致其普通智力功能低下者，不宜稱為智能障礙。我國行政院衛生署進行定義時，雖未明示事實應在幾歲以前發生，但亦列出「成長期間」，成人以後方才出現智能上之退化現象，則另歸類於「失智症」中，DSM-IV亦另立「痴呆症」（dementia）一類，以分別其意義。而《特殊教育法》中雖然未明示年齡或階段問題，但因教育對象均為學齡學生，乃與《身心障礙者保護法》中之規定，不相牴觸。綜合上述可知，智能障礙者之障礙事實必發生於成年以前。

普通智力功能顯著低下

一般指個案於智力測驗得分低於平均數兩個以上的標準差。我國方面有明確的標準差數值為界定；美國AAMR及精神醫學會DSM-IV中則提出「約數」的指標，對智力測驗的結果給與較保守的數字意義。

適應能力問題

AAMR 與 DSM-Ⅳ均明列十項適應能力為指標，而我國在《特殊教育法》中明列五項，其間有些異同，其比較見表 5-2。其中我國所列五項適應能力依陸莉、黃玉枝、林秀錦、朱慧娟所定義（2000）為：

自我照顧：包括進食、穿脫衣服、梳洗、如廁等表現。

動作發展：包括跑、跳、行走等粗大動作能力，及抓、握、協調等精細動作能力。

溝通能力：包括口語的及非口語的接受與表達能力等。

社會情緒：包括人際關係、參與團體的社交技巧、情緒的反應、性情穩定的表現等。

學科學習：如語文和數學等功能性學科的成就等。

表 5-2　我國與 DSM-Ⅳ所列智能障礙的適應能力評估指標之異同

	DSM-Ⅳ	《特殊教育法》
溝通能力	V	V
自我照顧能力	V	V
家居能力	V	
社交／人際關係技巧	V	V
社區資源利用能力	V	
自我管理能力	V	
健康與安全的維護能力	V	
學科基本能力	V	V
休閒娛樂	V	
工作能力	V	
動作發展		V

不可測問題

DSM-Ⅳ中特別指稱，若某生明顯具有智能障礙現象，但無適當的智力測驗可以診斷其智力程度的客觀資料，則可鑑定為智能障礙者。例如以魏氏兒童智力量表測量丙生，但完全無法予以溝通測驗程序，在排除其他障

礙因素（如感官障礙、過動問題等）的影響後，以測驗專業人員的觀察，從其神情及舉止表現，仍可判斷為明顯智能障礙者之特質，則可於測驗結果中註明為「不可測」，並鑑定為智能障礙者。

障礙等級

共分四級，我國與美國均分為輕度、中度、重度，及極重度四個障礙程度。我國更從獨立能力及養育可能程度予以說明，分為可教育性智能障礙（educable mental retardation，簡稱 EMR）、可訓練性智能障礙（trainable mental retardation，簡稱 TMR）及養護性智能障礙（custodial mental retardation，簡稱 CMR），見表 5-3。

表 5-3 智能障礙分類表

障礙程度	教育性質	智商範圍			語言能力[c]	適應行為發展[a]	成人後心理年齡[a]
		標準差[a]	智商[b]	智商[c]			
輕度	可教育性	-2σ至-3σ	50~55 至約 70	50 至 69	與人交談互動無問題	可為獨立自主	9-12 歲
中度	可訓練性	-3σ至-4σ	35~40 至 50~55	35 至 49	理解及發展遲滯	可半獨立自主	6-9 歲
重度	養護性	-4σ至-5σ	20~25 至 35~40	20 至 34	語言使用極有限	長期依賴他人	3-6 歲
極重度	養護性	-5σ以下	20~25 以下	20 以下	原始的非語言形式溝通	長期嚴重依賴他人	3 歲以下

（分類標準來源：[a]：行政院衛生署；[b]：DSM-Ⅳ；[c]：ICD-10。）

關於阿甘的那盒巧克力……

不同障礙程度之問題

輕度智能障礙者的問題主要涉及讀寫算等基本學科的學習和人際溝通,所以往往在入學以後,問題才會顯現出來;而智能障礙程度愈嚴重的智能障礙者,往往愈容易附帶其他的障礙,如極重度者大多數有嚴重的動作、認知、溝通甚或感官等多重障礙問題。因此,對於重度障礙者的鑑定除了了解其智能程度外,也應同時診斷其他存在的問題。

二、常用鑑定及教學評估工具

依據定義,智能障礙應該至少從兩方面進行評估,即智力和適應行為表現。因此,對智能障礙者的鑑定工作,必定要做的兩個工具,為智力測驗和適應行為量表。

智力測驗

魏氏兒童智力量表及綜合心理能力測驗,為目前我國各鑑輔會對學齡階段兒童的智能障礙鑑定工作中常做的智力測驗;對較年幼的小孩則以魏氏幼兒智力量表、嬰幼兒發展量表、簡易智力量表、兒童認知發展測驗、兒童認知功能綜合測驗等,為可用的智力鑑定工具;對於較大的學齡學生,如高中職及大專院校的學生,則可以魏氏成人智力量表了解其智力。而若受試者為具有語言、聽覺障礙的其他兒童,則應使用非語文智力測驗,目前國內有包括陳氏非語文智力測驗、綜合性非語文智力測驗,或托尼非語文智力測驗、圖形思考智能測驗等,均為十分適當的工具。

適應行為量表

目前國內較常用且具有版權的,包括中華適應行為量表、文蘭適應行為量表,及社會適應檢核表。

其他

除了以上的客觀工具外,與重要他人(尤其是家長、教師等)晤談,了解案主的智力、學習及適應行為表現等,從中擷取可做為鑑定的資訊,亦為智能障礙鑑定過程中不可忽視的鑑定來源。另外,從施測過程中觀察學生的反應,亦為鑑定學生智力程度的重要依據(尤其是對於不可測的個案),因此施測者於施測紀錄本中應詳細記錄施測過程的重要訊息。

第二節　學習障礙

對於學習障礙學生的鑑定，除了《特殊教育法》、DSM-Ⅳ及 ICD-10 外，美國教育署（US. Office of Education，簡稱 USOE）所發布的定義，為美國後來各公法界定學習障礙時所常以依據的標準，而美國學習障礙聯合委員會（The National Joint Committee on Learning Disabilities，簡稱 NJCLD）的定義亦為許多學習障礙鑑定者所不可忽略的準則。均在此一併提出，並於表 5-4 作一比較。

定義

一、《特殊教育法》

我國《身心障礙及資賦優異學生鑑定標準》第十條定義學習障礙為「因神經心理功能異常而顯現出注意、記憶、理解、推理、表達、知覺或知覺動作協調等能力有顯著問題，以致在聽、說、讀、寫、算等學習上有顯著困難者；其障礙並非因感官、智能、情緒等障礙因素或文化刺激不足、教學不當等環境因素所直接造成之結果。」並進一步指出其鑑定標準有三：一為智力正常或在正常程度以上者；二為個人內在能力有顯著差異者；三為注意、記憶、聽覺理解、口語表達、基本閱讀技巧、閱讀理解、書寫、數學運算、推理或知覺動作協調等任一能力表現有顯著困難，且經評估後確定一般教育所提供之學習輔導無顯著成效者。《特殊教育法》乃以學生在學習生活上的功能表現為鑑定依據。

二、《身心障礙者保護法》

我國《身心障礙者保護法》中並未對學習障礙做下任何定義，因此學習障礙者不予以發給身心障礙手冊。

三、USOE

美國幾個重要的法案，如一九七五年的 94-142 公法及一九九〇年的《障礙者教育法案》（Individual with Disabilities Education Act，簡稱 IDEA，即 101-476 公法），在定義學習障礙時均以 USOE 所做的定義為依據。因此其重要性為我們所不能忽略。在一九七七年 USOE 對學習障礙的定義為：「指有關個人理解或使用語言、說或寫的基本心理運作歷程具有一項以上的障礙，使個人在聽、說、讀、寫、拼字、思考或算術上（arithmetic）有困難。其可能問題包括知覺障礙（perceptually disabled）、腦傷（brain injury）、細微腦功能失調（minimal brain dysfunction）、識字困難（dyslexia）、或發展性失語症（developmental aphasia）等。但其症狀並非由視覺、聽覺、動作障礙、智能障礙、情緒障礙，或環境、文化、經濟等不利因素所引起」（Hallahan & Kauffman, 1997; Smith, Polloway, Patton, & Dowdy, 1998）。USOE 提出學習障礙者可能的特質表現及其因素。

四、DSM-IV

DSM-IV將學習障礙（learning disorders）分為幾類進行探討，即：

閱讀障礙（reading disorder）

其診斷準則有三：一為在閱讀正確性及理解力的個人化標準測驗中，閱讀表現顯著低於其生理年齡、智力程度及已受教育所預期應有的程度；二為前項之障礙顯著阻礙其學業成就或日常生活所需要閱讀能力的活動；三為若有感覺能力缺陷，此閱讀困難的表現遠超過該缺陷一般所造成的影響。

數學障礙（mathematics disorder）

其診斷準則有三：一為在個人化標準測驗中，數學能力顯著低於其生理年齡、智力程度及已受教育所預期應有的程度；二為前項之障礙顯著阻礙其學業成就或日常生活中所需要數學能力的活動；三為若有感覺能力缺陷，此數學困難表現遠超過該缺陷一般所造成的影響。

書寫障礙（disorder of written expression）

其診斷準則有三：一為在有關書寫技能的標準化測驗中，書寫技能顯

著低於其生理年齡、智力程度及已受教育所預期應有的程度；二為前項之障礙顯著阻礙其學業成就或日常生活所需要書寫的活動，如撰寫的句子及短文呈現文法上有不合邏輯的現象；三為此障礙並非一般性醫學狀況〔如：腦性麻痺（cerebral palsy，簡稱CP）、半癱或肌肉失養症（muscular dystrophy）〕所造成，也非廣泛性發展障礙（pervasive developmental disorders）個案〔如自閉症（autism）個案〕。若有感覺能力缺陷，此書寫技能困難的表現遠超過該缺陷一般所造成的影響。

其他非特定之學習障礙（learning disorder not otherwise specified）

屬於學習表現的障礙，但不屬於前述任何一項特定學習障礙，則歸類於此類學習障礙中。例如其他不屬於前述三類（即：閱讀、數學、書寫）的學習障礙者，或同時出現前述三類障礙問題者，它們合起來顯著阻礙個案的學業成就。其表現顯著低於其生理年齡、智力程度及已受教育所預期應有的程度。

發展性運動協調障礙（developmental coordination disorder）

另外，DSM-IV中提出發展性運動協調障礙也是學習障礙者可能的問題類別，其診斷準則有四：一為此人從事運動協調的日常活動表現顯著低於其生理年齡及測量所得智能所預期應有的水準。這可表現於行動的一般發展水準（如：走、爬、坐）的顯著延遲、拿不牢東西而掉落、做事笨拙、運動競賽表現差或書法不佳等；二為前項之障礙顯著妨害其學業成就或日常生活的活動；三為此障礙並非屬於一般性醫學狀況（如：腦性麻痺、半癱或肌肉失養症）所造成，也不屬於廣泛性發展障礙個案；四為若有智能障礙，此運動困難遠超過其一般影響所及。

DSM-IV原稱學習障礙為學業技能障礙（academic skills disorders），乃將學習障礙分類別進行界定。

五、ICD-10

ICD-10 將學習障礙定名為特定學業技能發展障礙（specific developmental disorders of scholastic skills）。意指在早期發展中，學業技能的學習有障礙，此障礙並非全然導因於缺乏學習機會，也非源於後天腦外傷或腦

疾病所導致，而是由於某種生物功能失調導致認知過程出現障礙。ICD-10
將學業技能發展障礙分為六類：

特定閱讀障礙（specific reading disorder）

指閱讀技能發展有顯著障礙，無法以心智年齡偏低、視力問題或教學
不當來解釋。個案在閱讀理解、閱讀認字、口頭閱讀及其他閱讀必備的技
能都受到影響。在閱讀表現或閱讀理解上常出現錯誤，如：(1)省略（omis-
sions）、替代（substitutions）、偏差、加字或加字母等；(2)閱讀速度緩
慢；(3)閱讀起始點錯誤、停頓太久或在課文中找不到閱讀位置；(4)句中單
字順序顛倒或單字中字母順序顛倒等；及(5)無法記憶所閱讀的內容，或無
法從所閱讀的內容中得到結論或推論等。

特定拼字障礙（specific spelling disorder）

拼字障礙的現象不是導因於任何教學不當、心智年齡偏低、視力、聽
力或神經系統的障礙所引起的直接效果。也不是因為神經、精神或其他疾
病所續發的結果。

特定算術障礙（specific disorder of arithmetical skills）

其障礙與個案基本加、減、乘、除運算技巧的熟練度有關，而與較抽
象的數學技巧，如代數學、三角學、幾何學或微積分等較不相關。不是主
要來自於智能障礙、教學不當、視力、聽力或神經功能缺陷所引起的直接
結果，也不是續發於任何神經、精神或其他疾病而導致的結果。

混合性學業技巧障礙（mixed disorders of scholastic skills）

定義不明，未能予以適當概念化分類後之剩餘類別，其算術、閱讀或
拼音技能均有明顯缺陷，成因無法完全以一般性智能障礙或教學不當來解
釋。

其他學業技能發展障礙（other developmental disorders of scholastic skil-
ls）

指其他方面的學習發展障礙問題，例如表達性書寫發展障礙等。

非特定的學業技能發展障礙（developmental disorders of scholastic skil-
ls, unspecified）

出現顯著的學習缺陷但無法完全以智能障礙、視力問題或教學不當等

予以解釋的學習障礙。

特定運動功能發展障礙（specific developmental disorders of motor function）

另外，如同 DSM-IV、ICD-10 中所列特定運動功能發展障礙亦為學習障礙者常出現的類型，其定義為：運動協調發展有嚴重的障礙，無法以一般智能障礙或任何特定先天或後天的神經系統疾病來解釋。而動作笨拙常併有某種程度的視覺空間認知功能表現障礙。其運動協調困難應當在發展早期即已出現（並非是後天的缺陷障礙），同時並非由於視力、聽力或可診斷的神經系統疾病直接影響所致。另外 ICD-10 亦將學習障礙依各類別一一界定。

六、NJCLD

美國學習障礙聯合委員會（NJCLD）定義學習障礙為：學習障礙是一個概括性的名稱，它包括各種障礙類別的群體。這種障礙顯現於傾聽、說話、閱讀、書寫、推理或數學能力的獲得與使用有顯著困難。學習障礙主要是個人內在的因素，並且推測是由中樞神經系統功能異常所引起。雖然學習障礙有可能伴隨其他的障礙，例如感官障礙、智能障礙、嚴重情緒困擾（seriously emotional disturbance）或外在因素影響（如文化不同、不足或不當的教學）所產生，但它並不是由這些狀況所直接引起的結果（Hallahan & Kauffman, 1997）。

表5-4 各學習障礙定義截取觀點比較

	我國特教法	DSM-IV	ICD-10	USOE (1977)	NJCLD	小計
1.神經學的（中樞神經系統異常）	*			*	*	3
2.歷程的（基本心理歷程缺陷）	*			*		2
3.學科的（基本學科表現落後）	*	*	*	*	*	5
4.差距原則（個體內在差異大）	*			*	*	3
5.排除原則（原因）	*	*	*	*	*	5
6.終身的					*	1
7.共存的（與其他障礙）	*	*	*	*		4

鑑定

一、鑑定原則

神經心理功能異常

我國《特殊教育法》的定義中「神經心理功能異常」指的是「個體因中樞神經系統受損,使知覺、記憶、注意、概念形成、推理、理解、語言表達等心理活動異常」(周台傑,1999)。意即學習障礙是因個體生物因素所導致,但是截至目前為止,並不能從學習障礙者之生理上發現徵候。雖然如此,學習障礙者的鑑定事宜除了可以透過教育單位鑑輔會外,仍可透過部分醫療體系予以鑑定診斷。

個體內在能力差異

《特殊教育法》對學習障礙的鑑定基準之一為「個人內在能力有顯著差異者」。意即:若學生某項能力遠低於其內在的其他能力表現,則不合一般發展原則,將懷疑學生具有該學習能力方面的障礙,因此此為學習障礙的重要鑑定依據。周台傑(1999)及 Scruggs 和 Mastropieri(1994)指出,個人內在能力有顯著差異可以從三方面評估:一為個體學習潛能「應有的表現」和「實際的表現」間有明顯差異存在。例如智力成績與學業成就間有明顯差異存在;二為各項認知能力間有差異,例如聽覺學習能力與視覺學習能力間有差異存在;三為各項成就間有差異,如數學成就與語文成就間有差異存在。

排除原則

在 DSM-IV中強調學習障礙個案的學業成就受到阻礙。此「學業成就受到阻礙」的評斷標準乃指與學生之生理年齡、智力程度,及已受教育所預期應有的程度進行比較。意即如因智能障礙、文化刺激不足、長期缺課等因素所導致的學習困難者,並非學習障礙的學生。

外表特徵

學習障礙者幾乎沒有明顯的外表特徵,一般教師常分不清楚學生的學

習發生什麼問題時，就以學習障礙一詞來通稱之，此為錯誤的態度。教師在面對疑似學習障礙的學生時，應再進一步鑑定，並具體診斷學生的障礙所在，方可使鑑定結果正確，且對學習指導方針具有意義。

學障資優

《特殊教育法》強調學習障礙者之智力為正常或正常以上，可知資賦優異者亦可能為學習障礙者。

學習障礙附帶的其他感官障礙

ICD-10 強調學習障礙並非由於感官問題或生理疾病所導致。而 DSM-IV 中同時強調若有感覺能力缺損，則學生之該學習障礙必須嚴重於其感覺問題所造成的影響。一般而言，具有感官缺損的個案容易有課業學習方面的問題，但其在學習上所遭遇的問題若遠大於該感官障礙對其學習的限制，則可能為學習障礙者。由此可知，學習障礙應排除其他因素所導致的學習困難個案，但可能與其他障礙同時出現。

學習障礙者的分類

學習障礙者通常可由兩個向度進行分類：一為學科性的向度，由表現在外的學業問題進行分類，包括聽、說、讀、寫、算等（見表 5-5）；二為發展性的向度，乃由學習歷程的問題進行分類，如注意力、記憶力、思考力、推理能力等，這些問題可能正是影響個案外在表現的重要因素。因此在對學習障礙學生進行鑑定時，亦應診斷其這些內在的運作問題，以便施予學習策略的指導，更確切地幫助學習障礙學生。

二、常用鑑定及教學評估工具

鑑定學習障礙學生常用鑑定的可能工具有四：一為智力測驗，二為學科性篩檢測驗，三為發展性篩檢測驗，四為從測驗中的訊息取得一些鑑定的指標。而在教學上，由於學習障礙的狀況十分多元，因此很依賴教師依據學生的問題及需求，設計教學評估工具，例如圖表 5-1，即為一個教師在閱讀障礙學生的教學上，可自行彈性設計運用的評量工具。

智力測驗

其功能有二：一為由智力測驗之分數推估學生應有的學業表現。若學

生實際學業表現遠低於其智力測驗所估計的學業表現水準（可由該兩種測驗之標準分數，如 PR 值、標準分數等，進行比較），則因此懷疑其為疑似學習障礙者，可轉介鑑輔會心評小組做進一步的鑑定；二為藉由智力量表分測驗間之差異成績，了解個人之內在差異現象。例如魏氏兒童智力量表中可藉由語文量表智商與作業量表智商之差距分數，或四個指數因素差距分數以鑑定是否存在學習障礙學生特質。例如根據陳榮華（1998）的說法，以國內學生的表現推估，學生在魏氏智力量表上，兩個量表智商（即語文量表智商及作業量表智商）分數的表現差距在二十分以上，則可懷疑為學習障礙者。

學科性篩檢測驗

例如中文年級認字量表可以篩檢出中文認字表現水準低下的學生；閱讀理解困難篩選測驗可以篩檢學生閱讀理解的困難表現；而各科成就測驗亦是了解學生學業表現問題的重要工具，如國民小學數學成就測驗、國語文成就測驗、國小作文能力測驗、基本讀寫字綜合測驗、國小注音符號能力診斷測驗等。從這些測驗結果可了解學生某項能力的表現，與其智力相比，則可以成為鑑定的良好依據。

發展性篩檢量表

例如多向度注意力測驗，可了解受試者的注意力問題；而國民中小學學習行為特徵檢核表可以篩檢出具有學習障礙發展性問題特徵的學生，也是學習障礙學生的重要工具，並可在評估後，成為補救教學時設計學習策略的良好依據；另外透過如工作記憶廣度測驗、聽覺記憶能力測驗、柯韓二氏視知覺測驗、視覺動作統整發展測驗、漢字視知覺測驗、簡明失語症測驗等，均可對受試者之學習歷程問題有進一步的認識（見表 5-6）。

表 5-5　我國與 DSM-IV、ICD-10 等所明列學習障礙的學科類別

	我國特教法	DSM-IV	ICD-10	USOE	NJCLD
傾聽障礙	V			V	V
說話障礙	V		V	V	V
閱讀障礙	V	V		V	V
拼字障礙			V	V	V
數學障礙		V			
算術障礙	V		V	V	V
書寫障礙	V		△a	V	V
混合性		△a	V		

a：列於其他學業技能發展障礙症中

閱讀測驗	閱讀評量教材教師用記錄紙　學生姓名：＿＿＿＿＿＿＿

評量內容：翰林出版社第一冊第四課的課文共 49 字

評量標準：學生能在＿＿秒鐘內正確唸出＿＿字

評量結果：正確字數：＿＿＿＿＿，錯誤字數：＿＿＿＿＿，

　　　　　完成時間：＿＿＿＿＿秒

錯誤分析：替代（△）、省略（‖）、增加（＼）、

　　　　　停頓（○）、顛倒（∫）、重複（∨）、構音（×）

整　　體：流暢（　）、專注力（　）、無自信心（　）、

　　　　　聲音過大（　）、聲音過小（　）

三、
答：
你覺得在什麼時候你應該向人家說「對不起」？

二、
答：
小蝌蚪為什麼要找他媽媽？

一、
答：
小蝌蚪的媽媽是誰？他找了幾次才找到他媽媽？

四 聽故事 3

小蝌蚪， 6

找媽媽， 9

找到小草蝦。 14

草蝦說： 17

「對不起，我不是你媽媽。」

小蝌蚪， 29

找媽媽， 32

找到大青蛙。 37

青蛙說： 40

「小蝌蚪，我才是你媽媽。」 49

26

圖表 5-1　閱讀障礙教學評量示例

表 5-6　學習障礙相關鑑定工具之功能

	語				文			數	學		發		展			性			篩				檢			
	中文年級認字	基本讀寫字綜合	國小兒童書寫語文能力診斷	國小學童書寫語言	閱讀理解困難篩選	中文閱讀理解	國語文成就	基礎數學概念	國小數學診斷	中低年級數學診斷	魏氏記憶量表第三版	工作記憶測驗	聽覺記憶測驗	聲韻覺識測量	漢字視知覺	國小注音符號能力診斷	國民中小學學習行為特徵	國民中小學記憶策略行為特徵	國民中小學考試技巧行為特徵	國民中小學社交技巧行為特徵	國民中小學時間管理技巧	學習適應量表	兒童口語理解	兒童口語表達指標	修訂中文口吃嚴重評估工具	簡明失語症
認知	✔	✔		✔	✔										✔											
用字		✔	✔	✔	✔																					
造句			✔	✔																						
作文			✔																							
抄寫		✔																								✔
聽寫		✔													✔											
字意理解	✔			✔	✔	✔	✔																	✔		✔
組合理解				✔	✔	✔	✔																			
句意理解	✔			✔																			✔	✔		✔
文章理解					✔	✔																	✔	✔		✔
聽力理解							✔																✔	✔		✔
聽覺記憶							✔				✔	✔	✔										✔	✔		
序列記憶											✔	✔		✔												
聲韻覺識						✔								✔												
部件辯識						✔									✔											
組字規則						✔									✔											
基礎算術								✔	✔																	
進階算術									✔																	
應用解題								✔	✔	✔																
實作數學										✔																
注意力																						✔				
記憶力						✔					✔	✔	✔				✔	✔					✔			
理解能力	✔			✔		✔		✔	✔	✔												✔	✔			
口語表達																						✔		✔	✔	✔
知動協調																						✔				
社會適應																				✔	✔					
情緒表現																						✔				
學習策略																	✔	✔			✔	✔				

量表內的測驗訊息

有些測驗中可以呈現某些學習障礙行為特徵的訊息，這些都是鑑定學習障礙學生很好的參考工具。例如魏氏兒童智力量表中的四個指數分數，包括語文理解指數分數、知覺組織指數分數、專心注意指數分數、處理速度指數分數等，亦可以提供有關學生學習表現方面的訊息（Slate, 1995）。而魏氏兒童智力量表也因不同分測驗的組合，可以探討相關的側面圖（profile）指數分數，包括 WDI（Wechsler's Deterioration Index，即魏氏智力量表的缺陷指數）、ACID 組型（Arithmetic, Coding, Information and Digit Span）等。而簡明知覺動作測驗中某些分測驗也可以發現受試者在與學習相關的神經性統整上的能力，如注意力、視知覺與聽知覺技能，及空間組織等訊息，亦是很好的參考資訊。

第三節　資賦優異

在特殊教育中，資賦優異學生與身心障礙學生是屬於性質較不同的群體。在鑑定工作上，自然有一些與身心障礙者鑑定原則不同之處。而我國《身心障礙者保護法》所制定條文之服務對象為身心障礙者，DSM-IV與ICD-10均為界定障礙及疾病個案之診斷依據，均未對資賦優異者做任何定義。因此本節只以我國《特殊教育法》之鑑定標準，對資賦優異學生進行討論。

定義

《特殊教育法》

《特殊教育法》將資賦優異學生分為六類，即：一般智能、學術性向、藝術才能、創造能力、領導能力及其他特殊才能。並在《身心障礙及

資賦優異學生鑑定標準》中一一予以提出鑑定的標準，包括：

一般智能優異

指在記憶、理解、分析、綜合、推理、評鑑等方面較同年齡具有卓越潛能或傑出表現者。其鑑定標準有二：一為智力或綜合性向測驗得分在平均數正一點五個標準差或百分等級九十三以上者；二為專家學者、指導教師或家長觀察推薦，並檢附學習特質與表現等具體資料者。

學術性向優異

指在語文、數學、社會科學或自然科學等學術領域，較同年齡具有卓越潛能或傑出表現者。其鑑定標準有四：一為某領域學術性向或成就測驗得分在平均數正一點五個標準差或百分等級九十三以上者，經專家學者、指導教師或家長觀察推薦，並檢附專長學科學習特質與表現等具體資料者；二為參加國際性或全國性相關學科競賽或展覽活動表現特別優異，獲前三等獎項者；三為參加學術研究單位長期輔導之有關學科研習活動，成就特別優異，經主辦單位推薦者；四為獨立研究成果優異，經專家學者或指導教師推薦，並檢附具體資料者。

藝術才能優異

指在視覺或表演藝術方面具有卓越潛能或傑出表現者。其鑑定標準有三：一為某領域藝術性向測驗得分在平均數正一點五個標準差或百分等級九十三以上者，或術科測驗表現優異者；二為參加國際性或全國性各該類科競賽表現特別優異，獲前三等獎項者；三為專家學者、指導教師或家長觀察推薦，並檢附藝術才能特質與表現等具體資料者。

創造能力優異

指運用心智能力產生創新及建設性之作品、發明或問題解決者；其鑑定標準有三：一為創造能力測驗或創造性特質量表得分在平均數正一點五個標準差或百分等級九十三以上者；二為參加國際性或全國性創造發明競賽表現特別優異，獲前三等獎項者；三為專家學者、指導教師或家長觀察推薦，並檢附創造才能特質與表現等具體資料者。

領導才能優異

指具有優異之計畫、組織、溝通、協調、預測、決策、評鑑等能力，

而在處理團體事務上有傑出表現者。其鑑定標準有二：一為領導才能測驗或領導特質量表得分在平均數正一點五個標準差或百分等級九十三以上者；二為專家學者、指導教師、家長或同儕觀察推薦，並檢附領導才能特質與表現等具體資料者。

其他特殊才能優異

指在肢體動作、工具運用、電腦、棋藝、牌藝等能力具有卓越潛能或傑出表現者；其鑑定標準有三：一為參加國際性或全國性技藝競賽表現特別優異，獲前三等獎項者；二為專家學者、指導教師或家長觀察推薦，並檢附專長才能特質與表現等具體資料者。

鑑定

一、鑑定原則

鑑定單位

我國對資賦優異學生之鑑定過程多由地方教育局設立之鑑輔會，或各大學附設特殊教育中心進行，與醫療體系無相關聯之處。

篩選問題

目前國內對資賦優異學生的鑑定過程一般分為初選及複選。初選乃經由團體智力測驗或教師觀察後，由導師或任課老師提出，經家長或監護人同意後，提報主管教育行政機關準備鑑定。複選工作則以個別智力測驗、性向測驗及／或術科測驗等進行進一步的鑑定。

測驗切截點問題

我國對各類資賦優異學生的鑑定標準中，就標準化測驗之準則，均以百分等級九十三或平均數以上一點五個標準差為切截點。就常態分配而言，這兩個數字在團體中相對地位相同，兩者所代表的意義一致。

假性資優問題

一般資優生的鑑定與安置過程最常遇到的問題是「假性資優生的現象」。許多學生及其家長為了爭取學生進入資優班，以過度練習的方式勉

強學生進入資優班，導致學生在「錯誤安置」的情況下，產生入班後適應不良的負面現象。因此在鑑定資賦優異學生時，應該盡可能觀察及多方試探學生的過度練習現象，並與相關人員溝通，以真正達到「適得其所」的教育型態。

鑑定目的

在鑑定資賦優異學生時，應該注意其主要在鑑定出學生的潛能，而非其已表現的能力。亦即目的在發現「資優生」而非「績優生」，以便進一步做適當的教育安置，如此方可能對資賦優異學生有最大的適性教育功能存在。

身心障礙資優生問題

目前《特殊教育法》中並未明定對身心障礙資優生的教育問題，然而這樣的學生可能需要更多元的教育安排，如學習障礙資優生、聽覺障礙資優生等。在鑑定時，則應以多元的方式發現其真正學習需求所在，以便規劃多元的教育介入策略。如：同時評估資賦所在及學習問題、同時評估資賦所在及聽覺障礙所導致的學習問題等。

二、常用鑑定及教學評估工具

資賦優異者的鑑定工作常需要進行個別智力測驗、創造力測驗（creativity measurement）及／或性向測驗三種鑑定工具。

智力測驗

個別化智力測驗為鑑定資賦優異者必備的工具。目前國內較常使用的為魏氏智力量表（對年幼的兒童以魏氏幼兒智力量表；對學齡兒童以魏氏兒童智力量表；對較大年齡者則以魏氏成人智力量表）、綜合心理能力測驗、智能結構學習能力測驗等。對語言溝通或聽覺有障礙的資賦優異學生，則可使用非語文方面的智力測驗，如陳氏非語文能力測驗、綜合性非語文智力測驗、瑞文氏圖形推理測驗及圖形思考智能測驗等。

創造力測驗

許多資賦優異學生的鑑定會使用創造力測驗加以鑑定，尤其是藝術才能及創造能力方面的資賦優異學生。在國內目前可用的測驗有威廉斯創造

力測驗、科技創造力測驗或問題解決創造力測驗等等。

性向測驗

在對一般智能優異學生鑑定時，亦會以綜合性向測驗加以鑑定，如學校能力測驗水準、系列學業性向測驗等。另外，對學術性向優異的學生必做的是各領域的學業性向測驗或成就測驗，如柯氏國民小學數學科成就測驗、國中新生自然科學能力測驗、國語文成就測驗等。

其他測驗

若想了解學生之領導才能，可以領導才能性向測驗進行了解。另外，對於有資賦優異傾向之學前兒童，為了了解其身心發展狀況是否適合提早入學，有學前兒童提早入學能力檢核表，可幫助預測學童提早入學後之可能適應程度。

生理課題之鑑定

　　本章主要以生理課題為主，共探討四類特殊學生的鑑定，包括視覺障礙（visual impairments）學生、聽覺障礙（hearing impairments; auditory impairments）學生、肢體障礙（physical disabilities）學生及身體病弱（health impairments）學生。由於這些生理問題均不屬於精神醫療的診斷領域，因此 DSM-IV 及 ICD-10 均未對這些障礙者提出診斷標準。本章在介紹定義時，則除了以《特殊教育法》及《身心障礙者保護法》為標準外，便只陳列美國重要協會的定義。

第一節　視覺障礙

定義

一、《特殊教育法》

　　我國在《身心障礙及資賦優異學生鑑定標準》第四條中定義視覺障礙為：「由於先天或後天原因，導致視覺器官之構造缺損，或機能發生

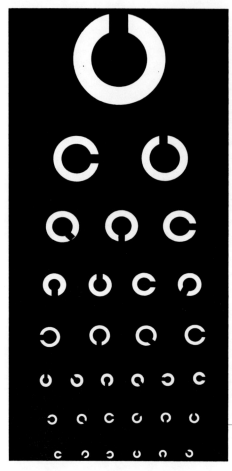

圖6-1 萬國式視力表

部分或全部之障礙，經矯正後對事物之視覺辨認仍有困難者。」其鑑定標準有二：一為視力經最佳矯正後，依萬國式視力表（見圖6-1）所測定優眼（better eye）視力未達 0.3 或視野（visual fields）在二十度以內者；二為無法以前款視力表測定時，以其他方式測定後認定者。

二、《身心障礙者保護法》

我國行政院衛生署依《身心障礙者保護法》的條例，將視覺障礙者定義為「由於先天或後天原因，導致視覺器官（眼球、視覺神經、視覺徑路、大腦視覺中心）之構造或機能發生部分或全部之障礙，經治療仍對外界事物無法（或甚難）作視覺之辨識。其中視力是指以矯正視力為準，經治療而無法恢復者。」並將障礙程度分為三級：

輕度

障礙狀況有四種，包括：兩眼視力優眼在 0.1（含）至 0.2（含）者；兩眼視野各為二十度以內者；優眼自動視野計中心三十度程式檢查，平均缺損大於 10DB（不含）者；及單眼全盲（無光覺）而另眼視力在 0.2（含）至 0.4（不含）者。

中度

其障礙狀況有三種，包括：兩眼視力優眼在 0.1（不含）以下者；優眼自動視野計中心三十度程式檢查，平均缺損大於 15DB（不含）者；及單

眼全盲（無光覺）而另眼視力 0.2 以下（不含）者。

重度

兩眼視力優眼在 0.01（不含）以下者；優眼自動視野計中心三十度程式檢查，平均缺損大於 20DB（不含）者。

鑑定

一、鑑定原則

我國兩法之定義差異

就視覺障礙的視力範圍而言，我國《特殊教育法》定義視覺障礙為優眼視力未達 0.3 者；而我國行政院衛生署則定義為優眼視力未達 0.2 者，或單眼全盲，且另眼視力在 0.2 至 0.4 者，其間有差距存在。意即某些個案可能未能領取身心障礙手冊，但是具有接受特殊教育之服務資格（例如兩眼視力均未達 0.3 者）。反之，領有身心障礙手冊者則均已具備接受特殊教育之資格。

以優眼為標準

在所有視覺障礙鑑定準則中均規定，視覺障礙的鑑定乃以優眼，即左眼或右眼中視力較佳的一眼為準。因此，若個體之一眼為盲，另一眼為視力正常者仍然不發予身心障礙手冊。

視力檢查值

一般視力檢查表（test chart）中最上面一行只有一個大的字（如 C 字或 E 字）。站在設定的位置只能看到此行時，其視力為 0.1 或 6/60 或 20/200。後二者之分母代表正常人可以看清楚的距離，分子則是受檢測者可以看清楚的距離。以 6/60 為例，意思為正常人在表前六十公尺處可以看清楚的，他必須在六公尺才能看清楚。六公尺約相當於二十呎，因此該兩個數值意義相同（毛連塭，1992）。

盲（blind）與弱視（low vision；partially sighted）

我國《特殊教育法》第一次頒布時，曾將視覺障礙區分為盲及弱視。

後者指視力在 0.3 至 0.03 之間者，一般以閱讀放大書籍為主；前者指視力在 0.03 以下者，一般以閱讀點字書籍為主。一般而言，盲者仍有些許光覺（light perception），完全沒有光覺之盲者只占少數。

矯正問題

我國《特殊教育法》指出，所謂視覺障礙乃指「經矯正後對事物之視覺辨認仍有困難者」。因此，若個案的視覺問題能予以矯正，如戴眼鏡，則不界定為視覺障礙者。

教師對學生視覺障礙的覺察

一般而言，視覺障礙的鑑定工作十分仰賴醫療體系進行，但是教師仍可以藉由平常對學生視力表現的觀察檢視。如表 6-1 視覺檢視表，發現疑似視覺障礙的學生，而後進一步轉介至醫院眼科醫師，做進一步的檢測鑑定。

表 6-1　視覺檢視表

1. 眼球經常顫動、眨眼或斜視現象。
2. 頭經常往前傾、瞇眼、接近目標物看視。
3. 視線無法正確對準目標物。
4. 經常揉眼睛。
5. 在需要手眼協調之作業或遊戲時，表現拙劣。
6. 無法清楚描述遠方的物體。
7. 有畏光現象。
8. 走路行動戰戰兢兢，非常謹慎小心。
9. 對圖畫書籍不感興趣。
10. 閱讀時容易疲勞，無法長久持續。
11. 朗讀時速度慢，經常跳字或跳行。
12. 對形體相似的字常唸錯或誤認。
13. 常無法正確書寫字體筆畫較多的字。

（資料來源：整理自劉信雄、王亦榮、林慶仁，2000：1-2）

二、常用鑑定及教學評估工具

我國在鑑定視覺障礙者方面，仍以醫療體系的特殊儀器檢查為主，如

眼底鏡、網膜鏡、眼壓計、電腦視野機等。教育界可使用的則僅是一些簡單的檢測方法，包括以視力檢查表檢查視力及簡單的視野檢查。而一般標準化測驗的使用則較為有限。

視力檢查

視覺障礙學生若未適時保養視力，視力退化的速度會比一般人快，因此需要時常評估個案的視力，以監督了解其視力維持或退化情形。目前我國一般常用的有斯奈氏視力檢查表（Snellen vision screen chart，採用 E 字母），及萬國式視力檢查表（採用 C 字母），我國目前《特殊教育法》乃界定以後者為工具。

視野檢查

視野（visual fields）係指當眼球不移動，注視前方某一定點時，所看得見的空間範圍。視野若太窄，則對個人日常生活將造成不便。在教學情境中，教師可藉由人工的方式粗略測量學生之視野，方法是與學生距離約六十公分，雙方眼睛同高度面對面站立（檢視者之視野需正常）。若擬檢查右眼時，學生以紙片遮住左眼，以右眼直視檢視者。檢視者亦拿一張紙片遮住右眼，拿一隻筆當目標，在和學生之間中線的地方，從周邊的地方，慢慢往眼睛位置移動。當學生一看到目標時，要求他說「看到了」，此應該也正是檢視者看到物體之處。當檢視者能看到物體，而受檢者仍不能看到物體時，表示其視野有缺失，則應轉介到醫療單位，用切線篩檢（targent screen）做更精確的檢查。

標準化測驗

一般而言，視覺障礙者由於生理因素的限制，在接受測驗時頂多能以點字測驗進行，但是目前國內並無這方面的工具，因此只能藉由可以問答形式進行的測驗，了解視覺障礙者的狀況，例如魏氏智力量表中有一些以口頭問答形式的分測驗。而一些輔導方面的評估工具可以問答的方式進行，而取得不偏離測驗目的的訊息，則可適用，例如身心障礙者轉銜服務評估量表。

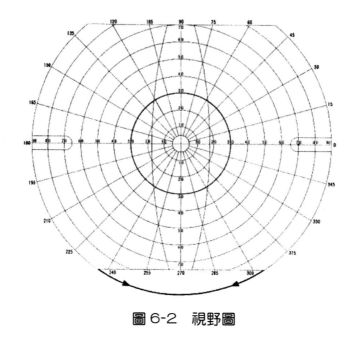

圖 6-2　視野圖

第二節　聽覺障礙

對於聽覺障礙的鑑定，除了《特殊教育法》及《身心障礙者保護法》外，美國聾教育執行委員會（Executive Committee of the Conference of Educational Administrators Serving the Deaf）的定義亦為許多鑑定者所應參考的重要依據。

定義

一、《特殊教育法》

我國在《身心障礙及資賦優異學生鑑定標準》第三條指出，聽覺障礙為「由於先天或後天原因，導致聽覺器官之構造缺損，或機能發生部分或

全部之障礙，導致對聲音之聽取或辨識有困難者」。其鑑定標準有二：一為接受自覺性純音聽力檢查後，其優耳（better ear）語音頻率聽閾達 25 分貝（decibels，簡稱 dB）以上者；二為無法接受前款自覺性純音聽力檢查時，以他覺性聽力檢查方式測定後認定者。

二、《身心障礙者保護法》

我國行政院衛生署依《身心障礙者保護法》定義聽覺障礙為：由於各種原因導致聽覺機能永久性缺損。其障礙程度分為三級：

輕度：優耳聽力損失在 55 分貝至 69 分貝者。

中度：優耳聽力損失在 70 分貝至 89 分貝者。

重度：優耳聽力損失在 90 分貝以上者。

三、美國聾教育執行委員會

美國聾教育執行委員會將聽覺障礙者分「聾」（deaf）及「重聽」（hard of hearing）二類定義。其中「聾」乃指個案配戴助聽裝置後，聽覺處理語言訊息的能力仍有障礙者。「重聽」則指個案配戴助聽器後，有殘餘聽力以處理語言訊息者（摘自林寶貴，1994b）。

鑑定

一、鑑定原則

聲音的單位

聲音頻率的單位為「赫」（Hertz，簡稱 Hz），係指每單位時間，音波振動的次數，音調（pitch）愈高，振動次數愈多。聲音的強度單位為「分貝」（decibels，簡稱 dB），正常聽力者所能聽到的最小聲音強度為 0dB，稱為「零可聽閾水準」（zero hearing threshold level）；一般聽力檢查時，以聲音頻率及聲音強度為聲音評估的兩個向度，如圖 6-3，即為一般常見聲音的素質分析。

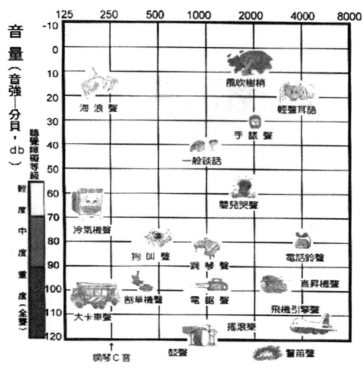

音 調（頻率－赫，Hz）

圖 6-3　常見聲音的素質

（資料來源：台灣省聲暉協進會，1998：3）

聽力檢查

一般聽力檢查，亦以聲音頻率及聲音強度為兩個向度進行檢測，如圖 6-4 即為左耳聽力正常，右耳高音頻聽力受損個案之純音聽力檢查（pure-tone audiometry）的結果報告。

我國兩法之定義差異

就聽力而言，我國《特殊教育法》定義聽覺障礙為優耳聽力損失達 25 分貝以上者；而我國行政院衛生署定義為優耳聽力損失達 55 分貝以上者，其間亦有差距存在。意即某些個案可能未能領取身心障礙手冊，但是具有接受特殊教育之服務資格。反之，領有身心障礙手冊者則均已具備接受特殊教育之資格。

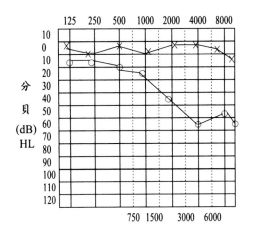

圖 6-4　純音聽力檢查圖表（○表右耳，×表左耳）

以優耳為標準

在聽覺障礙鑑定準則中均規定，聽覺障礙的鑑定乃以優耳為鑑定標準，即以左耳或右耳中聽力較佳的該耳為準。因此，若個案之一耳為聾，另一耳為聽力正常者，仍然不發予身心障礙手冊。

聾及重聽

一般在對聽覺障礙者鑑定時，會進行「聾」（deaf）及「重聽」的分類。「聾」一般乃指聽力損失在 90 分貝以上。亦即「聾」者必須在聲音大到 90 分貝以上時，方可感受到聲音的存在。「重聽」一般指個案聽力損失在 25 至 90 分貝之間，只要聲音大到一定音量（loudness）以上即有聽覺。

接受性語言（receptive language）及表達性語言（expressive language）

口語（spoken language）可以分成兩個主要成分，即接受性語言與表達性語言。在對聽覺障礙學生進行評估時，兩者均需予以評估，前者在評估個案了解他人表達的能力，若不佳，則應予以進行讀話訓練；後者在評估個案本身表達的能力，若不佳，則應予以進行構音或說話等訓練。

教師對學生聽覺障礙的察覺

由於聽力的檢測通常需藉由醫療設備方能完成，因此通常在教育局鑑

輔會並未能直接檢測學生的聽力障礙狀況。但是在學生的學習環境中，仍可藉由學生的學習表現，及生活中與他人語言互動的情形，發現疑似聽覺障礙的學生（參見表6-2），一旦發現疑似個案後應予以轉介至醫療單位做進一步的鑑定。

表6-2 聽覺障礙者之特徵檢核表

	問題特徵
嬰兒時期	1-3個月：對於突然而來的巨響毫無反應
	3-6個月：不會尋找／望向聲源
	6-9個月：不會望向講話中被提及的人或物體
	9-12個月：不懂跟從動作的指示，例如：「把球拿給我」
	12-15個月：未能說出詞句的第一個單字，例如：爸、媽、燈、車
	15-18個月：對於鄰房的呼喚無動於衷
	18-24個月：未能運用兩個字的詞句
	24-30個月：能說出的字少於一百個
	30-36個月：未能運用四～五個字的詞句
孩童時期	上課常常不專心
	有時可聽見別人說的話，有時卻聽不見
	好像明白別人說的話，但行為顯示「不明白」
	常常要求別人重複（做一次或說一次）他們的話
	對聆聽長時間的口述或講話，容易感到疲倦
	小組討論時，對跟從其他人的講話有困難
	只能跟從一個步驟的指示，對執行多個步驟的指示有困難
	對學習新事物比其他小孩慢
成年時期	常覺得他人喃喃地說話，口齒不清
	常要求別人重複他們的話
	常感到小孩及女性的說話聲特別不容易聽得清楚
	常因聽覺不靈敏而避免出席社交場合
	常在開會時，覺得難以跟別人談話
	家人常表示電視機或收音機的聲量調太高
	在郊外常聽不見小鳥的叫聲
	常聽不到別人從背後叫喊
	常忽略電話鈴聲及門鈴聲

（資料來源：整理自台灣省聲暉協進會，1998：11-12）

二、常用鑑定及教學評估工具

聽覺障礙學生的鑑定工作主要在醫療單位，常使用的工具有聽力檢查儀器，例如純音聽力檢查儀（pure tone audiometer）、聽阻聽力檢查儀（impedance audiometer）及聽性腦幹聽力檢查儀（auditory brainstem response，簡稱 ABR）等。教育單位鑑輔會的主要工作則在為聽覺障礙學生評估其在學習上可能遇到的問題，即發現可以提供的教育服務。常用的工具包括：

智力測驗

由於聽覺障礙者常受到聽力不良的影響，而導致語言發展受到限制。因此在評估其智力時常以操作性或非語言的形式進行，例如魏氏兒童智力量表中的操作測驗部分，而瑞文氏彩色圖形推理測驗（Raven's Colored Progressive Matrices Test，簡稱 CPM）、陳氏非語文能力測驗、托尼非語言智力測驗、綜合性非語文智力測驗、圖形思考智能測驗等，亦為國內對聽覺障礙學生常使用的測驗。

語言表達測驗

聽覺障礙者學習語言過程因受到聽力刺激不足的影響，常出現構音及說話問題，亦應加以診斷，以便予以語言復健訓練。國語正音檢核表為國內目前教育單位常用的工具之一。

聽力檢核表

聽力檢核表為另一個常用以發現聽覺障礙學生的工具，其方式乃從學生的日常典型表現中，評估可能存在於聽覺障礙者的特質表現，以初步診斷個案的聽覺表現。但目前國內尚未出版標準化的聽覺障礙檢核工具，未標準化的簡易檢核工具則如前表 6-2，為一般教師可資利用的簡單工具。

其他評量策略

如觀察、檢視其作業、作品，訪問重要他人等，藉由這些非正式的評估，可發現疑似的障礙個案及其個別學習需求。

第三節　肢體障礙

肢體障礙的原因頗多，或為肢體缺損所導致之機體問題、或為神經系統障礙所導致之肢體功能障礙。若為前者，則由外觀即可明顯發現；若為後者，則得由其生理機能加以診斷。而DSM-IV及ICD-10並未針對肢體障礙個案進行明確的定義。

定義

一、《特殊教育法》

我國在《身心障礙及資賦優異學生鑑定標準》第七條中，定義肢體障礙為：「指上肢、下肢或軀幹之機能有部分或全部障礙，致影響學習者。其鑑定標準依行政院衛生署所定『身心障礙等級』中所列肢體障礙之標準。」《特殊教育法》中對肢體障礙學生之鑑定乃以行政院衛生署所訂定之標準為依據。

二、《身心障礙者保護法》

我國行政院衛生署依《身心障礙者保護法》將肢體障礙者定義為「由於發育遲緩，中樞或周圍神經系統發生病變，外傷或其他先天或後天性骨骼肌肉系統之缺損或疾病，而形成肢體障礙致無法或難以修復者」。並區分為上肢、下肢、軀幹及四肢四種肢體障礙類別，其嚴重程度分別界定義為：

上肢

1.輕度：其鑑定標準有五：一為上肢的肩關節、肘關節或腕關節其中任何一關節機能全廢者，或有顯著障礙者；二為一上肢的拇指及食指欠缺或機能全廢者，或有顯著障礙者；三為一上肢三指欠缺或機能全廢或有顯著障礙，其中包括拇指或食指者；四為兩上肢拇指機

能有顯著障礙者；五為一上肢機能顯著障礙者。

2.中度：鑑定標準有四：一為兩上肢大拇指及食指欠缺或機能全廢者；二為一上肢的上臂二分之一以上欠缺者；三為兩上肢機能顯著障礙者；四為一上肢機能全廢者。

3.重度：其鑑定標準有二：即兩上肢的機能全廢者，及兩上肢由腕關節以上欠缺者。

下肢

1.輕度：鑑定標準有五：一為一下肢自踝關節以上欠缺者；二為一下肢機能顯著障礙者；三為兩下肢的全部腳趾欠缺或機能全廢者；四為一下肢的股關節或膝關節的機能全廢或有顯著障礙者；五為一下肢與健全側比較時短少五公分以上或十五分之一以上者。

2.中度：鑑定標準有四：一為兩下肢機能有顯著障礙者；二為兩下肢自踝關節以上欠缺者；三為一下肢自膝關節以上欠缺者；四為一下肢機能全廢者。

3.重度：鑑定標準有二：即兩下肢的機能全廢者，及兩下肢自大腿二分之一以上欠缺者。

軀幹

1.輕度：因軀幹之機能障礙而致步行困難者。

2.中度：因軀幹之機能障礙而致站立困難者。

3.重度：因軀幹之機能障礙而無法坐立者。

四肢

1.極重度：四肢的機能全廢者。

鑑定

一、鑑定原則

發現與鑑定

對肢體障礙者的鑑定通常從其外觀或行動表現即可發現。教師或家長

一旦發現疑似肢體障礙個案，即應轉介至醫療體系予以進一步鑑定診斷，以便適時介入醫療措施，避免肌肉不當萎縮等不良作用出現。

肢體障礙的種類

肢體障礙的類別相當多元，包括腦性麻痺（cerebral palsy，簡稱CP）、成骨不全（osteogenesis imperfecta，即俗稱玻璃娃娃）、骨髓炎（osteomyelitis）、進行性肌肉萎縮（progressive muscular dystrophy），或截肢（amputations）等。

腦性麻痺類型

一般而言，愈文明的國家，腦性麻痺個案的出現率占肢體障礙的比例愈高，為教師們應該認知的一類群體。其類型至少包括：痙攣型（spasticity）、手足徐動型（athetosis）、運動失調型（ataxia）、僵直型（rigidity）及震顫型（tremor）等。

腦性麻痺與多重障礙

許多腦性麻痺個案在行動以外的其他表現亦存在諸多缺陷，例如認知功能、語言溝通、情緒表現等。因此對於肢體障礙者除了關心他們的動作障礙問題之外，還應同時評估他們有無其他方面的問題，以便在教學或輔導上進行設計。

二、常用鑑定及教學評估工具

肢體障礙個案之原因診斷及鑑定證明，仍由醫療體系經由基本結構檢查及其他鑑定程序後確定發予。而在教育上仍可藉由適當工具了解學生的知動表現，以配合學校課程進行療育。如：

知覺動作量表

例如簡明知覺動作測驗、兒童知覺能力測驗等可以診斷受試者的知覺動作協調及表現能力。由於施測簡單，一般仍可透過經過訓練的教育人員予以施測，並將結果運用到教育課程，如生活教育的知動課程中。

知覺檢核表

由於許多肢體障礙者具有知覺的問題（尤其腦性麻痺個案），如視覺、聽覺等，這些問題往往影響其學習能力，因此亦應對肢體障礙學生進

行這方面的評估。

語言評估量表

腦性麻痺個案一般多具有語言方面的問題，因此語言方面的評估為不可或缺的部分。目前國內常用以評估語言問題的工具包括國語正音檢核表，以之評估完成後，可進一步在課程教學中對個案進行簡單的語言復健訓練。

第四節　身體病弱

身體病弱的類別相當多元，其原因也難以完整陳述，我國在相關法案中並未能完全一一列出。而因為長期療養問題，導致個案精力、經濟及學業均為之承受相當大的負擔，因此亦受到政府相關單位的福利保障。

定義

一、《特殊教育法》

我國在《身心障礙及資賦優異學生鑑定標準》第八條所稱身體病弱，指「罹患慢性疾病，體能虛弱，需要長期療養，以致影響學習者」。由於醫療方面的疾病相當多元，因此在定義中只統稱「需要長期療養，以致影響學習者」。

二、《身心障礙者保護法》

我國《身心障礙者保護法》中所列舉有關身體病弱的病症包括重要器官失去功能，如心臟、肝臟、呼吸器官、腎臟、吞嚥器官、胃、腸道、膀胱、造血機能器官及頑性癲癇等等。而染色體異常、先天代謝異常或其他先天缺陷等也都可能列屬於《特殊教育法》中身體病弱的教育對象。

鑑定

一、鑑定原則

身體病弱的類型

身體病弱的類型相當多元，例如心臟病、肺病、腎臟病、哮喘、肝病、癲癇、血液病、腦性麻痺、癌症、糖尿病、氣喘等，均為學齡學生常出現身體病弱的類型（黃美涓，2000）。另外如染色體異常、先天代謝異常或其他先天缺陷等也都可能列為身體病弱的學生。

身心障礙手冊與特殊教育類別

由於經過醫療單位鑑定結果所發予的身心障礙手冊類別，與特殊教育中所分的類別不同，因此安置這些學生入班前需另予以適當的評估。例如染色體異常的學生所取得的身心障礙手冊為「染色體異常」類別，就特殊教育對象，則可能歸類為單純的身體病弱的學生，但也可能為智能障礙的學生。

二、常用鑑定及教學評估工具

身體病弱學生的鑑定工作，一般多由醫師執行。而身體病弱學生若未伴隨其他障礙，則其智力為正常，在教育上最常做的包括學業表現及活動能力的評估：

學業表現的評估

由於身體病弱學生需要經常赴醫療機構接受治療或復健，不易維持高度的就學出席率。如此可能導致身體病弱學生學業落後的現象，在必要的時候可以藉由學科成就測驗了解學生的學習狀況，如柯氏國民小學數學科成就測驗等。此外，教師自編測驗更為其中常用的評量形式。

活動能力的評估

身體病弱的學生常常由於異常肥胖、瘦弱、發育不良或肢體活動受限等，往往不易正常地參與學校生活。教師便常常需要觀察評估學生的活動問題，以引導身體病弱學生適切地參與活動。

第7章

情緒課題之鑑定

本章主要以情緒課題為主,探討三類特殊學生的鑑定,包括嚴重情緒障礙(seriously emotionally disturbed,簡稱 SED)學生、自閉症(autism)學生,及注意力缺陷過動症(attention deficit hyperactivity disorder,簡稱 ADHD)學生。

第一節　嚴重情緒障礙

《特殊教育法》中所界定的嚴重情緒障礙,乃包括精神性疾患、情感性疾患、畏懼性疾患、焦慮性疾患(anxiety disorders)、注意力缺陷過動症,或有其他持續性之情緒或行為問題者,而其中由於注意力缺陷過動症目前為許多學者及教育界人士所重視,因此特別將其抽離,列於第三節中討論。而就定義的介紹上,美國聯邦政府對嚴重情緒障礙的定義已廣為各州教育單位所重視,在此將一併探討。

定義

一、《特殊教育法》

　　我國在《身心障礙及資賦優異學生鑑定標準》第九條中指出，嚴重情緒障礙乃指「長期情緒或行為反應顯著異常，嚴重影響生活適應者；其障礙並非因智能、感官或健康等因素直接造成之結果。情緒障礙之症狀包括精神性疾患、情感性疾患、畏懼性疾患、焦慮性疾患、注意力缺陷過動症，或有其他持續性之情緒或行為問題者」。其鑑定標準有三：一為行為或情緒顯著異於其同年齡或社會文化之常態者，得參考精神科醫師之診斷認定之；二為除學校外，至少在其他一個情境中顯現適應困難者；三為在學業、社會、人際、生活等適應有顯著困難，且經評估後確定一般教育所提供之輔導無顯著成效者。

二、《身心障礙者保護法》

　　我國《身心障礙者保護法》中並未針對嚴重情緒障礙一詞做出說明，但另有對精神病患做出界定，依以發予身心障礙手冊。其中行政院衛生署指出「慢性精神病患係指罹患精神病，經必要適當醫療，未能痊癒且病情已經慢性化，導致職業功能、社會功能與日常生活適應發生障礙，需要家庭、社會支持及照顧者協助。其範圍包括精神分裂、情感性精神病、妄想病、老年期及初老期精神病狀態、其他器質性精神病狀態、源發於兒童期之精神病」。並將其障礙等級分為四類：

輕度

　　係指職業功能、社交功能輕度退化，在協助下可勉強維持發病前之工作能力或在非庇護性工作場所工作，且毋需他人監護，即具日常生活自我照顧能力者。

中度

　　係指職業功能、社交功能退化，經長期精神復健治療，可在庇護性工

作場所發展出部分工作能力，亦可在他人部分監護，維持日常生活自我照顧能力者。

重度

係指職業功能、社交功能退化，需施以長期精神復健治療，以維持其日常生活最基本自我照顧能力，並需他人監護者。

極重度

係指職業功能、社交功能、日常生活功能退化，需完全仰賴他人養護或需密切監護者。

我國行政院衛生署乃依職業功能、社交功能及日常生活功能對精神病患進行問題程度的分級。

三、DSM-IV

就所謂嚴重情緒障礙的個案，DSM-IV在精神分裂及其他精神性疾病（schizophrenia and other psychotic disorders）向度中提出許多，如精神分裂症（schizophrenia）、分裂情感性疾病（schizo affective disorder）、妄想性疾病（delusional disorder）、情感性疾病（mood disorders）、憂鬱性疾病（depressive disorders）、雙極性疾病（bipolar disorders）、焦慮性疾病（anxiety disorders）、社會恐懼症（social phobia）、創傷後壓力疾病（post-traumatic stress disorder）等均是。而就行為異常的部分，DSM-IV所提包括抽動性障礙（tic disorders）、排泄障礙（elimination disorders）、飲食障礙（eating disorders）、嗜睡症（sleeping disorders）等。由於這些障礙或疾病方面的問題是屬於精神疾病的診斷與鑑定，與特殊教育界中對嚴重情緒障礙的定義仍不完全吻合，且探討過後將會增加教師對嚴重情緒障礙認識的混淆（Smith, Polloway, Patton, & Dowdy, 1998），因此在此不針對 DSM-IV 中所作的定義作詳細的介紹。

四、ICD-10

ICD-10 中，提及有關嚴重情緒障礙方面的疾病包括：器質性精神病（organic mental disorders）、器質性情感疾病（organic mood affective disorders）、精神分裂症（schizophrenia）、準精神分裂症與妄想性疾病（schizotypal and delusional disorders）、情感性疾病（mood affective disorders）、精神官能症（neurotic），及成人人格與行為障礙（disorders of adult personality and behavior）。而該方面的障礙如同在 DSM-IV 中的顧忌，在此不針對 ICD-10 所作的定義作詳細的介紹。

五、美國聯邦政府的定義

美國聯邦政府所制定的聯邦條例（Federal Register, p.42478）對嚴重情緒障礙的定義如下：

嚴重情緒障礙的個案會在一段長時間中出現以下一種或一種以上的症狀，包括：

無法學習，但不能經由智力、感官或健康因素予以解釋。

不能與同儕或教師維持好的人際關係。

在一般環境下，有不當的行為或情緒出現。

經常存在不愉快或沮喪（upset）的情緒。

當與個人或學校問題有關時，傾向於出現生理徵狀或恐懼情緒。

聯邦法案並且聲明，嚴重情緒障礙包括精神分裂病症及自閉症，但不包括其他一般社會適應不良者，如參加地方幫派的行為問題學生。

鑑定

一、鑑定原則

名詞問題

我國於一九七○年《台灣省特殊教育推行辦法》中，情緒障礙學生乃以「性格及行為異常」一詞被列為特殊教育服務對象，其後這類學生在我國特殊教育之發展中曾出現多種不同的名稱與內容，例如「行為異常」、「性格異常」等，主要在描述行為或情緒反應有顯著異常的特殊學生。而在國外使用的名詞包括「情緒困擾」、「嚴重情緒困擾」、「情緒障

礙」、「行為異常」、「性格異常」或「情緒或行為異常（emotional/be-
havioral disorder，簡稱E/BD）」等詞，我國受此影響，在國內種種對此類
學生的用詞也曾紛紛出現（洪儷瑜，1995）。至今，雖然我國法案將名稱
定為「嚴重情緒障礙」，但明確指出是「長期情緒或行為反應異常」，因
此仍包括行為異常個案。

嚴重度問題

我國及許多其他國家特殊教育相關法案中，以「嚴重情緒障礙」指稱
此類障礙學生，其「嚴重」一詞乃為了強調與一般情緒問題有所區別。蓋
一般人均會有情緒低潮時期，例如常見的感情問題雖然是心理困擾，但並
不是發展常態的異常現象，則不屬於嚴重情緒障礙範圍內的學生。因此，
我國《特殊教育法》中聲明嚴重情緒障礙個案的情緒障礙現象乃是「長
期」的，意即需維持一定時間以上；至於多長的時間，則未有明確界定。
鄭麗月（2001）指出其維持的時間最少必須足以驗證情緒和行為的問題符
合情緒困擾之定義。

出現情境

我國定義中指明情緒障礙者必須：「在學校以外，至少在其他一個情
境中顯現適應困難者」。亦即學生的情緒障礙問題已導致其學習問題，因
此若學生的情緒障礙問題出現在學校以外的數個其他情境中，則仍不屬於
特殊教育的對象。相對地，若學生的情緒障礙問題只出現在學校情境中，
則可能為「上學恐懼症」或其他與就學相關的心理因素，也不列為嚴重情
緒障礙者。

排除因素

我國《特殊教育法》定義嚴重情緒障礙為：「並非智能、感官或健康
等因素直接造成之結果」。因此如果情緒障礙為一具有智能、感官或健康
問題，則應判斷其間的相關性，而後鑑定其為嚴重情緒障礙的可能性。

異常行為

許多障礙者常存在嚴重的問題行為，例如攻擊行為（如打人、咬人、
踢人）、自我傷害（如撞頭、挖眼睛、抓頭髮、咬東西）、異食症
（pica）、干擾別人（如尖叫、敲打）。又如強迫行為（compulsion）、刻

板動作（stereotyped behavior）、作態行為（mannerism）、回音動作（echopraxia）、阻抗行為（negativism）、僵直動作（catalepsy）、怪異行為（queer behavior; bizarre behavior）、破壞性行為（destructive behavior）、攻擊性行為（aggressive behavior）等（見表 7-1），亦是常見的行為異常個案。依據我國《特殊教育法》之定義，具有這些行為的個案，均為嚴重情緒障礙者。

評量的客觀性

在評量情緒障礙個案時，無論使用量表或觀察分析，若評量者為個案所熟悉的人員，則其評量過程常常會受到評量者主觀的影響，而使結果失去客觀性。評量者應該謹慎避免過於主觀的評量過程，並且應該增加其他資料，如醫師診斷、家長描述等，以增加鑑定的客觀性。

表 7-1　異常行為的型態

種　類	定　義　特　徵
強迫行為	自厭性（ego-dystonic）的重複動作，雖然自己覺得不需要也不應該，但又忍不住的重複同一個動作，例如：明知手已乾淨卻要一遍又一遍的重複洗手。常見於強迫症的患者。
刻板動作	個案重複同一個動作，但卻沒有強迫行為的自厭性部分，且案主無法說明此一重複動作的意義。
作態行為	病人重複地做同一個動作，且為這個動作賦與特定的意義。例如病人重複轉動雙手，表示轉動一圈就是自己環遊世界一周。
回音動作	像回音一樣地模仿別人的動作，別人做什麼動作，他就做同樣的動作。
阻抗行為	出現與外界刺激相對抗的行為。例如：請病人把眼睛張開，卻見他把眼睛閉得更緊。
僵直動作	肢體僵直，保持某一特別的姿勢長期不變。若可以被外力塑造而維持某一姿勢，就像軟質的蠟一樣，則特稱為蠟樣屈曲（waxy flexibility）。
怪異行為	泛指一些奇怪、無法理解的行為，如：撿拾蒐集垃圾、走三步退一步、當眾膜拜等。其常導因於妄想或幻覺的影響。
破壞性行為	對事物、環境的毀損行為，例如：打破玻璃、破壞家具等。如屬突然發生，缺乏誘導因素，則可懷疑是妄想、幻覺或精神病衝動引起的續發行為。
攻擊性行為	對他人的侵擾行為，常與破壞行為一起出現。

（資料來源：張宏俊，1997：71）

二、常用鑑定及教學評估工具

一般而言，嚴重情緒障礙個案的鑑定工具包括三個：一為基本身體檢查及神經學檢查工具；二為心理衡鑑工具；三為社會功能評估工具。這些鑑定是屬於臨床醫學中的工作，而就教育體系而言，可以進行的包括後二者。目前國內可用以評估該特質的測驗工具包括：

人格測驗（personality test）

一般常用的人格測驗如投射測驗（projective tests）、臨床晤談診斷等，必須具備高級的測驗與諮商專業背景知能者方可使用。而在教育環境中可使用的乃屬於一般人格測驗，如基本人格量表、柯氏性格測驗、高登人格量表等。

情緒問題篩檢量表

國內如情緒障礙量表、行為與情緒困擾量表、青少年社會行為評量表及主題情境測驗等，乃為對學齡學生一般情緒問題工具的篩檢工具。而貝克自殺概念形成量表、貝克無望感量表、貝克焦慮量表等，可評估個案較負面的情緒態度。這些測驗對教師而言，均是十分方便的篩檢測驗。

社會功能評估工具

包括一些適應行為及偏差行為的評估，國內目前如中華適應行為量表可藉以診斷個案的社會適應問題及偏差行為表現，是一個十分適當的工具。

第二節　自閉症

自閉症於近十年來受到許多的關注，我國一九九七年制定《特殊教育法》及《身心障礙者保護法》後均提出明確的定義。本節並同時提出DSM-IV、ICD-10 及 IDEA《障礙者個人教育法案》的界定進行探討。

定義

一、《特殊教育法》

　　我國在《身心障礙及資賦優異學生鑑定標準》第十二條中定義自閉症為：「指因神經心理功能異常而顯現出溝通、社會互動、行為及興趣表現上有嚴重問題，造成在學習及生活適應上有顯著困難者。」其鑑定標準有三：一為具有顯著口語、非口語之溝通困難者；二為顯著社會互動困難者；三為表現固定而有限之行為模式及興趣者。

二、《身心障礙者保護法》

　　我國行政院衛生署依《身心障礙者保護法》定義自閉症為：「合併有認知功能、語言功能及人際社會溝通等方面之特殊精神病理，以致生活適應有顯著困難之廣泛性發展障礙。」其障礙程度分為四級：

輕度
　　通常智能在一般範圍內，仍需要特殊教育和矯治訓練後，才能在適當的環境下工作者。其鑑定標準為：社會適應能力輕度障礙，語言功能輕度障礙。

中度
　　經過特殊教育和矯治訓練，通常在庇護性環境內可自理日常生活，或有可能訓練出簡單的工作能力者。其鑑定標準有二：一為社會適應能力中度障礙，語言功能輕度障礙；二為社會適應能力輕度障礙，語言功能重度或中度障礙。

重度
　　經過特殊教育和矯治訓練，通常可發展出最基本的日常生活自理能力，但無法發展出工作能力，仍須仰賴他人照顧者。其鑑定標準有三：一為社會適應能力重度障礙，語言功能中度或輕度障礙；二為社會適應能力中度障礙，語言功能重度或中度障礙；三為社會適應能力輕度障礙，語言

功能極重度障礙。

極重度

需完全仰賴他人養護或需密切監護，否則無法生存者。其鑑定標準有三：一為社會適應能力極重度障礙；二為社會適應能力重度障礙，語言功能極重度或重度障礙；三為社會適應能力中度障礙，語言功能極重度障礙。

三、DSM-Ⅳ

DSM-Ⅳ將自閉症列於廣泛性發展障礙症（pervasive developmental disorders）中，稱為自閉性疾病（autistic disorder）。其鑑定標準有三：

1. 在社會性互動、溝通或語言的發展遲緩，行為、興趣及活動的模式相當局限重複而刻板，其鑑定準則如圖 7-1。

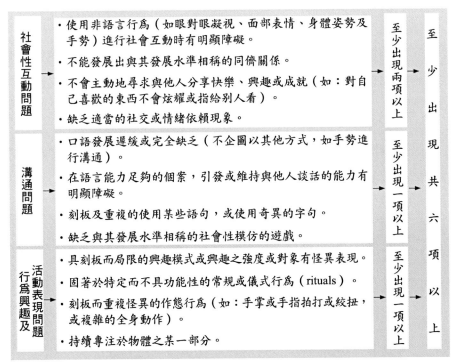

圖 7-1　DSM-Ⅳ對自閉症的診斷準則

（資料來源：整理自 APA, 1994；孔繁鐘、孔繁錦，1997）

2.於三歲之前即初發，在社會互動、使用語言為社交溝通工具、象徵或想像的遊戲三種現象中，至少有一種以上功能延遲或異常。

3.此障礙徵狀無法以Rett氏障礙或兒童期崩解性障礙作更佳的解釋。

四、IDEA

IDEA 將自閉症定義為：一種發展性障礙，導致顯著的語言及非語言溝通及社會互動的缺陷（Smith, Polloway, Patton, & Dowdy, 1998）。其症狀在三歲以前即出現，對於接受教育有相當不利的影響。

鑑定

一、鑑定原則

學齡前的症狀檢核

一般而言，自閉症者三歲前在社會互動、語言溝通或想像遊戲方面即顯現出異常或有缺陷的發展狀況（見表 7-2）。父母親若能稍為留意即可及早發現，及早療育。

障礙程度分級

我國行政院衛生署在鑑定自閉症的障礙等級時，乃以社會適應能力及語言功能兩種為分類程度向度，在特殊教育工作上，亦常從此二方面評估對自閉症學生的教育介入策略。

二、常用鑑定及教學評估工具

一般而言，對自閉症的鑑定與評估工具除一般的神經學檢查之外，在教學情境中常用的包括：自閉症檢核工具、發展能力評量工具及語言評估工具。

自閉症檢核工具

例如青少年社會行為評量表，可以從測驗中發現一般青少年的社會性行為問題。

表 7-2　自閉症兒童學齡前的發展特徵

	一、社會互動的發展特徵	
月齡	正常兒童	自閉症兒童
2	轉向聲源；對人笑。	表現乖巧，少干擾他人。
6	有被抱或要求抱的反應；陌生人反應。	很好帶；不需他人理會；哭鬧時則難以安撫。
8	陌生焦慮及分離焦慮；喜歡動作模仿及躲貓貓之類的遊戲。	哭鬧難安撫；退縮；被動地與他人互動；無分離焦慮或陌生人焦慮情形。
12	主動要求遊戲；喜歡與大人互動性遊戲；注意大人反應。	不理人、自己玩。
18	平行遊戲；拿、給別人玩具。	
24	平行遊戲；追逐遊戲；短暫互動的玩；不高興時會有向他人求救及尋求安慰的表現。	明顯退縮、不理人、不看人、不反應；缺乏情感表達；少數可分親疏；莫名其妙的害怕。
36	輪流、分享；追逐遊戲；幫忙父母；喜歡「獻寶」；會取悅他人。	
48	扮家家酒；協調、妥協；喜歡和不喜歡某些同伴。	少數可追逐、觀看別人玩；大部分自己玩；模仿儀式性的安慰擁抱。
60	會交朋友，和朋友玩或吵架；協調遊戲的角色變換。	和大人的互動增加但明顯怪異；重複同樣的遊戲。
	二、語言溝通的發展特徵	
月齡	正常兒童	自閉症兒童
2	發音、喉音。	安靜或哭個不停。
6	面對面發音互應；牙牙學語。	安靜；哭。
8	發聲、注視、動作模仿。	安靜；少數有發聲；沒有模仿性的發聲或動作。
12	有意義的單字，企圖性和回應性發聲和動作溝通（呈現要求）。	可能有少數幾次有意義發音，之後消失或停滯；缺乏企圖心、回應性、分享性的非口語溝通。
18	字彙和詞彙增加；用動作語言要求；二字句出現。	
24	字彙和詞彙迅速增加；三字句；並用表情、語言、眼神、手指來溝通；簡單問答；稱呼自己的名字。	大都不理人或哭鬧表示要求；極少數高功能者會指、注視；有的語言和互動退步。
36	字、詞彙達一千個左右；有較長句子，會使用你、我，很會提問，持續與他人互動。	重複表達要求；高功能出現字詞仿說；有咬音、音調等問題。

表 7-2 自閉症兒童學齡前的發展特徵（續）

48	複雜的長句，連續互動的語言溝通，並有動作協調的溝通（人、情境）。	動作模仿、動作要求；注視增加；仿說句加長、複雜、代名詞反轉；少數自動說話。
60	複雜適當的口語和非口語溝通；文法正確；對嘲諷、開玩笑等隱喻的了解和運用。	口語和非口語溝通增加；特殊怪異的溝通方式；代名詞反轉和仿說異常；缺乏連續互動性溝通；缺乏情緒感受之溝通。
三、想像遊戲的發展特徵		
月齡	正常兒童	自閉症兒童
12	功能性遊戲（適當的玩玩具）。	玩手，對玩具沒有興趣。
18	假裝喝、吃、打電話等日常生活的活動。	反覆怪異的動作、對某些刺激有特殊的偏好。
24	餵玩具或動物吃、喝等擬人化玩法；假裝的玩法種類增加。	反覆怪異的動作和玩法；敲、打、咬、聞、拍。
36	有計畫系列的假裝遊戲；玩具可取代；假裝玩具；可自主。	反覆怪異的動作和玩法；對某些視動玩具的偏好和特殊能力（認符號、字）。
48	幾個兒童一起玩裝扮遊戲（扮家家酒）；象徵性取代實物意義。	教過的功能性遊戲；極高功能者可有少數反覆個別簡單假裝遊戲。
60	語言和想像裝扮的遊戲結合在一起；講故事、編故事。	功能性玩法增加；在自然情境自發性、創造性玩法極少。

（資料來源：宋維村，2000：27，28，31）

發展能力評量工具

例如幼兒感覺發展檢核表、兒童感覺發展檢核表或一般的發展測驗，均可藉以了解個案的發展狀態。

語言評估工具

自閉症個案的語言發展有明顯的問題，因此應對個案語言能力進行評估，包括接受性語言與表達性語言的評估。國內例如修訂畢保德圖畫詞彙測驗及兒童口語表達能力測驗均屬之。

第三節　注意力缺陷過動症

我國《身心障礙及資賦優異學生鑑定標準》乃將注意力缺陷過動症學生列於嚴重情緒障礙類別中，並未詳列其鑑定標準。而《身心障礙者保護法》亦未針對注意力缺陷過動症進行定義。因此本節只以 DSM-Ⅳ及 ICD-10 之定義進行討論。

定義

一、DSM-Ⅳ

DSM-Ⅳ乃將過動症（hyperkinetic disorder）與注意力缺陷放在一起進行討論，稱之為注意力缺陷及違抗性行為障礙（attention deficit and disruptive behavior disorders），而將其症狀分為注意力渙散（inattention）及過動－易衝動（hyperactivity-impulsivity）兩類。並指明其間依以診斷標準的徵狀至少持續六個月以上（見表 7-3）。DSM-Ⅳ中並聲明造成損害的過動－易衝動或注意力缺陷的症狀有些在七歲以前即出現。且此症狀所造成的不良影響存在於兩種或兩種以上的場合中（例如在學校、工作場所或自家的情境中）。

二、ICD-10

ICD-10 對注意力缺陷過動症之診斷標準有三：一為在一種以上的情境出現注意力缺陷及過動的現象，如家中、教室、門診；二為其特徵包括做事總是半途而廢，很容易受其他事物干擾分心。診斷時必須考慮兒童的年齡或智力；三為過動行為的特徵包括無法持續安靜，即使坐著時，也慌慌張張扭來扭去。這種行為在組織結構完整，需要較高度自制力的情境中特別顯著。

表 7-3　DSM-IV對注意力缺陷過動症的診斷準則

類型	特質診斷準則	表現狀態
注意力渙散	作業、工作或活動經常粗心犯錯，無法注意細節。	至少出現六項且持續半年以上
	在工作或遊戲活動時經常難以維持注意力。	
	經常無法專心聽別人對他（她）說的話。	
	經常不能依照指示把事情做完。如不能完成學校作業、家事或工作場所的職責（並非由於不願意或不了解指示）。	
	經常難以適當規劃工作及活動。	
	對於需要全神貫注的任務（如做作業），經常逃避、不喜歡或排斥參與。	
	經常遺失身邊物品，如：玩具、作業、書本或文具。	
	容易受外界刺激影響而分心。	
	在日常活動中經常遺忘事物。	
過動	經常手忙腳亂或坐時扭動不安。	至少出現六項且持續半年以上
	在課堂或其他需要坐在座位上的場合中，時常離開座位。	
	在不適當的場合經常過度地四處奔跑或攀爬。	
	經常難以安靜地遊玩或從事休閒活動。	
	經常處於活躍狀態，或像「馬達」般四處活動。	
	經常說話過多。	
易衝動	經常在他人問題未說完時即搶說答案。	
	經常難以等待需要輪流的活動。	
	經常打斷或侵擾他人（如貿然打斷他人談話或闖入他人遊戲）。	

（資料來源：整理自 APA, 1994; 孔繁鐘、孔繁錦，1997）

鑑定

一、鑑定原則

注意力缺陷症的分類

一九八〇年美國精神醫學協會出版《精神疾病診斷與統計手冊》第三版（即 DSM-Ⅲ）時，乃將過動症列屬於注意力缺陷障礙（attention deficit disorder, ADD）之一個亞型，分為無過動症候之注意力缺陷者（attention deficit disorder without hyperactivity, ADDnH），及注意力缺陷過動症者（attention deficit disorder with hyperactivity, ADHD）（洪儷瑜，1999）。一九九四年 DSM-IV 的診斷標準則回歸到多向度的觀點（APA, 1994），從注意力渙散、過動及易衝動三個向度定義此群兒童。

注意力缺陷的發現

一般輕度注意力缺陷症的主要徵狀常常只有在特定、有結構的情境中（如學校），才會產生明顯的困難。所以有些個案可能在操場上可以玩得很好，也可以看電視看得很久，因為電視節目是經過設計用以吸引觀眾的注意（宋淑慧，1992）。但是他們在需要聚精會神的學習環境中，則常常表現不佳，因此許多注意力缺陷症的個案，往往在入學以後才被發現。教師應該熟悉 ADHD 的各種特徵，以便發現疑似個案時，建議家長帶往醫院適時進行進一步的鑑定。

二、鑑定及教學評估工具

就教育情境而言，注意力缺陷過動症的鑑定或教學評估約可以從兩方面進行，即注意力問題的評估及過動問題的評估。

注意力問題的評估

例如藉由多向度注意力測驗，可以了解個案的注意力問題。而魏氏兒童智力量表的處理速度及專心注意兩個指數因素分數，也可以回來判斷兒童是否有注意力的問題。

過動行為問題的評估

　　許多過動症者會有干擾他人的行為，因此對過動症者，常會附帶評估個案在班上影響他人的行為表現問題。例如幼稚園兒童活動量評量表及國小學生活動量評量表可了解學生活動過多的行為表現，又如青少年社會行為評量表或中華適應行為量表第二部分即為其中可用以評估的適當工具。

其他課題之鑑定

本章主要以其他課題為主，探討前述各類學生以外的其他三類特殊學生的鑑定，包括語言障礙學生（speech/language disorders）、多重障礙學生（multiple disabilities），及發展遲緩（developmental delay）的學生。

第一節　語言障礙

對語言障礙學生的鑑定上，美國聽語協會（American Speech-Language-Hearing Association，簡稱 ASHA）為其中一個重要的鑑定依據，本節將同時針對《特殊教育法》、《身心障礙者保護法》及 DSM-Ⅳ提出在此方面的探討。

定義

一、《特殊教育法》

我國在《身心障礙及資賦優異學生鑑定標準》第六條中指出語言障礙為：「指語言理解或語言表達能力與同年齡者相較，有顯著偏差或遲緩現象，而造成溝通困難者」。其鑑定標準如下：

構音障礙（articulation disorders）

說話之語音有省略（omissions）、替代（substitutions）、添加（additions）、歪曲（distortions）、聲調錯誤或含糊不清等現象，並因而導致溝通困難者。

聲音異常（voice disorders）

說話之音質（quality）、音調、音量或共鳴（resonance）與個人之性別或年齡不相稱，並因而導致溝通困難者。

語暢異常（fluency disorders）

說話之節律有明顯且不自主之重複、延長、中斷，首語難發或急促不清等現象者。

語言發展遲緩（speech-language delay）

語言之語形、語意、語彙、語法、語用之發展，在語言理解或語言表達方面，較同年齡者有明顯偏差或遲緩現象者。

我國《特殊教育法》將語言障礙者分為構音障礙、聲音異常、語暢異常及語言發展遲緩四類。

二、《身心障礙者保護法》

我國行政院衛生署依《身心障礙者保護法》稱語言障礙為「聲音機能或語言機能障礙」將之定義為：「由於各種原因導致不能說話或語言障礙」。其障礙程度共分為三級：

輕度

語言理解、語言表達、說話清晰度、說話流暢度或發聲有明顯困難，且妨礙交談者。

中度

語言理解、語言表達、說話清晰度、說話流暢度或發聲有嚴重障礙，導致與人溝通有顯著困難者。

重度

一為無法用語言或聲音與人溝通者；二為喉部經手術全部摘除，發聲機能全廢者。

三、DSM-IV

DSM-IV 乃以溝通障礙（communication disorders）一詞說明此類個案，其中包括四類：

語言表達障礙（expressive language disorder）

其診斷標準有四：

1. 標準化個人語言表達發展測驗的得分，遠低於標準化非語言智力測驗及接受性語言發展測驗的得分。此障礙的臨床症狀包括：字彙明顯受限、句子時態錯誤、難以回想單字，或很難運用與其發展水準相稱的長度及複雜度的句子。
2. 語言表達困難的現象已妨害其學業、職業成就或社會溝通的表現。
3. 不符合「接受與表達混合性語言障礙（mixed receptive-expressive language disorder）」或「廣泛性發展障礙」的任一項診斷準則。
4. 個案若有智能障礙、語言動作障礙（motor speech disorder）、感覺障礙（sensory impairments），或環境剝奪（environmental deprivation）的問題，其語言困難遠超過這些問題一般影響所及。

接受與表達混合性語言障礙

其診斷標準有四：

1. 標準化個人接受性及表達性語言發展組合測驗的得分，遠低於標準化非語言智力測驗的得分。症狀包含語言表達障礙的症狀表現，及

難以理解單字、句子或特定類型的單字。

2. 語言表達及語言接受的困難，明顯妨害其學業、職業成就或社會溝通。

3. 不符合廣泛性發展障礙的任一項診斷準則。

4. 個案若有智能障礙、語言動作障礙、感覺障礙或環境剝奪，其語言困難遠超過這些問題一般影響所及。

音韻障礙（原稱為發展性構音障礙）（phonological disorder；formerly developmental articulation disorder）

其診斷準則有三：

1. 不能使用表現與其年齡及方言相符合的說話音韻，如在語音的發聲、使用、陳述或組織上產生錯誤。例如一種音取代另一種音（如「水果」說成「水火」），或省略某種音（如「水果」說成「水我」）。

2. 說話音韻發聲的困難明顯妨害其學業、職業成就或社會溝通。

3. 個案若有智能障礙、語言動作障礙、感覺障礙或環境剝奪，其說話困難遠超過這些問題一般影響所及。

口吃（stuttering）

其診斷準則有三：

1. 說話流暢性及節拍韻律的障礙與其年齡不相稱，特徵為經常發生一項或一項以上的口吃現象，包括：語音或音節重複、語音拖長、感嘆詞、破碎的單字（如在同一字的音節中間暫停）、有聲或無聲的阻斷，在說話中出現暫停中斷的現象（blocking）、曲折贅述，字句取代以避開某些字眼（circumlocutions）、說話時過度身體緊張、單音節全字重複（如上－上－上學）現象等。

2. 說話流暢性的障礙妨害其學業、職業成就或社會溝通。

3. 個案若有語言—動作障礙或感覺障礙，其說話困難遠超過這些問題一般影響所及。

其他未註明之溝通障礙

乃指不符合任一特定溝通障礙診斷準則之其他溝通障礙。例如聲音異

常（voice disorder），即語音的音調（pitch）、音量（loudness）、音質（quality）、音色（tone）或共鳴（resonance）異常。

四、ASHA

美國聽語協會（ASHA, 1983）以溝通障礙（communication disorders）為名，將之分類為語言障礙及說話障礙。其中再將說話障礙分為聲音異常（voice disorder）、構音障礙及語暢障礙。而將語言障礙定義為在口語、書寫或其他符號系統的理解與應用有障礙或異常發展現象，包括語言形式的障礙（即音韻、構詞、語法障礙）、語言內容的障礙（即語意障礙），與語言使用的障礙（即語用障礙）。

鑑定

一、鑑定原則

語言障礙的鑑定

在國外語言障礙的個案，多由語言病理師進行篩選，並經由語言治療師矯治。國內目前語言治療專業人員並未普遍進入學校系統，因此在教育系統中仍需依賴普通班教師及特殊教育教師的發現與轉介（可參見表8-1），以便各縣市政府鑑輔會心評小組人員做進一步的評量，以鑑定出具有說話－語言問題的學生。

表 8-1　語言障礙的成因與特徵

障　礙	原　因	特　徵
構音障礙	未知的發展性生理結構問題；生理結構問題，如舌繫帶或牙齒問題。	聲母或韻母發音問題，如：使用ㄅ音替代ㄊ音。
音韻障礙	未知；發展性因素（正常但遲緩）；障礙因素（異常類型）。	更複雜的問題，是由發出語音的類型來決定其特徵，如：前置、後置。例如：使用舌根音替代ㄅ或ㄊ音。
鼻音共鳴問題：鼻音化、缺乏鼻音	唇顎裂、顎過短、聽力損失、慢性上呼吸道感染。	軟顎閉合問題，過多的氣流穿過鼻腔；鼻腔共鳴不足。
嗓音障礙	過度或錯誤使用發聲器官，如尖叫、錯誤音調。	粗嘎、嘶啞、氣息音、音量不足、聲音緊繃、短暫失聲。
語暢障礙	心理問題；真正原因尚未有定論。	重複語音、音節、詞彙、短語、延長語音、語音阻斷。
語言動作障礙、口吃（dysathria）	神經損傷；先天、出生時或意外發生時，頭部撞擊傷害的結果。	傷及神經元造成肌肉無力或肌肉張力過低，使得說話緩慢或含糊不清；亦可能是因肌肉張力過高，說話動作協調過於急促，造成音韻問題。
失語症（aphasia）	沒有明確的神經損傷，但有說話動作計畫的困難，造成音韻障礙。	一種動作協調障礙，有時在說話動作的協調出現極大的困難，語音不清晰。
學前階段的語言發展遲緩或障礙	•成因不明確，如特定型語言障礙 •可能為主障礙因素造成，如：唐氏症、腦性麻痺、聽覺障礙等。	•詞彙發展遲緩。 •較晚出現兩個詞彙的結合。 •較晚出現完整的句子。 •在語意、語法、語用方面有障礙。
國小階段的語言發展遲緩或障礙	•成因不明確，但可能與學習障礙有關。 •學前階段可能有語言發展遲緩現象。	•在篇章層次的語言理解及應用上有困難，如：無法完整或適切地解釋與描述。

表 8-1　語言障礙的成因與特徵（續）

		· 後設語言能力的缺陷，如：音韻覺識困難，較難理解笑話、幽默，與抽象的語言。 · 對學科中出現的抽象概念較難理解，學科學習出現困難。 · 語言問題、推理能力的發展。 · 可能出現社會互動的問題。
青少年階段的語言發展遲緩或障礙	· 成因不明確，但可能與學習障礙有關。 · 國小階段可能有語言發展的問題。	· 與上述國小階段的語言問題類似。 · 出現社會語言理解與應用困難、青少年次級文化用語等。 · 對上課中大量使用抽象語言或表徵抽象概念的語言理解有問題。 · 與代表權威的人士談話時易出現問題，如：老闆、上司、警察等。

（資料來源：林寶貴、錡寶香，2000：25-26）

構音障礙

　　一般兒童在四歲時，發音雖然不標準，但仍可以為他人所了解。在六至七歲以前，大多數的語言都可學會，雖然某些語音連結仍有困難，但不致形成溝通問題。到了十一至十二歲兒童，幾乎所有語言皆可學會，但若兒童的構音障礙嚴重到低於其年齡水準應有的一般表現，非語文智商又在正常範圍，則為構音障礙者的可能性便提高。

失語症（aphasia）

　　另一種常在學習障礙中被討論，也常在語言障礙裡談及的是失語症。失語症是由腦傷所引起的表達性及接受性語言的障礙，患者經常在形成或蒐取及解碼語言符號方面有缺陷，是導致成年人語言障礙最常見的原因之一，然亦會發生在兒童身上。具有失語症狀的患者常會難以蒐取某個字詞，較嚴重的則會很明顯地以有限的字庫及有限的語言表達形式，因此難以適切地與人溝通互動（Heward & Orlansky, 1992）。

語言發展遲緩

在排除其他障礙問題後，幼兒若在兩歲前仍不會說單字，三歲前仍不會講兩個字的簡單片語，應被視為語言發展遲緩的徵兆。在稍長後的語言表達若只能使用有限的字彙、經常有造句錯誤或文法誤用等現象，則為語言發展遲緩者的徵候，應予以進一步診斷評估。

二、常用鑑定及教學評估工具

一般而言，對於語言障礙者的鑑定、評估，除了針對其語言障礙的特質進行檢查外，也會同時檢查是否存在其他會影響語言的問題，如聽力問題、發展問題等，這些均為鑑定時需要同時進行評估的（參考表 8-2），其常用的工具包括：

語言檢核表

一般對語言障礙者會進行各種語言能力的評估，例如國語正音檢核表可以檢核出個案的各種構音問題、聲音、語暢，及語言發展問題；修訂中文口吃嚴重度評估工具可了解障礙者之語暢問題；其他如兒童口語表達能力測驗、學前兒童語言障礙評量表、學齡兒童語言障礙評量表等，均為一般常用以檢驗語言障礙者的工具。

聽力測驗

若個案為聽力障礙者，則會影響其語言表現，因此對於語言障礙的個案通常會了解是否存在聽力問題，找出其問題所在，以便適時介入聽能復健，國內國語語音聽知覺能力測驗及聲韻覺識測量等，則為其中適當的評估工具。

發展測驗

一般發展狀況也會影響個案的語言表達，因此需要對個案的發展做一評估，以檢測其是否屬於語言發展遲緩的問題。如魏氏智力量表中的語言量表部分為其中適當的工具。

表8-2　語言障礙學童綜合鑑定表

學生姓名		年　月　日生	滿：　歲 個月	鑑定 日期	年　月　日
編號	檢查項目	檢查結果			檢查者
1	聽力檢查	左耳：＿＿dB　右耳：＿＿dB 障礙程度：輕微　輕度　中度　重度 其他耳疾：			
2	智力檢查	魏氏：　　　　　認知測驗： 其他智力測驗：			
3	構音器官及功能檢查	口、唇、舌、齒、顎、鼻等功能			
4	知覺動作	粗大動作、精細動作、手眼協調、行動能力等			
5	構音評量	正常、異常（添加、省略、替代、歪曲、聲調 錯誤、整體性含糊不清楚）			
6	聲音評量	正常、異常（音質、音調、音量、共鳴異常）			
7	語暢評量	正常、異常（重複、延長、中斷、首語難發、 急促不清）			
8	語言發展評量	語言理解：　　　　　口語表達：			
9	行為觀察	正常、異常（過動、分心、漠然、怕生、注意 力短暫、不合作、無反應）			
10	醫學檢查	生理、健康、神經、精神			
11	綜合結論與建議				

（資料來源：林寶貴、錡寶香，2000：30）

第二節　多重障礙

　　顧名思義，多重障礙乃指具有兩種以上的障礙。本節從《特殊教育法》、《身心障礙者保護法》及美國《障礙者教育法修正案》討論多重障礙的定義。

定義

一、《特殊教育法》

我國在《身心障礙及資賦優異學生鑑定標準》第十一條中指出多重障礙為：「具兩種以上不具連帶關係且非源於同一原因造成之障礙而影響學習者。」並指出多重障礙之鑑定，應參照各類障礙之鑑定標準。

二、《身心障礙者保護法》

我國行政院衛生署依《身心障礙者保護法》定義多重障礙為：「具有兩類或兩類以上障礙者。」其障礙程度之診斷標準有二：一為同時具有兩類或兩類以上不同等級之障礙時，以較重等級為準；二為當同時具有兩類或兩類以上同一等級障礙時應晉一級，但最多以一級為限。我國《特殊教育法》及行政院衛生署均以發生原因的多元性加以界定多重障礙者。

三、美國《障礙者教育法修正案》

美國一九九七年《障礙者教育法修正案》及一九九九年公告實施之《協助各州執行身心障礙兒童教育以及身心障礙嬰幼兒早期介入方案法規：最終施行細則》（Assistance to States for the Education of Children With Disabilities and the Early Intervention Program for Infants and Toddlers With Disabilities: Final Regulations，又名 IDEA 執行細則）中定義多重障礙為：「多重障礙係指同時伴隨有多重傷殘（例如：智能障礙兼視覺障礙、智能障礙兼肢體障礙等），此種合併障礙會造成重度的教育需求，而此種教育需求並不能藉由僅為一種障礙類別所設之特殊教育方案來加以調整改善。又此種障礙類別並不包括盲聾（deaf-blind）在內。」（摘自林宏熾，2000）。

鑑定

一、鑑定原則

非源於同一因素

我國在定義多重障礙時，乃宣稱該兩種以上的障礙非源於同一因素。因此，腦性麻痺個案雖然常常具有兩種以上的障礙特徵（例如知動問題、智力問題或語言問題），但是其原因往往來自於同一個因素（例如產程缺氧），因此目前在我國不予列為多重障礙個案。但 IDEA 施行細則，則強調以多重教育需求來界定多重障礙，則腦性麻痺患者可能列為多重障礙個案，此為兩者差異之處。

盲聾障礙與多重障礙

由於在教學情境中許多活動需要籍由視覺及聽覺管道進行學習，因此若學生同時具有這兩方面的障礙，則在學校活動中，常遇到很大的困難，其學習需求勢必遇到更複雜的情況。因此美國許多政府法案及條例，包括 IDEA，與學界乃將盲聾界定為一獨特的障礙類別，稱之為雙重感官障礙（dual sensory impairment）或多重感官障礙（multiple sensory impairments）。但我國並未作此聲明，而將未源於同一因素的盲聾個案仍列為多重障礙者。

重度障礙與多重障礙

許多鑑定者常常將重度障礙者視為多重障礙者，甚至常常將重度障礙者直接視做多重障礙者，其間受到爭議的部分在國外亦常見（林宏熾，2000）。由於重度障礙者往往同時具有智能障礙、語言障礙等，因此常常被混為一談，在鑑定時應該確實辨別障礙的類別及其成因，而後鑑定是否為多重障礙者，方為客觀。

障礙程度晉級

我國行政院衛生署指出若身心障礙者同時具有兩類或兩類以上同一等級障礙時應晉一級。例如一個個案同時具有輕度智能障礙及輕度視覺障

礙，則其障礙等級列為中度多重障礙。但若兩類或兩類以上不同等級之障礙時，則以較重等級為準，不予晉級。

多重障礙之主障礙聲明

就多重障礙的類型而言，我國教育部（1992）《多重障礙兒童鑑定標準及就學輔導原則要點》依影響個案發展與學習最嚴重之障礙為主要障礙，曾將多重障礙分為五大類，即：以智能障礙為主之多重障礙、以視覺障礙為主之多重障礙、以聽覺障礙為主之多重障礙、以肢體障礙為主之多重障礙，及以其他某一顯著障礙為主之多重障礙。

二、常用鑑定及教學評估工具

一般而言，多重障礙者常用的鑑定工具，決定於其可能存在的障礙類別，例如智能障礙兼具聽覺障礙的個案，則常常須使用聽力檢測及智力測驗；又如肢體障礙兼具自閉症的個案，則至少須以自閉症及肢體障礙個案常使用的檢測工具進行鑑定與評估。因此，其鑑定及教學評估工具依其所涵蓋的障礙類別而定。

第三節　發展遲緩

發展遲緩一般乃針對六歲以前兒童所作的定義，其受教育事宜乃涉及幼稚園就學階段，在定義上，只有《特殊教育法》中有談及。《身心障礙者保護法》及 DSM-IV、ICD-10 等均未提出。本節因此只以《特殊教育法》進行定義的探討。

定義

一、《特殊教育法》

我國在《身心障礙及資賦優異學生鑑定標準》第十三條定義發展遲緩為：「未滿六歲之嬰幼兒因生理、心理或社會環境因素，在知覺、認知、動作、語言及溝通、社會情緒、心理或自理能力等方面之發展較同年齡顯著遲緩，但其障礙類別無法確定者；其鑑定依嬰幼兒發展及養育環境評估等資料，綜合研判之。」

二、《身心障礙者保護法》

我國《身心障礙者保護法》沒有針對發展遲緩進行任何定義。但若兒童是屬於明確障礙類別者，則依各該障礙類別的定義進行界定，並發予該類障礙之身心障礙手冊。

鑑定

一、鑑定原則

避免標記

為了避免標記問題導致學齡前兒童在往後生涯發展受到太多負向的影響，除非個案的障礙十分明確，否則學齡前的兒童鑑定結果若發現可能存在障礙，通常盡量以「發展遲緩」表示，並且不發予身心障礙手冊。

嬰幼兒的明確障礙問題

依我國行政院衛生署所發布的《身心障礙者鑑定作業辦法》指出：三歲以下擬申請身心障礙者鑑定須符合兩種情形：一為可明確鑑定其肢體或器官永久性缺陷之嬰幼兒；二為由染色體、生化學或其他檢查、檢驗確定為先天缺陷或先天性染色體、代謝異常之嬰幼兒。

測驗進行

由於學齡前兒童的情緒較不穩定，又經常有較多的好動現象，因此在進行測驗時，若案主的狀況不是很穩定，測驗過程又太長，則測驗應分次進行。

穩定性考量

由於學齡前兒童發展仍未穩定，在測驗時，尤其是紙筆測驗，往往無法測出個案的真正能力所在。因此對學齡前兒童施測結果，應該盡可能趨於保守。又因兒童的發展空間仍相當大，對於具有疑似障礙問題的學前兒童應該每年或每半年再評估鑑定一次。

早期療育原則

對於身心障礙者進行及早鑑定將可予以及早治療，對於其個人發展將有極大的助益。雖然可能因此導致標記問題，但對學齡前的疑似個案仍應注意進行即時的問題評估，以盡早對症下藥。

二、常用鑑定及教學評估工具

學前階段常使用的工具包括學齡前適當的智力測驗、發展評估測驗及依據其疑似的障礙類別進行診斷測驗的挑選。

智力測驗

近來我國有愈來愈多適合評估學前兒童的智力測驗發展，如魏氏幼兒智力量表、簡易個別智力量表、學前認知能力測驗、兒童認知功能綜合測驗、兒童口語表達能力測驗等，均有建立學前兒童的常模。

發展評估測驗

發展測驗乃用於評估兒童的發展狀況，包括嬰幼兒綜合發展測驗、零至六歲兒童發展篩檢測驗、幼兒感覺發展檢核表等，均是目前國內相當不錯的評估工具。

評量篇

　　一直以來，傳統的評量（conventional assessment; traditional assessment）方式被批評為不能與教學作縝密的結合，不適合用在對特殊學生的教育工作上，因此近幾十年來一系列的反傳統評量工作在特殊教育中被提倡著。這些評量工作有一個共同的特徵是：它們對特殊學生的教學工作提供許多直接的資訊。

　　本篇目的在介紹特殊教育評量工作中常用的幾個方法，即所謂另類評量或替代評量（alternative assessment），包括生態評量（ecological assessment）、動態評量（dynamic assessment，簡稱DA）、課程本位評量（curriculum-based assessment，簡稱CBA）、功能性評量（functional assessment）、檔案評量（portfolio assessment），及實作評量（performance assessment），分述於六個章次中。在每一章中除了均作意義、特徵、評量步驟、運用原則、評價的說明外，並舉實例進行探討，應當可使讀者因而擁有一個清楚的評量運作知能。

生態評量

生態評量的意義與源起

　　一般標準化測驗測量的結果並無法滿足評量與教學之間的差距,使得評量工作對教學無太大的貢獻,此種現象在中重度障礙學生學習上尤其明顯。生態評量因此應運而生,於一九七〇年代教師開始使用生態評量策略決定障礙學生的學習需求(Parette & Bartlett, 1996)。依生態學的觀點,個體的行為是個體與所處環境因素交互作用的產物,為了使個體在環境中適應良好,便應該了解個體所屬生態環境的必須行為模式,而後完成該行為模式的學習。生態評量便是透過各種方法,對學生在各種生態環境中的能力需求,及既備能力進行分析,以利於教師為學生設計功能性的學習目標,並進行教學。

生態評量的特徵

　　生態評量主要在以個案的生態環境為中心進行評量,其特徵可以從評量的目的、功能、對象及內容加以體認。

　　就評量的目的而言,生態評量在於以個案目前及未來可能的生活環境所必須的行為功能為評量重點,而不是以評量案主的某行為特徵為目的,因此其評量地點之選擇乃以案主所生活的自然生態系統為主。

就評量的功能而言，生態評量的功能在依評量結果，調節教學結構、提供支援系統、增進學生適應的行為能力，以促成學生行為與生態環境生存的條件達平衡狀態。

就評量的對象而言，無論學生的優劣程度為何，生態評量肯定每位學生均具有某一程度的行為潛能。因此即使重度智能障礙的學生，仍可透過評量獲得重要的學習資訊。並認為只要給與學生適當的協助，則學生在其生態中均能有適當的行為表現。

就評量的內容而言，生態評量的內容及結果隨案主生活的時代與環境而改變。例如都市中搭乘電梯可能為甲案主的必要生活能力，但是乙案主居住鄉鎮地區則不需要具備此能力，所以不須給與乙案主此方面的教學。因此生態評量是一個個別化的評量，依每位案主所生活的時間、空間不同，評量的內容與結果將有所不同。

生態評量的步驟

一個實用的生態評量過程應該包括對教學的分析與設計，一般而言可分為五個步驟進行：

蒐集資料

包括晤談、觀察、測量、記錄等。其中晤談的對象包括學生、家長或僱主等關鍵人物。

進行生態分析

透過實地進入案主現在及未來可能的生活環境，進行田野評估（field trips），以了解個案之生活問題與需求。在評估過程，可先依個案的狀況，設計生態評估內容，以方便整個評量過程的進行與記錄（參見表 9-1）。而生態分析的內容包括：

1. 找出學生主要的生活領域。例如：學校、家庭、社區、工作等環境。
2. 找出在這個生活領域中案主常常去或喜歡去的地方，即次要的生活環境。例如：社區大環境中的 7-11 便利商店。
3. 分析次要生活環境中常常做或喜歡做的各項活動。例如：7-11 便利商店內的購物活動。

表 9-1 生態評量訪談表

主要領域	常常／喜歡去的地方	常常／喜歡做的活動	應備技能	目前表現	所需的協助訓練及輔具
學校					
家庭					
社區					
工作場所					

4. 評量進行活動中所須具備的技能。例如：購物過程中認識物品價目、付錢的活動。

5. 評量學生目前表現：了解學生目前在各方面的表現。

6. 評估所需要的輔助，包括所需要的協助訓練及輔具。例如：案主需要電子計算機。

細列教學目標

依生態分析結果將學生的表現需求，以教學目標一一列出。

設計教學內容

依據教學目標，進行教學內容設計。

教學

依照教學設計內容進行教學。

生態評量之運用原則

著重功能性

運用生態評量進行課程設計時應以個案為中心，內容必須以案主的實際需求為出發。因此生態評量十分適合應用於中、重度障礙學生的評量與教學。

兼顧心理與生理年齡

經由生態評量所設計的教學，目標在於協助個案於其生態環境中應有的適當行為表現，因此應同時兼顧符合個案生理年齡與心理年齡的課程內容。

依據評量結果進行教學

生態評量的目的在評估學生的學習需求，教學的進行應與生態評量結果作縝密的結合，方能使生態評量的效果發揮最大的功能。

著重在自然情境中進行教學

由於障礙學生之類化能力較弱，因此依據生態評量結果所做的教學應該盡可能在自然情境中進行。且由於著重自然環境中的行為能力，因此應提升障礙學生與一般人互動的能力，以增加其未來在融合環境中的適應能力。

輔助需求的評量

一般障礙者若有他人的適時協助及輔具的支援，則生活適應能力將大為提升。因此，生態評量應同時評量案主需要的輔助器具及輔助的程度，以幫助案主更易成功地參與生態環境中的活動。

職場能力之評量應用

身心障礙者往往在職場中有許多不適應的現象，若能以生態評量實際了解其能力與工作條件之配合情形，則可適當地培育身心障礙者之工作能力（Wetzel, Taylor, & Lachowicz, 1991）。

生態評量的評價

生態評量是目前對中重度障礙學生十分實用的教學評量方法，因此廣為特殊教育界推崇，然而仍有其相當的限制所在。

正向評價

1.具功能性：生態評量乃完全以個案在生態環境中的行為表現為重點，因此其評量及評量後的教學頗具功能性。

2.強調個別化：生態評量著重不同個案的個別性需求，並無障礙程度之限制，因此即使個案是重度障礙的學生，仍可以經由個別化取得適當的評量結果。

3.提供學生潛能的評量：生態評量在發掘更有利於學生參與環境的條件，其目的在發現學生的學習潛能，以幫助學生成功且長久地生活於最少限制的環境中。

4.評量與教學緊密相關：生態評量目的即在為教學鋪路，因此評量結果與教學之間的關係十分密切，其結果可直接做為提供教學目標及方案的建立。

負向評價

1.評量耗時費力：由於生態評量是屬於個別化的評量，常常需要前往案主的生態環境中進行評估，了解個案的問題與需求，且常需要與重要他人進行訪談，因此整個評量過程常需要投注相當多的精力，花費相當長的時間才能完成一個完整的評量，此為一位生態評量者所遇到的最大問題。

2.生態環境難以成為教學情境：由於零類化的教學原則，生態評量往往在個案的生態環境中進行評量，其適當的教學情境也往往必須是在個案的生態環境中。因此，安排戶外的教學往往是教學的必要活動。然而因為行政上的協調，或情境的限制，往往難以時時以個案的生態環境做為教學情境，致使生態評量之後的教學功能易受到限制。

3.個別化的教學難以完全掌握：由於生態評量的結果，相當著重個別化的教學原則，但是每個個案的行為表現不同、適合的教學模式也往往不同。而特殊教育教師往往在一堂課中，必須面對五位以上的學生，因此在教學設計上將遇到頗多的困難。

4.輔具的設計問題：由於生態評量同時在評量學生的輔具需求，而輔

具的設計往往不是特殊教育教師的專長，因此常常需要藉由其他專業人員，如職能治療師、語言治療師等的協助。而目前國內在復健人員不足的情況下，將難以取得適當的配合，使得輔具應用情形不理想，而影響生態評量的功能。

生態評量實例

小玲是一位重度智能障礙兼具腦性麻痺的小學六年級女學生，吳老師擬以生態評量做為其教學設計的依據。經由觀察、家庭訪問、社區訪視及訪談重要人物（包括其五年級教師、隨車生活輔導員等），做成一生態評量之教學設計表（表9-2為其中之一部分），以做為IEP擬定之依據。

表9-2　生態評量之教學設計（家庭環境部分）

主要環境	次要環境	活動	活動表現需求	目前表現	教學重點	教學領域	輔具
家庭	廚房	吃飯	1.幫忙擺餐具	尚不清楚家庭中的成員人數	家庭人數的認知；食用者與餐具數量的配對	實用數學	
			2.自行吃飯	可自行吃飯，但大都使用湯匙；菜肴會掉落桌面	飯前洗手；食用時桌面清潔的維持	生活教育、社會適應	設計易舀起的湯匙
			3.收拾餐具	無任何收拾餐具的習慣	用餐後，會自行將餐具放置洗碗槽	生活教育	
			4.收拾桌面	會自行拿抹布擦桌面，但雜亂無次序	抹布之清潔維護與正確使用	職業教育	特製手套抹布

第 10 章

動態評量

動態評量的意義與源起

　　一般認為傳統評量〔動態評量的主張學者稱之為「靜態評量」（static assessment）〕，依一定的標準化程序進行，不給與受試者任何協助，使得在評量的過程中施測者與受試者之間的互動表現幾乎為零，因而常常無法呈現具有意義的評量過程，對於一般在學習歷程出現問題的學生不能提供太大的助益。而且傳統評量通常以數字呈現結果，對於施測歷程完全無法掌握，容易只憑評量結果產生標記的現象。這些問題使得評量結果與教學間缺乏直接關係，評量對於教學似乎無太大幫助。學者們因此提出評量的改革，強調徹底評量學生學習表現的過程，於是動態評量的觀念呼之即出。

　　在動態評量一詞被提出之前，許多相似的概念被陸續提出，包括中介評量（mediated assessment）、學習潛能評量（learning potential assessment）、最大發展區評量（assessment of zone proximal development）、極限取向測驗（testing the limits approaches）、認知可修正性測驗（cognitive modifiability test）及協助性評量（assisted assessment）等（Swason, 1996）。其中最為知名的當屬 Vygotsky 的最大發展區（zone of proximal development，簡稱ZPD）的概念。他認為高層次心理功能的發展，源自於社會互

動後產生的認知內化歷程。是故兒童藉由成人的輔助逐步發展其個人的認知技巧,等到兒童認知歷程充分內化後,所需要的輔助將漸漸減少。如果在兒童學習過程所需要的輔助獲得過少,則其成就表現水準,將遠低於其潛能。Vygotsky 認為個體的學習潛能往往比其成就高出許多,因此呼籲對學生的評量應著重學習歷程及認知量的改變,而這其間,評量者對學生的協助為其成果表現的重要關鍵(Vygotsky, 1978)。

Feuerstein 於一九七九年依 Vygotsky 的觀點,提出了屬於認知心理學派的動態評量觀點。動態評量強調在教學前、中、後持續地進行,其目的在評量學生如何產生學習,學習如何發生變化及學生對教學的反應(Cioffi & Garney, 1997)。並且在評量過程中,評量者以充分的互動過程,提供各種形式的誘導、協助,以促使學生同時進行學習。是故動態評量主張唯有評量與教學間作縝密的結合,學生方能發揮適當的潛能,表現其應有的成就水準。

動態評量的特徵

動態評量是一個不斷在流動的評量過程,其特徵可從評量的過程、目標及原則予以探討。

就動態評量的過程而言,動態評量同時在進行教學的工作,評量即教學,教學也即評量,兩者間其實無明顯界線。動態評量乃以「評量—教學—再評量」的歷程,一再地出現在與學生的互動過程中。亦即,動態評量是於實際的教學情境中,對學生進行能力的評估,與提升其能力的教學過程。

就評量的目標而言,動態評量強調對學生在學習中之知覺、思考、問題解決等歷程的評量。其目標在於評估學生的潛能,而非局限於對學習者當時表現水準的評估。又因為動態評量著重於對個別學生學習歷程的確認與評量,而非與同儕間進行能力比較,因此其計分最重要的目的在了解學生個人學習表現的進步情形。

就評量的原則而言,由於動態評量肯定學生認知的可改變性,認為經過適當的引導,學生將可以有不錯的學習成就,因此評量者在評量過程中

要同時探索提升個體認知改變所須介入的方法及程度，以便應用於平時的教學活動中。

動態評量的步驟

一般動態評量可以分五個步驟進行，即：

1. 呈現問題：將題目呈現在學生面前。
2. 學生解題：請學生進行解題，最好以放聲思考（thinking aloud）的方式表現，以了解學生的思路。
3. 評量者分析學生可能的思考問題：評量者依學生的反應，分析學生的思考模式，以了解學生如何產生學習，同時企圖評量學習者是否有改變的潛能。
4. 評量者誘導學生解答問題：評量者依觀察及分析所得，提出次一個問題，以刺激學生思考自己解題方向的正確性，並誘導學生往正確的方向思考。即：評量者提供各種形式的誘導、協助或中介，以幫助學生表現最大的成就水準。
5. 計分：評量者設計計分標準，常見的方式是依據學生正確答題所取得的協助，計算得分。所給與的提示愈少，分數愈高。

動態評量的運用原則

動態評量的形式與傳統的評量有很大的差異，評量者在運用過程應該掌握幾個重要的原則，包括：

掌握評量目的

動態評量的目的主要有三：一為評估學生的學習潛能範圍，發掘學生未來表現的潛在水準（即前瞻性為何）；二為分析學生的認知歷程，藉由學生在答題中的表現，分析其對問題的認知水準；三為分析適當的介入策略，由評量者與學生不斷地互動過程中，發現適當的教學介入策略。

以一對一方式進行

動態評量一律以個別施測方式為主。唯有一對一的方式，方可分析學生的表現歷程。

以自我參照為評量方式

動態評量以學生個人在不同時間的表現進行比較（例如比較所需協助是否減少），故應為一種自我標準參照的評量方式。其計分目的在了解學生答題所取得的協助是否減少，藉此以了解其學習表現的進步情形。

評量者應善於分析、引導

在動態評量的過程中，評量者要依學生的反應，不斷地進行評估，了解學生的反應為何，所思考的錯誤方向所在，並進行學生反應的錯誤型態分析等。因此在整個過程中，評量者的思緒應該相當清楚，敏銳地察覺受評者的表現，以便因應其反應給與適當的提問、分析、引導等。

善用後設認知晤談及放聲思考

動態評量可藉由晤談或放聲思考的方式，了解學生的思考模式，並同時協助學生了解他自己的思考模式，藉此引導學生往正確的解題方向思考。其中放聲思考即學生一邊思考，一邊將其認知歷程放聲表達出來，可藉以明確掌握學生的思考模式。

對學習障礙學生的鑑定應用

學習障礙學生的鑑定標準之一，在了解個人內在潛能與外在表現間的差異，而動態評量在發掘學生的潛能所在。因此有學者（Swason, 1996）主張應藉由動態評量的方式了解學生的潛能，方能真正鑑定出學習障礙的個案。

電腦化動態評量的應用

藉由電腦，可以建立因應受試者反應類型的題庫、因應受試者答題情況的計分模式，及結合教學功能的評量過程（Gerber, Semmel, & Semmel, 1994）。電腦的利用可以使動態評量有很好應用效果，並可因此克服動態評量所存在的限制，如計分、耗時及信效度等問題，唯其程式不易設計，非一般教師能力所及，為其另一個限制。

動態評量的評價

動態評量固然有其十分寶貴的功能，但是由於其限制相當多，因此目前能完全應用動態評量的個案並不多。

正向評價

1. 對學生的學習提供實質的幫助：動態評量重視學生的學習歷程，直接針對學生的學習內容進行診斷，能取得較精密的診斷結果，並且較能找出學習者真正的困難所在，而後提供有意義的教學資訊（Gillam, Pena, & Miller, 1999）。

2. 可避免產生標記問題：動態評量主要目的在找出提升學生學習潛能的方法，其目的不在於鑑定或分類學生，可避免導致標記的問題。

3. 以成功為導向的學習歷程：動態評量主張學者認為，只有少部分的學生對某些題目完全不了解，大部分的學生對大部分的題目都多多少少有某些程度的認知。動態評量即以答題者對題目的認知為基礎，發現適當的教學策略，以便進而引導其成功的學習。可說動態評量乃是一個以成功為導向的評量歷程，此對學習者將可以減少因挫敗所導致學習動機低落的現象。

4. 可使受試者的焦慮減至最低：動態評量為一互動性相當高的評量歷程，學生在接受評量過程中往往可以忽略教師正在為他進行評量，因而能減低抗拒心理，使得受試者的焦慮減至最低，也因此較能評估學生的潛能所在。

5. 比較不會低估文化不利或身心條件不利學生的認知潛能：傳統的評量結果往往每一個題項完全答對方可得分，因此「思考方向正確，但答題不正確者」，將與「完全不懂題意者」的得分相同，即均得零分。從兩者之間的得分未能分出受試者程度的高低，如此將容易導致低估文化不利或身心條件不利兒童的認知潛能。而動態評量因學生所取得的協助不同，有不同的分數，分數代表學生答題結果距離正確答案思考路徑的遠近，因此較能真正評量出學生的學習潛能。

負向評價

1. 評量歷程之間的互動不易掌握：動態評量過程中需要與學生做充分的互動，評量者要時時有高度的覺察度，以做適當的介入。然而評量者與學習者之間的互動不易掌握，也往往成為評量者很大的負

擔。

2. 信度與效度問題：由於動態評量過程中，評量者常常介入學生的表現過程，又因為每一受試者往往會有不同的反應，所需要介入的程度或方向往往因人而異，因此其過程常常無法標準化，致使評量的信度與效度常常受到質疑。

3. 計分不易：動態評量的計分，通常較一般客觀式測驗的計分複雜許多，因此常造成不同的評量者有不同的評定分數。又因為計分是在評量者與學生互動過程中同時進行，因此評量者常會有分心的現象而使得計分容易出現更大的困難。

4. 過於耗費時間與精力：動態評量是一種一對一的評量過程，為相當耗費時間的評量方法。每一位學生往往因其反應而有不同的評量時間，在時間掌控上難以事先計畫。此為評量者的另一個負擔。

動態評量實例一（敘述式評量準則）

評量主題：幾點鐘（翰林出版社數學第一册第九單元）（吳淑娟等，2001）

一、呈現問題

幾點鐘？
（呈現實物或圖）

二、學生解題

1. 6 點鐘　　2. 12 點鐘　　3. 9 點鐘
4. 5 點鐘　　5. 10 點鐘

三、教師評量

1. 6 點鐘→答對了
2. 12 點鐘→不會分長短針
3. 9 點鐘→「6」與「9」辨別錯誤
4. 5 點鐘、10 點鐘→無章法可言，對認識時鐘無概念，或不認識數字。

四、評量者誘導學生解答問題

1. 6 點鐘→教師給與增強
2. 12 點鐘→鐘面上的長針指多少，短針指多少，要看幾點，應該看長針還是短針？

所以那是幾點鐘？

3. 9 點鐘→提示「大頭 9，大肚哨子 6」；（鐘面上短針指的數字是多少呢？）請你寫個「6」，再寫個「9」，看看哪裡不一樣？

4. 5 點鐘、10 點鐘→重新教學生如何看時間：認識長短針；認識鐘面上的刻度；認識數字。

五、計分（滿分 4 分）

4 分：「完全不需要」教師指導或提示即可回答正確的答案。

3 分：教師提醒學生答錯，學生再檢視一次而答對。

2 分：教師給與學生「少量口頭提示」才答對。

1 分：教師必須給與學生「大量口頭提示」才答對。

0 分：學生解答時，需教師協助認知每個步驟。

動態評量實例二（列表式評量準則）

評量主題：植物的根、莖、葉、花、果（翰林出版社自然第五冊第 6 課）

（邱鴻麟等，2001）

呈現問題

植物的基本構造包括哪些？

過程的分析與評量

本實例方式乃針對問題，將學生所有可能的答案先逐一列出，並分析學生可能的思考問題。（見表 10-1）

計分

本實例依前項過程的分析與評量設計計分表如表 10-2。

表 10-1　動態評量實例分析

學生解題	評量者分析學生解答	評量者誘導學生解答問題
1. 沒有答案	1. 對植物完全無概念。 2. 不知自己的答案是否正確，所以不回答（可能缺乏信心）。	1. 引導發現植物的特質（如不會動，需要澆水）。 2. 鼓勵學生想到什麼就回答什麼。
2. 高高的	認知不完全（可能只認為樹才是植物）。	評量者舉例教導學生分辨植物（如：老師問：草是不是植物？蘿蔔是不是植物……等問題）

表 10-1 動態評量實例分析（續）

3.樹幹	不知道一般植物部位的正確名稱（如：樹幹→莖）。	利用圖卡，請孩子挑選圖卡，以學得正確的名稱。
4.種子	回答不完全。	老師多提問（如：除了種子，還有什麼？），引導學生多聯想多回答。
5.花和葉子	1. 回答不完全。 2. 只看到花和葉，不知植物還有其他部分（如：根、莖）。	拿出實物給學生觀察（此植物需有根、莖、葉、花、果實。如：花生）
6.根、莖、葉、花	先備經驗中缺乏果實的認知。	學生可能不具備果實的認知，老師需直接教授。
7.根、莖、葉、花、果實	正確答案。	老師可詢問其知識的獲得，並增強其觀念。

表 10-2 動態評量計分實例

基本分數：依答對數量（根、莖、葉、花、果實）勾選。		加權分數：依老師引導學生解答問題程度勾選。	
數量	勾選	提示程度	勾選
5		0 分：經提示仍然不知	
4		1 分：實物提示	
3		2 分：圖卡提示	
2		3 分：多量提示	
1		4 分：少量提示	
0		5 分：完全不需提示	
總分：基本分數＋加權分數（滿分 10 分）			

課程本位評量

課程本位評量的意義與源起

　　標準化測驗由於非取材於學校課程，對特殊學生而言，主要在執行鑑定的功能，對於學習方案的擬訂，並無太大助益。且一般標準化成就測驗測非所學，而所學未測，使得所謂測量學生的「成就」，未必真實。因此，為了真正了解及提供實質幫助於教學，出自於學生學習內容的評量，便成為具有較大意義的方式，於是課程本位評量的呼籲應運而生。

　　Gickling 於一九八一年首次在學術出版品中提出課程本位評量一詞，並於一九八○年代中期盛行（Kauffman, 1997），意指對學科內容的學習表現進行評估，以確定學生的學習成果及教學需求。該名詞強調，以「所要考的題材為所教的內容」為原則，以學生在實際課程內容上的表現做為教育決策依據的評量系統，以形成性觀察學生技能發展的情形，做為教師修正教學的依據。黃世鈺（1999）指出，課程本位評量係以工作分析與精熟測驗的學習原理，針對學生的學習內容進行評量。可知教師平常所進行的小考、段考、期末考，一般所謂的教師自編測驗亦是根據授課的內容來編製測驗，即均屬之。

　　依據 Gickling 的界定，課程本位評量可以從三個向度進行：

　　1.課程參照：以某學習階段內的學習為評量內容，學生所得到的分

數，意味著該生在該階段內的吸收程度。

2.個別參照：以學生本人的表現程度進行比較，其目的在判斷該生目前的學業表現是否優於過去的表現。

3.同儕參照：以同年級其他同學的成績表現為參考標準，了解與同儕比較之下，學生的能力表現為何。如果發現某生比其他學生落差太多，則知道需要予以特別指導。

課程本位評量的特徵

課程本位評量在於以教學的內容出發，其特徵表現在測驗的材料、測驗的進行及測驗的目的。

就測驗的材料而言，課程本位評量的測驗材料取自於學生的學習經驗中。一般標準化測驗無法填補評量和教學之間的差距，而課程本位評量的材料取自於學生的學習經驗，教師可以藉由評量，隨時監控學生的學習，反省自己的教學缺失。

就測驗的進行而言，一般標準化測驗通常只能施測一次，第二次施測的結果通常會被質疑為有練習作用而不被接受。而課程本位評量可以跨時間以相同的內容範圍（題目可能相同或不同），對學生重複施測，了解學生在進行補救教學後，是否已學會前一次評量結果不會的問題，其目的之一在監控學生在短期學習目標上的達成情形。

就評量的目的而言，課程本位評量所獲得的資料常做為教師教學決策的依據。例如決定繼續教、進階到次一個學習階段課程，或進行補救教學。

課程本位評量的步驟

一般而言，課程本位評量可以分為七個步驟進行，即：

1.決定評量的主題與範圍：即選擇課程教材，清楚界定將要進行評量的課程主題與範圍。

2.以行為目標陳列學習內容：分析學習所需技能，以行為目標敘寫學習內容，以便掌握未來將對學生進行的教學內容。

3.順序陳列學習目標：依難易度訂定邏輯順序，陳列學生的學習目標，並依此決定教學的次序，以方便評估學生的能力表現。

4.評量學生的起點行為：將學生的表現直接與學習目標作比較，評量學生在課程內容的學習起點能力，以準備教學。

5.進行教學：依學習目標進行教學設計，並對學生進行教學。

6.評量學習狀況：撰寫與行為目標相對應的試題，以雙向細目表做為測驗編製的藍圖，施予評量，了解學生的學習狀況，並做為修正教學的參考。

7.整理成績：藉由經常性之評量而後整理評量成績，以了解學生個人內在學習狀況的變化。例如後面實例中圖 11-1，即藉由評量紀錄，了解學生學習進步的情形，所繪製而成的紀錄圖例，為課程本位評量常做的紀錄形式。

課程本位評量的運用原則

對輕度智能障礙學生的評量應用

課程本位評量所評估的範圍為學生已學習的部分，評量系統被廣為推薦於輕度智能障礙學生的教學評量，以進行教育及補救教學。

於學習期間連續地評估

課程本位評量應在教學期間，不斷地評估學生的學習狀況，配合學生的需求及問題，以計劃及調整適當的教學策略。在學期初，其目的在了解學生既有的能力，以便進行課程設計；在學期中，目的在了解學生的精熟程度，以便增減教學內容及調整教學策略；在學期末，在評估學生的學習成果，總結學生的學習成就。

電腦化課程本位評量的應用

今日科技蓬勃發展，以電腦為媒介進行課程本位評量，將是未來的趨勢（Scruggs & Mastropieri, 1994）。教師若熟悉電腦功能，亦可以電腦為工具，進行題庫的建立、雙向細目表的電腦化、製作學生成績紀錄統計圖，以進行學習的分析等，將可以使課程本位評量的運作，更加發揮功能。

職業教育之評量應用

以障礙者現有課程學習上的持續表現來決定其職業教育與訓練上的需求，並且以與職業訓練有關的授課內容與材料做為教師評估教學訓練成效的依據，為目前對身心障礙者職業教育的很好形式。以評量與訓練內容做充分的適配，為課程本位評量在身心障礙者職業教育常應用的方法之一。

課程本位評量的評價

課程本位評量的運用行之已久，受到的肯定不容置疑，然而仍有其一定的限制所在。

正向評價

1.評量與教學間能縝密地結合：運用課程本位評量，可隨時了解學生學業的進步情形，掌握學生的學習狀況，並配合其需要，隨時調整、改變教學策略；測驗的分數，能夠反映短期間內學生技能水準改變的情形，對教學工作具有相當的靈敏性，是一能與教學工作結合的評量工作。

2.編製過程簡單易行：一般標準化測驗編製過程相當複雜，十分耗費金錢與時間。課程本位評量以教師的教學內容為出發，教師只要了解測驗編製的基本概念，即可掌握編製工作，其編製工作十分簡易可行。

3.評量訊息簡單明瞭易於溝通：標準化測驗結果常以標準差、百分等級、常模、側面圖等字詞表達一份測驗的結果。這些字詞往往為未修習過測驗課程的老師及家長造成困擾。而課程本位評量的結果通常以一個分數、班上或全校第幾名來表示。其結果訊息十分容易為一般人所了解，評量者與讀測驗者之間能夠有很好的溝通。

4.不易導致標記問題：一般標準化測驗之結果，對學生容易產生標記作用。課程本位評量，以促使學生完成學習為原則，可減低對學生產生標記作用。

5.能因應個別差異現象進行評量：常模參照測驗以標準化的程序進行測驗，測驗內容固定，往往不能反映學生的個別需求。課程本位評

量則可以依學生的狀況能力適時調整評量的內容範圍及執行形式，能反映明顯的個別差異現象。

負向評價

1. 信效度的問題：課程本位評量著重測驗材料必須來自學生的學習內容，其測驗取材相當明確具體，應該是一種具有相當高內容效度的評量。然而由於課程本位評量的編製過程較不嚴謹，且沒有經過預試的步驟，事實上信效度評估結果往往較不理想，因此其結果往往不如標準化測驗受到重視。

2. 測驗品質良莠不齊：課程本位評量在進行經常性的評量工作，容易被誤認為只要具有字句的撰寫能力，即可以編製測驗。因此教師常忽略測驗編製的嚴謹性，而使得測驗品質往往不盡理想。

課程本位評量——

讓學生挑戰他自己的昨天

教學來源：我想上學去（翰林出版社健康與體育第一冊，第二單元）

一、主題範圍

上學途中要注意些什麼?

上學路線概述：家→左轉→第一個紅綠燈右轉→經過警察局→第二個紅綠燈左轉→直走→十字路口→直走→校園門口。

二、學習內容

1. 能夠分清楚方向。
2. 能夠注意交通規則。
3. 認得警察局的標誌。
4. 知道迷路時的處理方法。

三、行為目標

1. 能分辨前、後、左、右四個方向。
2-1. 能夠分辨紅燈、綠燈、黃燈三種號誌燈。
2-2. 能夠了解「紅燈停、綠燈行，黃燈注意」的意義。
3. 能夠指認警察局標誌。
4. 迷路了會問人、找警察、打電話（尋求幫助）。

四、起點行為的評估

1. 會辨認紅、綠、黃三個顏色。
2. 了解次序的意義。

五、進行教學

1. 前、後、左、右方位的認知（現場表現教學，由老師帶領分辨四個方位）。
2. 紅綠燈教學（課堂上使用照片，再以錄影帶教學及實際引導）。
3. 警察局（圖片、警察局的建築、標誌的圖樣是什麼？像一隻鳥？）。
4. 假設迷路的各種情境，及啟發學生認知可運用的資源。

六、評量學習狀況

本例以列表呈現學生的學習評量結果，如表 11-1。

表 11-1　課程本位評量紀錄範例

評量日期／成績 評量內容	第一次 3 月 14 日	第二次 3 月 17 日	第三次 3 月 21 日	備註
1.前後左右方位之分辨	40	70	90	
2.了解紅、黃、綠三燈意義	45	70	90	
3.認知沿途的明顯標誌	35	40	70	
4.知道迷路時的應對方法	25	45	60	

註：每項每次評量均以 100 為滿分

七、整理成績

本例以圖 11-1 整理學生成績。

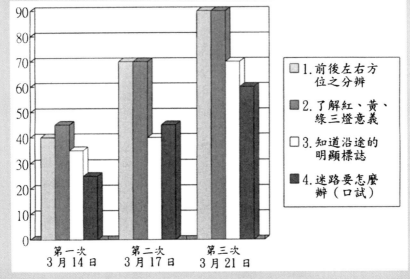

圖 11-1　課程本位評量紀錄圖例

第12章

功能性評量

　　許多人容易混淆「功能性評量」（functional assessment）與「功能性分析」（functional analysis），有些學者則會交互使用這兩個詞彙。事實上兩者在教育評量工作上常同時出現。為了使功能性評量之運用更清楚呈現，本章以評量為主題，但仍不免提到功能性分析的過程。

功能性評量的意義與源起

　　每一個個案的行為問題情況均不相同，個別個案所適合的介入策略也不相同。為了有效處理每一個個案的問題，只得一一評估，而後計畫一個適當的處方。因此以功能性評量進行行為問題的評量分析，便成為因應個別差異下處理障礙個案的適當方法（Lofts & Others, 1990; Piazza, Hanley, & Fisher, 1996）。功能性評量分析早在行為心理學派（behaviorism）盛行時即被提出探討，但直至一九九○年代方才在研究及實務工作上廣為運作（Kauffman, 1997）。

　　功能性分析的主張學者認為行為是由環境中的刺激所控制，這些刺激成為行為事件發生的線索。功能性分析便以實驗設計的方式來探討可能的行為問題功能及環境和行為問題之功能性關係，此即所謂系統化操作（systematic manipulation）（洪儷瑜，1999；Crosson, 1969; Day, Horner, & O'Neill, 1994）。進行功能性分析時主要的目標在分析幾個相關的變項，包括後

果（consequences，簡稱C）、前因（antecedent，簡稱A）及行為（behavior，簡稱B）（見功能性評量的步驟）。

而功能性評量乃在確定行為問題對行為者個人所產生的影響，藉由運用各種方式以找出行為的前因與後果，其主要的方式之一便是利用功能性分析對個案進行評量，系統地操弄環境事件，以實驗證實這些事件是控制特定行為的前因，或維持特定行為的後果（黃裕惠譯，2000）。亦即評估控制目標行為可能存在的變項稱為功能性評量，而為了更明確地了解行為問題的影響因素，常藉由操弄變項的功能性分析方法進行。

功能性評量的特徵

功能性評量的目的在於發現個案出現行為問題的前因後果，其主要特徵可以從評量的過程、評量的目的及評量的功能加以體認。

就評量的過程而言，功能性分析常以操弄變項對行為問題的元素進行分析，其過程相當客觀，具有充分的科學精神。此使功能性評量亦具有充分的研究功能。功能性評量的主張學者認為行為問題的出現與環境有關，其評量過程便是在探討使行為問題存在的相關變項。

就評量的目的而言，功能性評量的目的在於發現問題所在後重新安排適當的環境。由於環境因素對行為十分重要，在提供介入方法時，重點不是在控制或管理案主，而是在重新安排環境，讓當事人學習不呈現行為問題，而表現新學成的技能（Kauffman, 1997）。

就評量的功能而言，功能性評量的目的在設法提出對當事人有益的資訊。其主要功能有四：了解行為問題出現及維持的原因、預測在何種情境下行為問題會或不會出現、找出預防行為問題出現的方法，及設計行為問題出現時的對策。

功能性評量的步驟

一般而言，功能性評量至少可以粗略地分為四個步驟（Crosson, 1969）：

1.正確地描述行為問題（B）：此行為問題通常為過多或不足的不當

表現。描述行為問題時，應以操作性的詞句（operational terms）描述行為，包括其出現的頻率、持續時間等。

2. 探討行為問題所帶來的後果（C）：探討分析行為問題對個案造成的功能及意義，每種行為問題皆有其存在之功能。如表 12-1 即為一般行為問題表現所帶給案主的意義。

3. 探討形成行為問題的前因（A）：探討情境中的事件，以發現存在環境中導致行為問題出現的刺激。

4. 找出適當的對策：找出適當的對策，以預防不當行為的出現，改變案主的不當行為反應。

表 12-1　行為問題對案主可能的功能意義

功能意義	舉例分析
語言，用以溝通	用哭表達不喜歡的意見。
引起別人的注意	哭，或打自己的頭，父母或老師將會表示關切或阻止。
獲得具體的事物	哭了就有餅乾吃。
獲得感官刺激	自傷行為如咬手、撞頭等，因為手部有穴道，有時會造成案主生理上之快感。有研究甚至發現有人在自傷行為時，身體會產生一種化學物「安多芬」（endophins），易為某些人有舒服感覺。
逃避感官刺激	有些個案對觸摸敏感，或討厭過多的肢體活動，因此以問題表現來逃避。
逃避厭惡事件	例如父母要求小華刷牙，他就哭鬧打頭，父母因此撤回要求。
發洩情緒	發洩傷心、生氣、焦慮、挫折等不適應情緒。
多重功能	多重因素的組合。

（資料來源：整理自財團法人第一社會福利基金會，1998：9）

功能性評量的運用原則

對問題行為的應用

　　功能性評量常用於對重度智能障礙者及精神疾病患者的行為問題診治上。例如 Piazza、Hanley 和 Fisher（1996）運用功能性分析評估異食症個案的行為問題，結果發現某異食症者喜歡吸食含有尼古丁的香菸，對於不

含尼古丁的菸草則無興趣。並發現該個案在其獨處或無人監控時會出現較多的行為問題，因此在個案的生活環境中清除含有尼古丁的香菸，並安排與他人互動的情境，而後成功地控制該個案異食行為的策略。可知若能以功能性分析，找出個案適當的處理方案，了解個案在何種情境下，對於何種物品有食入的現象，對其功能及環境進行分析，則可以發展出適當的處方（Bluestone, 1985; Piazza, Hanley, & Fisher, 1996）。

法案的聲明意義

美國在一九九七年所修正公布的 105-17 公法中指稱，學校在決定將學生轉到暫時性的變通教育機構之十天內，必須對學生的行為問題進行功能性分析，並執行有效的介入行為（洪儷瑜，1998）。此說明功能性分析或評量對障礙學生教育工作有相當的意義。

在醫學上的應用

許多醫學上的診療過程會將功能性評量（包括日常生活的活動）的結果呈現在病患的健康史中（朱家瑜，1998）。這些資料可對於病人生活型態和生活環境型態有更深的認識。

配合行為改變技術的運用

經由功能性分析，對行為問題出現的前因後果了解後，隨即應該探討改變行為問題的適當策略，經由環境安排及適當行為改變技術策略的應用，方能有其意義。

功能性評量紀錄表的應用

有系統的直接觀察，可以得到極有價值的訊息，例如行為問題發生時的實際狀況、行為的強度、持續時間、行為問題出現後的情況等。評量者可設計有系統的觀察過程，以如表 12-2 作功能性評量／分析的記錄。其中對行為問題類型、出現時間、地點的記錄，即在描述行為（Ｂ）；對該行為出現的情境及該行為出現後所帶來案主的功能意義，即在分析前因（Ａ）及後果（Ｃ）；該行為處置及行為處理結果的試驗觀察，即在試圖發現一個適當的處理策略。

評量者必須具備各種評量的技能

如結構性晤談及對行為問題特質、形式、頻率、持續情形、強度的分

表 12-2　功能性評量紀錄表

案主姓名：＿＿＿＿＿　乙：＿＿＿＿　丙：＿＿＿　記錄期間：＿＿月＿＿日〜＿＿月＿＿日
觀察行為：甲：＿＿＿＿＿

日期	出現時間		觀察行為	行為出現的地點	行為出現的情境	行為出現的後果	對該行為的處置	行為處理的結果	記錄人
	開始	停止							

＿＿＿頁

析能力等均為功能性評量的重要策略。這些技能在功能性評量過程中均扮演著很重要的角色，為一個功能性評量者應具備的基本技能。

功能性評量的評價

目前在教育中，對於行為問題最被倡導的評量技術便是功能性評量，其運用價值不可否認，然而由於有其限制所在，在推廣上仍有困難。

正向評價

1. 功能性評量可以提供客觀正確的資料：由於功能性分析具有實驗研究的功能，可以較準確地探討行為問題的原因及探討改變行為的策略，因此其結果通常可以發展出一個有效的、完整的、治本的行為介入計畫，協助個人對環境之適應能力。
2. 可減少處罰的使用頻率：一般對不當行為的處理多以處罰的形式進行。若使用功能性評量，則多以「支持性」的態度應對，較少使用處罰，因此較被鼓勵運用在對行為問題的處理上。

負向評價

1. 功能性評量耗時費力：功能性評量需要花相當長的時間進行觀察及記錄，因此是一項相當耗費時間、精力的過程，使得功能性評量的應用受到相當大的限制。
2. 觀察技術不易掌控：功能性評量需要仰賴適當的觀察過程，然而一般未經過適當的觀察技術訓練者，往往不能掌握適當的評量過程，其評量結果因而容易受到質疑。

功能性評量實例

　　小莉是一位無口語能力，二十四歲的女性重度智能障礙者，她對一般食物的進食情形及食慾是正常的。在幼兒時期她就有吃小石子的習慣。這幾年來，她則喜歡折下家具的螺絲釘、鐵釘等，並食入。此外，她偶爾也吃一些碎布及鈕扣。在十七歲那年，她做了一個下腹部手術，清出許多異物，其中包括助聽器的電池。她的動作相當敏捷，所以在吃這些異物時常常無法被其他人及時發現阻止。最近以 X 光檢查又發現在她的腸胃中有許多金屬，其中包括一根二吋長的螺絲釘（Bluestone，1985）。

一、正確地描述行為問題（B）

1. 異食行為的主要現象：小莉目前異食物的種類為螺絲釘、鐵釘、碎布及鈕扣，其中以前兩種更為小莉所喜歡。
2. 異食行為的經驗：喜歡折下家具的螺絲釘、鐵釘食入。
3. 異食行為發生的頻率：平均每天至少有三次異食行為，尤其沒有人注意她的時候會更頻繁。

二、探討行為問題所帶來的後果（C）

　　小莉在吃下螺絲釘後總是可以很快地引起他人的注意。

三、探討形成行為問題的前因（A）

　　小莉在沒有人注意她的時候，及有隨手可得的金屬物品時，吃食異物的情形會明顯增加；又配合醫學檢查發現當小莉在血液裡鋅濃度降低時，小莉異食的情形特別嚴重。

四、找出適當的對策

　　經由實驗發現束縛、過度矯正法或差異增強法等的策略並無法有效預防不當行為的出現。而有三個主要處方，可以有效控制小莉的不當行為表現，包括：
1. 維持清除金屬物品的環境。
2. 安排小莉持續有目的的活動（如操作作業、與他人互動等）。
3. 維持小莉血液鋅的濃度在一定值以上。

檔案評量

檔案評量的意義與源起

　　檔案（portfolio）原意為卷宗、檔案或是紙夾，最早乃藝術家用以向人介紹其個人藝術創作的歷程，而後經常用於商業上做為聘用人才的參考。應用在教育上，則強調檔案評量是有目的地蒐集學生學習表現的各種訊息，因此有些學者強調那是一種「歷程檔案」（process-folio）（Arter, 1992; 引自張美玉，2001），並以該名詞強調資訊蒐集的過程。從這些資訊中，教師可以知道學生在學習過程中，所付出的努力、進步的情形和達成學習目標的程度。Jochum、Curran 和 Reetz（1998）指出檔案是一個以作品為中心的學習記錄過程。李坤崇（1999）將檔案評量，就教育目的上做了很完整的定義：「教師依據教學目標與計畫，請學生持續一段時間主動蒐集、組織與省思學習成果的檔案，以評定其努力、進步與成長情形。」檔案評量是將學生所有可能做為評量的資訊，做有系統的蒐集建檔。

　　一般而言，檔案評量可依內容及性質，至少分為四種形式（Jochum, Curran, & Reetz, 1998; Salend, 1998）：

　　　1.目標本位檔案（goal-based portfolio）：事先即建立好目標，學生及
　　　　教師依據這些預定目標蒐集具有組織的工作樣本、檢核表、錄音帶

等資料。

2. 省思檔案（reflective portfolio）：蒐集與前項檔案相似的資料，但另外增加一些關於學習及表現的敘述性及解釋性的資料。目的在協助老師、學生、家屬了解有關個案學習的各個層面。如用功程度、態度、學習策略及成果等。

3. 表現檔案（showcase portfolio）：目的在蒐集個案最好的作品，以協助個案甄試進入某一個課程、學校或職場。

4. 累積檔案（cumulative portfolio）：蒐集學生一段長時間的表現資料，予以分析了解其學習的改變情形。可能做為轉移至下一個學習階段的資料。

檔案評量的特徵

檔案評量的內容及形式相當多元，其主要特徵可從評量的重點、評量的目的及評量的過程加以探討。

就評量的重點而言，檔案評量所評量的內容包括：學生的學習活動分析、作品分析、實作評量、紀錄分析等，這些評量強調在真實情境中進行，其重點在以質性分析了解學生學習表現的情形，而不在於評比學生。

就評量的目的而言，檔案評量不僅可以了解學生已學會哪些能力，也可以從學生的真實表現中了解學生尚有哪些能力有待加強。

就評量的過程而言，檔案評量的資料乃因個別學生的不同狀況而有不同的內容形式。每個學生因為有不同的表現而可能有不同的評分向度，是一個十分著重個別差異現象的評量過程。另外，由於檔案評量通常是檢驗學生經過一段時間學習的改變狀況，因此其評量是一個連續性的過程，而因為其評量的資料內容相當多元，因此檔案評量乃採取多元評量的方式進行。

就評量的內容而言，一般標準化測驗所取得的資料為學生在考試情境中的表現，檔案評量所取得的資料是其日常生活中的事件及實作成品，因此較具生活化，與學生真實的表現能更接近。

檔案評量的步驟

一般而言，檔案評量可分為六個步驟進行（Salend, 1998）：

1. 決定評量的目的：判斷評量的目的是在做鑑定、診斷，或者進行教學設計之用。決定是要了解學生在一個學期或一個學年的學習改變，或者是為升學評選學生或為工作評選人才之用。

2. 決定將使用的檔案評量類型：決定了評量目的之後，則根據目的決定擬使用檔案的類型。即決定選用表現檔案、省思檔案、累積檔案或目標本位檔案。

3. 選擇方法及工具以組織檔案內涵：一旦決定檔案評量的類型後，則應選擇適當的方法組織各個資料以形成檔案。所有資料可依 IEP 目標、課程領域、主題等，分類蒐集在資料夾、三孔活頁夾等個人工作夾裡。另外亦應決定蒐集資料的工具，如相機、攝影機、掃描器或電腦紀錄等。

4. 選擇作品：選擇一系列與檔案評量目的有關的教室作品，如學習單元的實作、書寫的語文例子、隨堂測驗、繪畫作品、重要活動時的照片、軼事紀錄、參加競賽過程之錄影帶及獎狀等資料。

5. 在檔案中記錄重要的相關資料：可使用開放問卷或自陳量表等相關資料以了解學生的學習成果、改變情形、使用的策略或其他學習的資訊。

6. 定期檢視及評估：可嘗試使用檢核表依事先擬定的問題或事先擬定的評分標準，從檔案中得到訊息以檢視學生的學習表現，並予以評分。

檔案評量的運用原則

盡可能增加學生的自主性

檔案評量一般由學生自己蒐集相關資料呈現給老師進行評量，學生可藉以學習如何管理自己。但用在智能障礙學生身上，由於學生能力的限制，則多由教師或家長進行資料蒐集，依以了解學生的表現，做為鑑定、

診斷及教學設計之參考。即使如此，在可能的程度範圍內仍可嘗試鼓勵學生參與。例如要求學生將作品交予老師，一起放入學生的檔案夾中。

檔案評量不應只有蒐集作品

檔案評量雖然主要在藉由蒐集個案的實際作品以了解學生的表現，但仍應加入其他的相關資訊，如學生的自我省思、家長的評量資訊等，以便能全面性地、多元地了解學生能力。

生涯主題之檔案評量

教師可將智能障礙學生的學習成果或生涯表現統整之後，以完整的、合宜的、成果導向式的檔案格式呈現（林宏熾，2000）。在檔案評量中所展現的評量結果，蒐集學生在生涯職業學習上的傑作或最佳表現，對於學生的就業優勢則能有較清楚的認識及更徹底的利用。

檔案評量的評價

檔案評量完全以學生的實作表現出發，其優點為其他許多評量方法所無法取代，而由於某些限制，其負面評價亦在所難免。

正向評價

1. 兼顧歷程，可更加了解學生的表現水準：一般傳統的評量只經過一次測驗，就做下學生表現的結論，如此學生可能會因為應考焦慮或其他因素而無法了解其真正潛能所在，檔案評量則因為兼顧歷程，可避免焦慮所引起的問題，且可更了解學生的表現水準。

2. 以真實結果與他人溝通：檔案評量乃將學生一段時間的真實表現彙整呈現，而不是只呈現一個成績或一次試卷。其結果再配合評估結果，則閱讀測驗者，可以明確了解學生的表現情形。

3. 呈現多元資料：檔案評量乃蒐集各種資料的過程，舉凡與評量目標相關的資料均予以擷取，因此可取得相當多元的資料，並可兼顧認知、技能與情意的整體學習評量。

4. 以學生為中心：檔案評量讓學生得以更自主、更主動地掌握學習歷程，檔案評量善用學生反省與自我評量的能力，使評量本身即具有教學功能，而具有整合化的特質（劉唯玉，2000）。此乃一般傳統

評量較少存在的優點。

負向評價

1.評量過於耗時：檔案評量常需要耗費較多的時間方能完成評量工作，不能如傳統測驗得到即時的測驗結果，對於評量者而言，是一項較費時的工作。

2.製作必須投入較多經費：檔案評量有時候會藉由多媒體，如攝影器材、掃瞄器等蒐集資料，與其他評量方式比較之下，需要較多的器具，所需耗費的時間更多。

3.評量易流於主觀：檔案評量的過程，常以評量者自己的觀點予以評分，容易因為月暈效應（halo effect），使得評分受到對受評者的既定認知影響，而降低評量的信度與效度。

4.不同受評者間不易進行比較：由於每位學生所建立的檔案往往在內容上有大的差異，因此在不同受評者間較難有直接的比較。

檔案評量……應有盡有＆＊※＃

檔案評量的實例

　　小豪是個具寫作障礙的小學五年級學生，自九十學年度轉入黃老師任教資源班內接受該方面的補救教學。

一、決定評量的目的

　　黃老師參考小豪過去接受過的相關測驗發現，他在該方面的能力確實較一般人差。因此決定本學期以檔案評量方式做為課程設計的依據，並藉以評估學生該能力的改變情形。

二、決定將使用的檔案評量類型

　　依小豪的狀況，黃老師決定以省思檔案，進行資料的蒐集。

三、選擇方法以組織檔案內涵

　　由於小豪是屬於資源班的學生，黃老師在小豪的 IEP 中訂定了具體的學習目標，在整個檔案中將依該目標做為資料蒐集的方向，以了解小豪在寫作表現的改變情形。黃老師準備了一個資料夾將資料整理於其中，其檔案的目錄如表 13-1。

表 13-1　小豪的檔案目錄

	小豪的寫作檔案目錄
v	基本資料
v	檔案檢核表
v	表格
v	小豪的個人目標
v	IEP 目標：長期目標
v	IEP 目標：短期目標
v	反映個人目標的寫作實例
v	反映 IEP 目標的寫作實例
v	個人目標和 IEP 目標的更新
v	小豪父母的意見資料
v	代表作
v	寫作的過程、作品或實例
v	結語：老師、學生和家長
v	檢核表及觀察紀錄

四、選擇作品

將小豪日常活動如學習單元的實作、書寫的語文例子、隨堂測驗、日記片段、留言條、重要活動時的照片、閱讀心得、說話課中的故事敘述錄音帶等資料均蒐集在小豪的檔案中。

五、在檔案中記錄重要的相關資料

藉由表 13-2 提問幾個有關學習過程的問題，試圖從小豪的角度了解其學習成果、改變情形、使用的策略，或其他學習的資訊。

六、定期地檢視及評估

從檔案檢視學生以下幾個向度的表現，並予以評分。
1. 該檔案顯示小豪在課業、行為、社會情緒，及技能上的表現如何？
2. 在為小豪進行 IEP 擬定時，該檔案能夠提供哪些訊息？
3. 小豪在寫作上的表現如何（參見表 13-3 評分標準）？
4. 哪些是小豪目前在寫作上的教學需求？

表 13-2　小豪寫作檢視

＊你覺得你在寫作的態度上有些什麼改變？
＊你覺得你的寫作作品有什麼特色？
＊你覺得在寫作上哪個目標是你最難以達到？
＊你覺得你的寫作作品中哪一個最好？為什麼？
＊你覺得哪一個寫作的目標對你的作品是最重要的？
＊你在這段時間內學了些什麼？
＊你有沒有發現經過這些時間，你有哪些有關寫作的技巧有了改變？

表 13-3　小豪寫作的評分標準

	低於一般能力	一般能力	高於一般能力
內容	能以畫圖表達出意思，可能可以撰寫某些字詞。	可以用一些字詞來表達意思，其中包括一些細節。	可使用三個以上的句子，文章已切題並能表達細節部分。
組織能力：起、承、轉、合	沒什麼邏輯順序可言，只能表達一些簡單的事情。	文章出現一些起、承、轉、合的結構。讀者可以了解其中的順序。	文章中有明確的起、承、轉、合結構，讀者可以清楚地知道每一個部分的先後次序。
運用技巧	了解發音和字之間的關係；但大、小寫字母隨意出現。	能利用音標及發音的相配合來拼出字詞，並開始適當地使用標點符號及大寫字母。	大部分的字可以用傳統拼字法拼出，包括標點符號及大寫字母的使用正確，且有恰當的格局及篇幅。讀者很容易了解其所表達的意境。

（資料來源：Jochum, Curran, & Reetz, 1998: 289）

第14章

實作評量

實作評量的意義與源起

實作評量也稱為實作及產物評量（performance and product assessment）或實作為基礎的評量（performance-based assessment）。實作評量稱不上是新的評量方式，但是其開始受到有系統的探討與應用乃崛起於一九九〇年代早期，成為教育與測量界的熱門課題（Lerner, 2000）。實作評量乃自藝術與運動領域借用而來，強調過程的批判，而非僅重成果的評量。其興起的原因主要有二：一為對選擇式反應測驗（selected-response tests）的不滿，認為選擇式的測驗只能測出學生所學再認知的部分，無法測出學生較高層次的認知能力，如問題解決、綜合、分析、歸納等能力；二為受到認知心理學的影響，認知心理學家認為學生的學習應該兼顧內容知識和過程知識，內容知識取得的程度可以經由客觀式測驗了解，過程知識獲得的程度則需要經過實作的表現，才能夠予以評估 （吳清山、林天祐，1997；單文經，1998；盧雪梅，1999；Chen & Martin, 2000; Hambleton, 2000; Meisels, Xue, Bickel, Nicholson, & Atkins-Burnett, 2001）。為了測量學生「能做」什麼，實作評量乃廣泛運用在今日的學校課程中。

實作評量經常是實際動手操作的，學生將已經學過的內容以真實的材料表現，透過直接觀察學生的表現或間接從學生完成的作品去評量（Mostropieri & Scruggs, 1994）。實作評量是學生證明學習的一種產物，而不是要蒐集學生被動表現的反應（Meisels, Xue, Bickel, Nicholson, & Atkins-Burnett, 2001）。實作評量乃是模擬實際生活之情境，學生實際完成一項特定任務，再依據教師的專業判斷，用預先訂定的標準來評定學生的成績。

實作評量的特徵

實作評量的內容及形式相當多元，所具有的特徵可描述如下：

1. 真實化：實作評量在情境中呈現教材與問題，直接從學生的經驗及真實的材料評量其觀念及過程表現（Chen & Martin, 2000; Leonard, Speziale, & Penick, 2001）。與學生真實能力的表現較為接近，也因此評量的作業通常是具有實質意義的。

2. 與教學可以相呼應：由實作評量結果，教師可以確切掌握學生會什麼及不會什麼，藉由學生的實作表現發現對教學有意義的資訊，其結果往往可以直接反應在教學上，以進行教學的調整（Leonard, Speziale, & Penick, 2001; Meisels, Xue, Bickel, Nicholson, & Atkins-Burnett, 2001; Spalding, 2000; Standford & Siders, 2001）。在實作評量的過程中教師可以與學生作討論，進而發展學習的策略（Woodward, Monroe, & Baxter, 2001）。實作評量的精神和方式對於教和學均能提供較完整的回饋資訊。

3. 兼顧過程與作品：實作評量不單看成果，也考量過程，能評量出一些需要高層思考或問題解決的技能，並且可同時評量情感和社會技巧（許家驊，2003；彭森明，1996；Chen & Martin, 2000）。實作評量可以測出個體在實際作業情境脈絡中的反應狀態、行為表現及成果產物。

4. 整體的評量：實作評量評定的是一件任務或一件作品的完整表現，不會像傳統評量方式只能是某些概念的抽樣測試，可以讓教師了解學生對問題的了解程度、投入程度、解決的技能和表達自我的能力，能夠較完整的反映出學生的學習訊息。

5. 實作評量與真實評量：真實評量（authentic assessment）與實作評量

一樣，都是美國近十年來教育改革運動之下的產物。真實評量強調在真實生活情境中做出實際的表現（吳清山、林天祐，1997），可能是在學校、在家裡或其他任何一個生活情境中。例如請學生閱讀一篇劄記或專題研究報告以評量他的閱讀能力、以有力的演講評量其口語能力、寫一篇文章給出版社編輯人員以了解其書寫能力，或者以數學解決日常生活問題以評量其數學能力（Lerner, 2000）。「真實」乃和「虛擬」的評量特質相對應（單文經，1998），這也是真實評量與實作評量最大的差異所在。如同實作評量一樣，教師必須對評量的標準事先做一個設定（Mostropieri & Scruggs, 1994），一樣可以成為教學介入很好的輔助工具（Standford & Siders, 2001）。由於這兩類評量的特質很相近，有些學者說實作評量是真實評量的一種（許家驊，2003；張世彗、藍瑋琛，2004；Chen & Martin, 2000），有些學者則說實作評量即為真實評量，有些學者則將他們合併討論，甚至有學者乾脆以真實的實作評量（authentic performance assessment）來稱之（Meisels, Xue, Bickel, Nicholson, & Atkins-Burnett, 2001）。

6. 實作評量與檔案評量：檔案評量是有目的地蒐集學生在某領域的作品。檔案評量與實作評量具有許多相同的特徵與運用原則，也常常被合併應用以評估學生的實際能力表現，有的學者說檔案評量為實作評量的一種，有的學者說可以將實作評量放入檔案評量中應用，或者更正確的說法應該說，他們可以合併或交替使用（Chen & Martin, 2000; Spalding, 2000）。

實作評量的步驟

為了使實作評量擁有較好的效度，教師應該掌握原則編擬適用的評量計畫，其步驟可以下列程序進行（吳清山、林天祐，1997；桂怡芬，1996；許家驊，2003；張世彗、藍瑋琛，2004；張敏雪，1999；莊佩玲，2002；盧雪梅，1999；Chen & Martin, 2000; Clauser, Harik, Clyman, 2000; Meisels, Xue, Bickel, Nicholson, & Atkins-Burnett, 2001; Standford & Siders,

2001; Steege, Davin, & Hathaway, 2001; Woodward, Monroe, & Baxter, 2001）：

確定評量的目標

教師應事先確定評量目的為何，決定評量的重點在於「歷程」（process）或「作品」（product），或是二者兼顧？例如請學生解決一個複雜的問題，如果是要看其作品，則只要看學生是否已成功解決該問題了？如果要看其過程，得進一步明確界定其中的構念領域，則可以透過工作或作業分析（job or task analysis）、課程分析（curriculum analysis）等方式來決定評量的作業。並可同時思考評量的內容方法如何與教學目標相呼應，確切掌握要評量的概念內容。

選定評量的作業

依評量的目標具體分析評量的行為表現，以選定學生要呈現的工作及作業表現，明確指出重要的評量內容，評量作業內容的取樣必須能反應評量目的與欲測構念。

設計評量的方法

依據評量目標設計適當的評量方法，一般而言，可分幾個向度思考：

1. 表現情境：評量的情境可能是班級內自然發生的情境，也可能是教師特別設計模擬的情境。

2. 決定評量的向度：決定採整體式計分或分析式計分？一般而言，整體性計分適用於團體評量，其花費時間較少，而分析式計分費時較長，但適用於診斷性評量。

3. 製定評量標準：列出行為表現的重要層面和各層面表現的評分標準，研擬怎樣的表現是優異的、普通的或是不佳的。教師並可以就評量標準事先和學生進行溝通，給學生回饋時也應該從這些標準切入。與他們討論如何取得答案，或者請學生證明他們的答案是正確的。教師並可以嘗試以電腦做更客觀的計分。

4. 發展評量工具：依資料蒐集的型式，及決定要蒐集的資料數量，發展各種評量工具，例如實作之檢核表、成果評分表、軼事記錄、作品集等等。

進行實作評量與教學

設計好評量計畫後，即可進行實作評量，在評量過程並可蒐集教學的訊息，而評量結束後可詮釋結果，例如進行學生錯誤訊息的分析等，以成為調整教學的重要依據。

實作評量的運用原則

由於許多特殊教育學生不適合以傳統的紙筆測驗方式評量其表現。因此實作評量在特殊教育中特別有用，在運用時，應注意如下幾點：

應用的領域廣泛

實作評量特別適用於需要實際動手做的學科，可應用的領域相當廣泛，如科學、數學、社會學科、職業課程等等。通常會以具體的實際成品呈現學生最終表現的成果，例如完成電子組織、做一個城市模型、進行溝通協調、駕照路試、醫學臨床實驗以及藝能表演或打網球表現等，教師根據學生的歷程表現和作品成果來評量（桂怡芬，1996；張世彗、藍瑋琛，2004；Leonard, Speziale, & Penick, 2001; Mostropieri & Scruggs, 1994）。在特殊教育教學中，則如交朋友、煮麵、掃地、算一箱工作成品、安排休閒活動等等均相當適合以實作評量進行。

直接的評量

實作評量應避開對學生讀書效果及考試技巧的測試，進行評量時，對於與評量目的本身無關之技能表現之評量降至最低，例如不去評量學生的語言或文字表達能力（除非目的在此），而直接測試受試者的技能或作業表現（Mostropieri & Scruggs, 1994）。

師生的互動及參與

實作評量鼓勵同學、教師，乃至家長們參與評量過程，例如讓受試者清楚理解評量作業內容意義，共同訂定學生實作的標準，或討論學生成果的優點與缺點，進而增進其學習的效果（單文經，1998；Spalding, 2000）。如此方可以將評量與教學做最大的結合。

多元的評量

實作評量要求學生「自己做」答案，而不是「選擇」答案，評量內容

往往不只限於單一學科知識，而是同時考量多項知識或技能（彭森明，1996；Meisels, Xue, Bickel, Nicholson, & Atkins-Burnett, 2001）。因此實作評量的形式必須多元化，方法可能包括觀察、口試、檔案資料、書面報告、作文、演說、實驗、作品展示等等（張世彗、藍瑋琛，2004；張敏雪，1999；盧雪梅，1999）。評量者由各種不同工作樣本（work samples）與情境條件設計組合一套評量方式，以了解學生在實際作業上所表現出的真實技巧。

實作評量的評價

由於實作評量與檔案評量的意義內涵相近，因此其受到的正負評價也有許多相近之處。

正向評價

1. 兼具傳統評量與真實評量的精神：實作評量承襲了傳統評量和真實評量二方面的精神。就傳統評量而言，實作評量不排斥為學生制定外在的評量標準並予以公開，以為教師評量與學生努力的目標。且實作評量也不排斥其結果被用來做為較大範圍之比較；就真實評量而言，實作評量可能藉由模擬情境強調提供真實世界當中的真實性作業，且能嵌入學校的課程中（單文經，1998）。

2. 注重學生整體的表現：傳統評量的基本做法，是把學生所必須學習的整體目標，加以分立成為許多細目而以多個題目進行評量。其評量方法偏重在一些片斷，不連接的知識與技能的認知與了解。實作評量的方式，不分學生「程度」的高低，皆以真實的、統整的、實作的性質，讓學生綜合自己的所學，作整體的表現。

3. 實用性高：由於實作評量以真實的表現進行評量，反應出受試者在當下的、有建設性的知能，以及思考及學習成果的反應（Spalding, 2000）。實作評量對於未來學習內容的設計能更實用化。

4. 提高學生學習效益：實作評量不著重死記課程的內容，且由於兼顧歷程，可以減輕學習焦慮增進學生學習的動機，幫助學生建構有意義的學習情境，也可以做為一種教學策略，提高學生的學習興趣與

學習成就。

負向評價

1. 評量過於耗時：實作評量常需要受試者完成一件作品，在計分上往往以一個學生為單位進行觀察評估及以質性方式進行評判，因此會耗費相當多的時間，成為評量者的負擔，也因此使實作評量較難以推廣。

2. 評量需花費較多的經費：實作評量往往需要較多的經費，尤其是一些需要用到儀器設備的實作，如實驗耗材或實作材料等，是一種花費相當高的評量方法。

3. 信效度難以理想：由於實作評量是一種開放評量形式，其情境安排、評量內容、評量向度或計分很難以標準化。因此難有高的信度及高的效度，而且外在效度也低，較不能將評量結果推論到其他情境中，其使用績效因此受到影響（Spalding, 2000）。

4. 試題製作困難：實作評量的試題製作相當困難，往往試題內容不能具有代表性，或難以具體客觀，也難以製作一份標準化的試題，因此更大範圍的推廣應用受到限制（彭森明，1996）。如全國性會考或升學考試等更強調公正標準化的考試便少以實作評量進行。

實作評量的實例

　　小雲是個重度智能障礙學生，老師藉由實作評量想了解其職業領域課程中「煎蔥花蛋」的學習狀況，做為下次再教學之依據。

確定評量的目標

　　以「煎蔥花蛋」了解小雲獨立完成一項職業技能之表現如何？此次評量注重過程表現與成果評核，兼顧認知、情意、技能三個部分。

選定評量的作業

　　小雲必須完成如下工作：從挑選食材、準備烹煮器具，到烹煮完成作品盛入盤中。

設計評量的方法

1. 表現情境：在學校生活自理教室內的廚房。
2. 評量向度：採整體式計分及分析式計分同時進行。

3.評量標準：正確選擇食材、適當準備烹煮器具、正確熟練的烹煮過程。

4.評量工具：共有二個，一為檢核表（見表 14-1），二為成果評分表（見表 14-2）。

進行實作評量與教學

在小雲實作過程中即同時進行評量，此次評量中可給與提示，待完成作品後並作整體檢討，以調整小雲之不當表現。

表 14-1　小雲職業技能表現檢核表

實作作品：煎蔥花蛋	
正確選擇食材	＿＿＿＿1.材料準備（蛋、蔥）(1)完整 (2)漏掉部分 (3)全部遺漏 ＿＿＿＿2.調味料準備（鹽、油）(1)完整 (2)漏掉部分 (3)全部遺漏
準備烹煮器具	＿＿＿＿1.器具準備（鍋、鏟、碗、盤、打蛋器、菜刀、砧板、抹布） 　　　(1)完整 (2)漏掉少部分 (3)漏掉部分 (4)遺漏大部分 (5)完全遺漏
烹煮技巧	＿＿＿＿1.切蔥 (1)優 (2)良 (3)普通 (4)不良 (5)差 ＿＿＿＿2.打蛋 (1)優 (2)良 (3)普通 (4)不良 (5)差 ＿＿＿＿3.煎 (1)優 (2)良 (3)普通 (4)不良 (5)差
整體表現	＿＿＿＿1.工作流暢度 (1)很流暢 (2)流暢 (3)不流暢 (4)普通 (5)很不流暢 ＿＿＿＿2.提示程度 (1)沒有提示 (2)小部分提示 (3)部分提示 (4)普通 (5)大部分提示 ＿＿＿＿3.獨立性表現 (1)很獨立 (2)獨立 (3)普通 (4)依賴 (5)很依賴 ＿＿＿＿4.情意表現 (1)享受 (2)逃避 (3)愉快 (4)不愉快 (5)主動 (6)被動
綜合評論	

註：評量分數以尚未提示前為標準

表 14-2　小雲職業技能成果評分表

實作作品：煎蔥花蛋	
作品呈現 （　）分	＿＿＿＿1.色澤 (1)優 (2)良 (3)普通 (4)不良 (5)差 ＿＿＿＿2.味 (1)太鹹 (2)稍鹹 (3)剛好 (4)稍淡 (5)太淡 ＿＿＿＿3.油 (1)太油 (2)稍油 (3)剛好 (4)稍少 (5)太少 ＿＿＿＿4.口感 (1)優 (2)良 (3)普通 (4)不良 (5)差 ＿＿＿＿5.整體 (1)優 (2)良 (3)普通 (4)不良 (5)差
綜合評論	

工具篇

　　工欲善其事，必先利其器。為了使鑑定與評量的工作發揮效果，首要之務在於身邊有一些可用的、適當的工具。近年來，由於國內學者的努力，特殊教育的鑑定與評量工具琳瑯滿目，若鑑定的工作者不能綜觀其中的種類與功能，如何能挑選一份真正適用的工具？

　　本篇乃在介紹國內的測驗工具，所有測驗或為國內學者自行研發編製，或為學者以合法管道向國外取得版權後修訂編製，均具有合法版權。全篇共分五章，分別為智力測驗、學習歷程測驗、知覺動作與發展測驗、情緒與行為測驗及其他測驗。

　　由於篇幅有限，在測驗的挑選上，均以近年來（多為一九九六年以後）發行的為主，但原則上，不同測驗目的的測驗均至少整理呈現一份。每一份測驗除了介紹其發展、內容，及施測事項外，均以實例介紹各種測驗的形式，唯為避免題目公開，導致正式施測時影響測驗的效度，智力測驗的題項示例均在原作者的同意下，呈現原編測驗中之舉例題，或由作者自行編寫類題，若為後者，乃於題項中作註明。

揹著工具箱遠征

第15章

智力與性向測驗

第一節　魏氏智力量表

測驗發展

　　魏克斯勒（David Wechsler）於一九三九年首先在貝律文醫院（Belle-vue Hospital）發展魏貝智力量表（Wechsler-Bellevue Intelligence Scale，Form Ⅰ，簡稱 WB-I），而後於一九四九年編製魏氏兒童智力量表（Wechsler Intelligence Scale for Children，簡稱 WISC），於一九五五年發行魏氏成人智力量表（Wechsler Adult Intelligence Scale，簡稱 WAIS），於一九六七年編製魏氏幼兒智力量表（Wechsler Preschool and Primary Scale of Intelligence, WPPSI）。至今 WISC 及 WAIS 發行第三版（簡稱 WISC-Ⅲ 及 WAIS-Ⅲ），WPPSI 發行修訂版（簡稱WPPSI-R），我國亦由中國行為科學社取得中文版的修訂及發行權，並在陳榮華、陳心怡的主持下，於一九九七年完成WISC-Ⅲ（陳榮華，1997），二〇〇〇年完成WPPSI-R（陳榮華、陳心怡，2000），以及二〇〇二年完成 WAIS-Ⅲ的中文修訂工作

（陳榮華、陳心怡，2002）。目前並廣為用於對智能障礙學生，及資賦優異學生的鑑定工作上。

測驗實施

WPPSI-R 適用於三歲至七歲三個月的兒童，WISC-Ⅲ適用對象為六歲至十六歲十一個月的兒童及青少年，WAIS-Ⅲ則適於施測十六歲至八十四歲成人的智力，重疊部分為六歲至七歲三個月，以及十六歲至十六歲十一個月。主試者若覺得六歲至七歲三個月內的受試者有一般的溝通能力，並且其智力達平均以上的水準，則應該選用 WISC-Ⅲ；相對地，若其智力在平均水準以下，則建議使用 WPPSI-R。而第二組重疊部分也建議依此原則選擇。

魏氏智力量表只能以個別方式實施，測驗反應包括紙筆反應、口頭問答、實際操作等各種不同的形式。WPPSI-R 及 WISC-Ⅲ歷時約六十分鐘至九十分鐘，而 WAIS-Ⅲ則歷時約九十分鐘至一百二十分鐘，依受試者年齡及測驗反應情形而定。

測驗應用

魏氏智力量表適用對象包括智能障礙者和資賦優異者，而若要鑑定其他生理障礙者，如聽覺障礙、過動症、肢體障礙、視覺障礙等，宜再使用為該類兒童所發展的其他測驗以補充魏氏智力量表的不足，而視覺或聽力嚴重受損的幼兒則不宜使用。對語言困難兒童亦可挑選其中適合的分測驗進行施測，但從中取得的資訊較為有限。

魏氏智力量表不論在教育上或臨床上，均可作深入的應用，是目前全世界使用最多的個別智力測驗之一。例如在臨床上，常做為診斷病症之工具；在教育上，可做為學齡和學齡前特殊兒童鑑定、安置，以及研擬早期介入方案之參考。另外，在教學上，教師可根據受試者在各個分測驗中的反應，進行教學設計，以善用受試者的優勢所在，並針對受試者的弱勢調整教學方案。表 15-1 即是針對 WISC-Ⅲ測驗結果，可資參考的教學設計訊息。

表 15-1　WISC 各分測驗的功能分析及其應用摘要表

能力 （因素分析）	影響因素	高得分者可能 隱含的特質	低得分者可能 隱含的特質	教學設計 上的應用
全量表 • 普通智能 • 學術性向能力 • 學科性向能力 • 接受學校課程 　的準備度	• 天賦資質 • 早期環境 　裕瘠 • 學校教育 　程度 • 文化接觸 　機會 • 個人興趣 　偏好 • 工作持續 　力 • 視覺組織 　能力 • 心理敏覺 　度	• 普通智能優異 • 學術性向優異 • 接受學校課程的 　準備度佳	• 普通智能低落 • 學術性向低落 • 未達接受學校 　課程的準備度	• 注重語言發展 　活動 • 注重視覺學習 　活動 • 發展知覺形成 　技能 • 增強持續性工 　作表現的機會
語文量表與語文理解因素 • 語文推理能力 • 運用語文技巧 　與常識解決問 　題的能力 • 語文表達能力 • 處理語文資訊 　的能力 • 運用語文思考 　的能力	• 天賦資質 • 早期環境 　裕瘠 • 教育程度 • 文化接觸 　機會 • 個人興趣 　偏好	• 普通智能優異 • 學術性向優異 • 學校課程精熟 • 概念形成較好 • 成就取向強 • 文化環境相關知 　識充實	• 普通智能低落 • 學術性向低落 • 學校課程生疏 • 概念形成較差 • 成就取向弱 • 文化環境相關 　知識了解有限 • 母語背景	• 加強語言發展 　活動 • 運用語文充實 　活動 • 發展概念形成 　技巧 • 重視時事閱讀 　與評析
作業量表與知覺組織因素 • 知覺組織能力 • 能彈性、流暢 　並快速地以視 　覺意向思考的 　能力 • 在時限內解析 　或組織視知覺 　材料的能力 • 非語文能力 • 不需運用字彙 　而能形成抽象 　概念及知識的 　能力	• 天賦資質 • 動作靈活 　與運作速 　度 • 工作持續 　力 • 視覺組織 　能力 • 敏覺性	• 知覺組織能力強 • 對細節具高敏覺 　性 • 非語言推理能力 　強 • 工作持續力強 • 能迅速有效地完 　成工作 • 空間關係能力良 　好	• 知覺組織能力 　弱 • 非語言推理能 　力弱 • 工作持續力不 　足 • 無法迅速有效 　地完成工作 • 空間關係能力 　弱	• 加強部分與整 　體關係的觀察 　學習 • 運用空間視覺 　活動教材 • 鼓勵嘗試錯誤 　的學習活動 • 增強持續性工 　作表現 • 加強視覺計畫 　及設計活動 • 增進細察技巧 　專注力

表 15-1 WISC 各分測驗的功能分析及其應用摘要表（續）

能力 （因素分析）	影響因素	高得分者可能 隱含的特質	低得分者可能 隱含的特質	教學設計 上的應用
專注力 • 持續注意的能力 • 短期記憶能力 • 計數能力 • 編碼轉錄能力 • 複述能力 • 符號材料的心理運作能力 • 自我監控能力	• 天賦資質 • 被動性接受刺激的能力	• 持續注意的能力強 • 短期記憶力強 • 計數能力強 • 編碼轉錄能力強 • 複述能力強 • 對符號材料心理運作能力強 • 自我監控能力好	• 持續注意力弱 • 容易分心 • 容易焦慮 • 短期記憶力弱 • 不擅編碼轉錄 • 複述能力弱 • 對符號材料的心理運作能力弱 • 自我監控能力弱	• 加強注意力訓練 • 加強專注技能訓練 • 注重小單元設計的教學
常識測驗 • 語文理解能力 • 知識廣度 • 長期記憶能力	• 天賦資質 • 早期環境裕瘠 • 學業成就程度 • 文化接觸機會 • 個人興趣偏好	• 事實性知識廣 • 常識豐富 • 文化背景及教育環境相關的知識好 • 記憶力好 • 具進取心 • 具好奇心	• 事實性知識有限 • 知識貧瘠 • 記憶力差 • 對學業厭煩 • 逸樂取向 • 低成就取向	• 透過報章雜誌的閱讀、時事討論及記憶訓練等活動 • 加強事實性知識的學習 • 安排各種充實性活動
類同測驗 • 語文理解能力 • 語文概念形成能力 • 抽象和邏輯推理能力 • 聯想力 • 辨識異同的能力 • 長期記憶能力	• 文化接觸機會 • 興趣與閱讀偏好	• 概念思考力好 • 洞察事物間關聯性的能力強 • 邏輯及抽象思考能力強 • 對事物外顯特徵異同的辨識能力強 • 對事物或概念間關聯性予語意化的能力強 • 運思過程富變通	• 概念思考力弱 • 洞察事物間關聯性的能力有困難 • 邏輯及抽象思考能力弱 • 對事物或概念間關聯性予語意化的能力有困難 • 思考過於僵化 • 運思過程僵化 • 態度消極	• 從日常生活周遭認知形狀、結構等的異同 • 強化語言發展，多練習同義字、反義字及抽象字的析辨與歸納

表 15-1 WISC 各分測驗的功能分析及其應用摘要表（續）

能力 （因素分析）	影響因素	高得分者可能 隱含的特質	低得分者可能 隱含的特質	教學設計 上的應用
算術測驗 ・語文理解能力 ・數量推理能力 ・心算能力 ・基礎算術過程 　的應用能力 ・專注力 ・注意力 ・短期記憶能力 ・長期記憶能力	・學習基本 　算術運算 　過程的機 　會	・心算能力頗強 ・運用合理技巧解 　題的能力很好 ・運用算術技巧解 　決個人及社會問 　題的能力強 ・做事十分專心 ・把握重點的能力 ・具複雜思考能力 ・教師導向的學習	・心算能力不足 ・不易專心 ・精神渙散 ・對學校課業過 　分焦慮 ・低學業成就	・發展算術解題 　技能 ・訓練集中精神 　技巧 ・培養解決現實 　問題的興趣
詞彙測驗 ・語文理解能力 ・語言發展 ・學業能力 ・知識的儲存量 ・觀念盈裕 ・記憶能力 ・概念形成能力 ・長期記憶能力	・教育程度 ・文化接觸 　機會	・字彙認知能力強 ・語詞理解能力強 ・語言發展及語文 　技巧優異 ・良好的家庭或文 　化背景 ・求學過程順利 ・概念化能力好	・字彙認知能力 　差 ・語詞理解能力 　差 ・語言發展及語 　文技巧拙劣 ・教育程度差或 　家庭背景不利 ・語意轉換能力 　差 ・母語背景 ・文化刺激不足	・加強實用詞彙 　練習 ・增加發言討論 　的經驗 ・運用各種語言 　充實活動，如 　類推、比喻等 　文字遊戲
理解測驗 ・語文理解能力 ・社會判斷力 ・一般常識認知 　能力 ・在社會情境中 　實際運用知識 　與判斷的能力 ・對傳統行為規 　範的認知程度 ・評估先前經驗 　的能力 ・道德與倫理判 　斷力	・文化接觸 　機會的廣 　度 ・評估與運 　作先前經 　驗的能力 ・良心與道 　德意識發 　展的程度	・對社會判斷及一 　般常識的認知良 　好 ・具有認知社會需 　求的能力 ・認知傳統行為規 　範的能力 ・組織能力強 ・社會成熟度高 ・語文運用能力強 ・生活經驗豐富	・對社會判斷及 　一般常識的認 　知差 ・無法自負責任 ・思考過於僵化 ・不擅語言表達 ・解決問題的想 　法過於空泛	・協助了解社會 　道德、風俗習 　慣及社會活動 　等 ・藉由討論，協 　助發展有關社 　會性自覺，及 　他人行為表現 　的含意 ・在預設情境下 　作角色扮演， 　如火災報警等

表 15-1 WISC 各分測驗的功能分析及其應用摘要表（續）

能力 （因素分析）	影響因素	高得分者可能 隱含的特質	低得分者可能 隱含的特質	教學設計 上的應用
記憶廣度測驗 • 專注力 • 短期記憶能力 • 機械式記憶能力 • 立即性聽覺記憶能力 • 注意力 • 焦慮程度 • 序列聽覺能力	• 被動接受刺激的能力	• 機械性記憶強 • 立即回憶能力好 • 對測驗情境的專注能力好 • 對聽覺測驗的專注能力好	• 容易焦慮 • 不能專心 • 易受干擾而分神 • 可能有學習缺陷 • 序列性聽覺困難（如事情的前後關係）	• 強化視覺能力技巧 • 運用一系列持續性活動或朗讀短篇小說，要求回憶情節 • 運用增強記憶的活動或遊戲
圖形補充測驗 • 知覺組織能力 • 對事物重要特徵的辨識能力 • 對相似物件的辨識（視覺確認）能力 • 對視覺受訓材料的專注力 • 推理能力 • 視覺組織能力 • 視覺接受（封閉性）能力 • 視覺長期記憶力	• 生活經驗程度對環境的敏覺性	• 知覺及專注力好 • 對事物的細節觀察入微 • 對事物的重要或非重要辨識能力強	• 專注及注意力受焦慮反應干擾 • 對無關細節過於專注 • 消極否定的態度（如一再回答「沒有缺少什麼」）	• 加強視覺學習技巧的訓練，特別是由部分形成整體的能力 • 運用知覺活動強化對物體的認知描述及注意細節的能力
符號替代測驗 • 視覺動作協調或熟練程度 • 心智運作速度 • 心理動作速度 • 短期記憶能力 • 視覺回憶能力 • 注意技巧 • 符號連結技巧 • 專注力	• 動作靈活與運作速度	• 視覺動作熟練 • 專注力高 • 持續力強 • 學習關聯事物的能力強、速度快且正確性高 • 成就動機及需求強	• 視覺動作協調困難 • 容易分心 • 視覺缺陷 • 精神不濟 • 運筆能力笨拙 • 對學校課業不感興趣 • 對於符號描繪的正確性低	• 著重視覺動作訓練活動，如拼圖、玩追蹤遊戲等的運用

表 15-1 WISC 各分測驗的功能分析及其應用摘要表（續）

能力 （因素分析）	影響因素	高得分者可能 隱含的特質	低得分者可能 隱含的特質	教學設計 上的應用
連環圖系測驗 • 知覺組織能力 • 規劃設計能力 • 社會情境的解析能力 • 非語言推理能力 • 注意細節 • 敏覺性 • 視覺序列化能力 • 一般常識	• 最低限度的文化接觸機會	• 計劃能力強 • 具有運用合理方式預知事件結果的能力 • 對細節十分留心，具有先見之明 • 將部分統整為整體的能力強	• 視覺組織困難（序列性） • 焦慮反應 • 注意力不能集中 • 線索運用不當 • 欠缺預知事件及結果的能力	重視因果關係、邏輯序列觀念及部分與整體關係的訓練 • 運用「故事完成」學習活動討論故事或事件發生後可能的結局
圖形設計測驗 • 知覺組織能力 • 視覺動作協調能力 • 空間想像能力 • 抽象概念能力 • 分析與統整能力	• 動作活動的速度 • 色彩視覺	• 視覺、動作及空間統整能力強 • 概念化能力強 • 空間方向感好 • 分析及統整能力強 • 對事物的尺度大小之判斷正確迅速 • 手眼協調能力好 • 非語文推理力強 • 善於運用嘗試錯誤的方法	• 視覺、動作及空間統整能力弱 • 視知覺方面有問題 • 空間方向能力弱	運用積木、拼圖或七巧板等空間視覺或知覺性的活動，來訓練其分解並重予結合的能力 • 加強有關部分與整體關係的分析能力
物型配置測驗 • 知覺組織能力 • 視覺動作協調能力 • 組合部分成為有意義的個體之能力 • 空間關係能力	• 動作活動的速度 • 持續工作的能力 • 部分與整體關係的經驗	• 視覺協調能力強 • 從部分看整體的能力強 • 知覺統整能力強 • 工作持續力強 • 樂於嘗試錯誤	• 視覺協調困難 • 視知覺方面有問題 • 規劃設計能力差 • 知覺統整能力弱 • 對組合性工作興趣不高 • 對溝通性工作經驗有限 • 工作持續力弱	透過配對訓練發展知覺及心理動作技巧 • 鼓勵從事嘗試錯誤的活動 • 增強工作的持續力 • 注重從事單一線索解釋整體事物的訓練

表 15-1　WISC 各分測驗的功能分析及其應用摘要表（續）

能力 （因素分析）	影響因素	高得分者可能 隱含的特質	低得分者可能 隱含的特質	教學設計 上的應用
迷津測驗				
・知覺組織能力 ・繪圖能力 ・預測能力 ・視覺動作控制 　能力 ・手眼協調能力 ・注意與專注力	・視覺動作 　組織	・知覺組織能力強 ・視覺動作組織能 　力強 ・繪圖效率高 ・依指示做事的能 　力好	・視覺動作組織 　能力差 ・繪圖效率不高	・著重計畫技巧、 　方向感、視覺 　辨識及紙筆活 　動等的訓練

（資料來源：蔡崇建，1989：31-34；1991：127-131）

測驗內容

WISC-Ⅲ

　　WISC-Ⅲ包括五個語文分測驗、五個作業分測驗、三個交替測驗（supplementary subtest），其結果除了可以取得語文量表（verbal scale IQ; VIQ）智商、作業量表（performance scale IQ; PIQ）智商及全量表智商（full scale IQ; FIQ）外，並可以取得四個指數因素分數〔包括語文理解（Verbal Comprehension Index, VCI）、知覺組織（Perceptual Organization Index, POI）、專心注意（Freedom from Distractivility Index, FDI）、處理速度（Processing Speed Index, PSI）〕（見圖 15-1）。其中交替測驗包括記憶廣度測驗、迷津測驗及符號尋找測驗，於計算語文智商和作業智商時，通常並不加入計分。若主試者想多獲得一些受試者的能力資料，而且施測時間也尚有寬裕，亦可施測。在另一種特殊狀況下，若正式的某一項分測驗無法施測，或是對某些身心障礙兒童不宜施測，就可分別以這三個交替分測驗來代替之，唯只能用記憶廣度測驗來代替語文分量表中的測驗，以迷津測驗來代替作業量表中的分測驗，而符號尋找測驗只能代替符號替代測驗。

　　WISC-Ⅲ的十三個分測驗分別為：

　　1.圖畫補充測驗（picture completion）：主試者在受試者面前呈現一張彩色圖片，讓受試者看圖後說出或指出圖片中所缺少的重要部分。

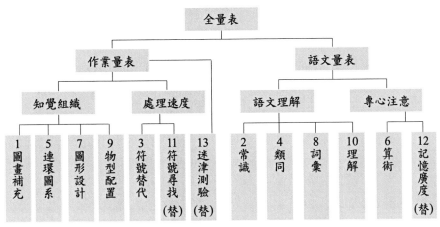

圖 15-1　魏氏兒童智力量表結構圖

2. 常識測驗（information）：受試者口頭回答主試者所問的有關一般
   事件、物品、地方或人物方面的常識問題。

3. 符號替代測驗（coding）：受試者依範例，逐一填入相對應的簡單
   幾何圖形或數字符號。

4. 類同測驗（similarities）：主試者口頭唸出兩個普通東西或概念的
   詞，受試者以口頭回答該兩個詞有何相同之處。

5. 連環圖系測驗（picture arrangement）：主試者以指定的排序呈現各
   套圖片後，受試者在指定時間內依照邏輯順序正確排列成一則有意
   義的故事。

6. 算術測驗（arithmetic）：受試者在規定的時限內解答若干算術題。
   解答題目時受試者必須以心算方式（不允許使用紙筆計算），然後
   口頭報告其答案。

7. 圖形設計測驗（block design）：受試者用積木仿製兩個顏色（紅色
   與白色）所組成的圖形。

8. 詞彙測驗（vocabulary）：受試者以口語回答方式逐一解釋各字詞的
   意義。測驗過程主試者可使用詞彙卡片冊，以求測驗題目之正確呈
   現。

9. 物型配置測驗（object assembly）：受試者拼置物體圖片。每一套拼

圖有不同的時間限制。

10.理解測驗（comprehension）：受試者口頭回答一系列的問題，以對一些老生常談的問題提出解決之道，受試者必須了解一些社會規範及概念方能正確回答問題。

11.符號尋找測驗（symbol search）（符號替代測驗的交替測驗）：讓受試者掃視兩組符號（一組是目標組，另一組是尋找組），然後判斷目標組的符號有沒有出現在尋找組的符號裡。

12.記憶廣度測驗（digit span）（語文量表的交替測驗）：分順序背誦題及逆序背誦題兩類題型。在施測順序背誦題時，受試者要照著主試者所唸出的數字順序複誦；在施測逆序背誦題時，受試者要根據主試者所唸出的數字順序，從最後一個倒背回去。

13.迷津測驗（maze）（作業量表的交替測驗）：受試者使用 2B 鉛筆由迷津中心畫一條線通到出口。

WPPSI-R

WPPSI-R包括五個語文分測驗、五個作業分測驗及兩個交替測驗，其結果可以取得語文量表智商、作業量表智商及全量表智商（見圖 15-2）。

WPPSI-R共十二個分測驗，分別如下（其中有部分分測驗與WISC-Ⅲ一樣，其內容及形式不再做篇幅介紹）：

1.物型配置測驗。

2.常識測驗。

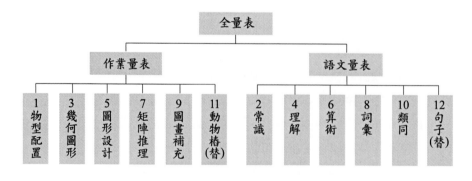

圖 15-2　魏氏幼兒智力量表結構圖

3. 幾何圖形測驗（geometric design）：共有兩部分。第一部分為視覺再認／辨認題，讓受試者看一個刺激圖形，然後要受試者在一排四個答案圖形中，指出和刺激圖形完全相同的圖形。第二部分是幾何圖形繪圖題，給受試者看一個刺激圖形，要求受試者在繪圖紙上仿繪和刺激圖形一樣的圖形。

4. 理解測驗。

5. 圖形設計測驗。

6. 算術測驗。

7. 矩陣推理測驗（matrix reasoning）：包含花樣填補、歸類、類推以及系列推理四類非語文推理測驗。讓受試者觀察矩陣內三小格的圖畫特徵後，再推斷另一個空格內應有的圖畫。

8. 詞彙測驗。

9. 圖畫補充測驗。

10. 類同測驗。

11. 動物樁測驗（animal pegs）：要求受試者依規定的配色方法，將四個不同顏色的彩色樁，在五分鐘的操作時限內，分別插入四種動物圖插版的小洞內。

12. 句子測驗（sentences）：似記憶廣度測驗的變化題型，以有意義的語文刺激來代替數字。由主試者逐字唸完一個句子後，讓受試者逐字複誦一遍。

WAIS-III

魏氏成人智力量表包括六個語文分測驗、五個作業分測驗及三個交替測驗，與WISC-III一樣，WAIS-III可取得語文量表智商、作業量表智商和全量表智商，以及四種指數因素分數（語文理解、知覺組織、工作記憶以及處理速度）。其內容見圖15-3。

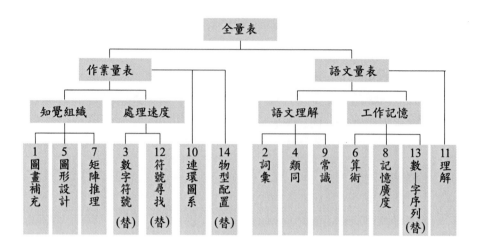

圖 15-3　魏氏成人智力量表結構圖

題項示例

WISC-Ⅲ

見以下例題。

WPPSI-R

見下頁例題。

WISC-Ⅲ例題

1. **圖畫補充**（作者自編類題）

・請受試者指出圖片中
　物品所缺少的部分。

4. **類同測驗**（作者自編類題）

※主試者提問：「紅色和藍色有什麼相同的地方？」
・請受試者回答。

6. **算術測驗**（作者自編類題）

※主試者提問：「小華原有 6 元，後來花了 2 元，現在他還剩下多少元？」
・受試者心算後，以口頭回答結果。

7. 圖形設計（作者自編類題）

• 受試者以積木排列出與
  刺激圖片一致的圖形。

9. 物型配置（作者自編類題）

• 受試者將數個小拼板
  配置在一起，以拼成
  一個完整的圖案。

12. 記憶廣度之逆序背誦題（作者自編類題）

※主試者唸出：「3－8－5」
• 受試者應回答：「5－8－3」。

（資料來源：仿編自陳榮華，1997）

WPPSI-R 例題

7. 矩陣推理測驗（作者自編類題）

※主試者呈現矩陣內
  三個小格的圖畫特徵。
• 受試者推斷另一個
  格子中應有的圖畫。

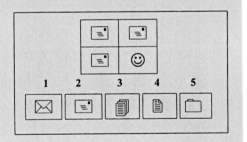

12. 句子測驗（作者自編類題）

※主試者唸完某個詞彙或句子。
• 受試者逐字複誦一遍。

坐下

（資料來源：仿編自陳榮華、陳心怡，2000）

第二節　綜合心理能力測驗

測驗發展

綜合心理能力測驗（Comprehensive Mental Abilities Scale，簡稱CMAS）乃由林幸台、吳武典、王振德、蔡崇建、郭靜姿與胡心慈從認知發展論、因素論及訊息處理論（Information-Processing Theory）角度探討智力，加以整合編製而成。其過程經過幾個階段：一九九三年編製中華智力測驗；一九九四年進行全測驗預試及項目分析，編成新編中華智力測驗甲、乙兩式正式題本；而後重新調整整體的架構與版本形式，並針對該測驗各分測驗內容及使用上的問題，予以增刪修訂，於二〇〇〇年正式編製完成綜合心理能力測驗。

測驗實施

CMAS以五至十四歲之學齡兒童為對象，以個別施測形式進行，測驗時間沒有一定限制，一般而言約九十分鐘。於施測過程，施測者必須在紀錄紙上記錄受測者的作答表現。

測驗應用

本測驗主要目的在鑑別學生心理能力表現，依受測者作答結果轉換標準分數，在紀錄紙上製作側面圖，了解受試者優勢、弱勢與內在差異，亦可由標準分數加總對照常模轉換成智力商數。因此測驗結果可取得受試者個人內在及個別間之差異，可做為學生個別教育計畫擬定的參考。在該測驗總智商得高分的學生，可以判斷其學習能力較為優秀，得低分的學生，可以判斷其學習能力較為低落，但不應僅以此項標準判斷為智能障礙。亦可針對各分測驗之認知功能（見表15-2）進行測驗後的教學設計。

表 15-2 綜合心理能力測驗各分測驗所評定的認知功能

分測驗編號及名稱	認知功能
甲、乙、丙式測驗（五至十四歲） 壹、視覺記憶測驗 貳、異同比較測驗 參、圖形統合測驗	 短期視覺記憶能力 語詞關係理解與比較 視覺組織及空間想像的推理能力
甲式測驗（五至八歲） 肆、語詞概念測驗 伍、立體設計測驗 陸、語詞記憶測驗 柒、圖形比較測驗 捌、算術概念測驗	 語詞概念與辨識能力 知覺動作協調、記憶與空間組織能力 短期聽覺語詞記憶能力 視覺辨識能力 基本數字概念及數學運算能力（包括一對一對應、大小、數序及 500 以內的加減乘除四則運算）
乙式測驗（九至十一歲） 肆、語詞記憶測驗 伍、立體設計測驗 陸、算術概念測驗 柒、語詞刪異測驗 捌、圖形推理測驗	 短期聽覺語詞記憶能力 知覺動作協調、記憶與空間組織能力 基本數字概念及數學運算能力（包括一對一對應、大小、數序及 500 以內的加減乘除四則運算） 語詞概念、辨識與理解能力 圖形推理能力
丙式測驗（十二至十四歲） 肆、語詞刪異測驗 伍、數學推理（arithmetic reasoning）測驗 陸、圖形推理測驗 柒、邏輯推理測驗 捌、視覺搜尋（visual exploration）測驗	 語詞概念、辨識與理解能力 數學概念形成、推理、解決問題等能力 圖形推理能力 語文邏輯推理能力 視知覺，視覺辨識，視覺注意

（資料來源：林幸台等，2001：4）

測驗內容

該測驗共有三種形式，依年齡層不同，給與不同測驗內容與程序（見圖 15-4）。其中甲式以五至八歲為受試者，包含語詞概念、立體設計、語詞記憶、圖形比較、算術概念、視覺記憶、異同比較、圖形統合八個分測驗；乙式以九至十一歲為受試者，包含語詞記憶、立體設計、算術概念、

視覺記憶、異同比較、圖形統合、語詞刪異、圖形推理八個分測驗；丙式則以十二至十四歲為受試者，包含異同比較、視覺記憶、語詞刪異、圖形統合、數學推理、圖形推理、邏輯推理、視覺搜尋八個分測驗。

整套綜合心理能力測驗共包括十三個分測驗，分別為：

1. 語詞記憶：受試者隨主試者複誦所聽到的語詞。目的在評量受試者之語詞的短期聽覺記憶能力。

2. 視覺記憶：呈現視覺記憶測驗題目，要求受試者以小板片依題目排列。目的在評量受試者之短期視覺記憶能力。

3. 語詞概念：評量受試者在理解圖意後，據以選擇適當詞彙之能力，可鑑別受試者語詞概念發展的程度。

4. 立體設計：受試者在時限內，回憶並仿照主試者之前所堆疊的圖形，重新堆出原來的圖形。其目的在測量學生視覺記憶、動作協調、空間與組織能力。

5. 圖形比較：評量受試者視覺辨識能力，能否在兩幅相近圖中找出相異之處。

6. 算術概念：受試者在畫有圓點的數字卡協助下，正確表現一對一配對、數的大小、順序及簡單的四則運算。其目的在了解受試者基本算術能力。

7. 語詞刪異：受試者在每一題三至四個詞之間刪除相異者，主要目的在評量受試者能否理解兩種以上的概念，並從概念間的關係分辨其不同之處。

8. 異同比較：受試者在比較兩個詞的關係後，找出其中相同或相異處。

9. 圖形統合：受試者依範例拼排三角形塑膠塊。主要目的在評量受試者的視覺組織及空間想像的推理能力。

10. 邏輯推理：陳述一段話，由受試者依據所提供的資料，推演出正確的答案。主要目的在評量受試者的邏輯推理能力。

11. 圖形推理：呈現一系列圖形，由受試者推演具邏輯性的答案。

	三至四歲題型	五至八歲題型	九至十四歲題型	十五至十八歲題型	
形式＼階層	基本心智功能	概念	關係理解	推理	高層認知
聽覺（語文）	·聽覺辨識測驗 1.語詞記憶測驗	3.語詞概念測驗	7.語詞刪異測驗 8.異同比較測驗	10.邏輯推理測驗 ·問題情境推理	·高層認知測驗（批判、後設、創造）
視覺（圖形＋空間）	13視覺搜尋測試（視覺符號辨識） 2.視覺記憶測驗	5.圖形比較測驗（圖形辨識）	9.圖形統合測驗	11.圖形推理測驗 ·問題情境推理	·高層認知測驗（批判、後設、創造）
動作	·動作反應測驗 （系列動作記憶＋圖形關係＋圖形統合）	4.立體設計測驗			
數學運算		6.算術概念測驗		12.數學推理測驗	

註：十五至十八歲及三至四歲的各分測驗，尚未發展完成

（資料來源：摘自林幸台等，2000：3）

圖 15-4 綜合心理能力測驗概念架構

12.數學推理：受試者運用筆算或心算，回答所呈現的各種序列、加減乘除、分數等數學題目。其目的在測量學生數學概念形成、推理及問題解決的能力。

13.視覺搜尋：受試者在一定時間內，刪除題目中的圖形與目標圖形不同者。其目的在了解受試者的注意力與辨識力。

題項示例

例題
3.語詞概念 ※主試者呈現一些圖片。 ・受試者指出其中某個語詞的圖片。 **6.算術概念** ※主試者呈現一張有某數字的牌子。 ・受試者指出另一張牌，使兩張和為某數。 **7.語詞刪異** ※主試者呈現含有一組詞的詞卡。 ・受試者找出其中不同的詞，並說明其理由。 小草　　小貓 小狗　　小鳥

（資料來源：林幸台等，2000）

第三節　簡易個別智力量表

測驗發展

　　簡易個別智力量表由王振德依智力發展理論，參考國內外智力測驗架構，包括魏氏兒童智力量表、比西量表、班達測驗、國語文能力測驗、瑞文氏圖形推理測驗、托尼非語文智力測驗及七巧板拼圖等，於一九九九年發展而成。

測驗實施

　　簡易個別智力量表適用四歲至七歲半（未滿八歲）之兒童，測驗時間約為三十到四十分鐘，以一對一個別方式進行。施測過程必須將受試者的反應一一記錄於紀錄紙中。

測驗應用

　　簡易個別智力量表主要功能有二：一可做為鑑定智能障礙、學習障礙及發展遲緩的診斷工具；二可做為一般學生心智能力狀況的評量工具。主要目的在為特殊教育教師及特殊教育鑑輔會心理評量人員，提供一個簡單而有效的鑑定工具。

測驗內容

　　測驗所得分數可對照年齡組別換算成標準分數，包含六個分測驗，其中詞彙、算術、語詞記憶三個分測驗屬於語文量表；仿繪、拼圖、圖形推理三個分測驗屬作業量表測驗，可分別依此取得語文智商及作業智商。而所有分測驗總和成為全量表智商（見圖15-5）。

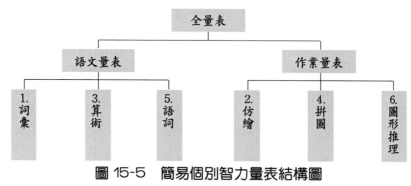

圖 15-5　簡易個別智力量表結構圖

1. 詞彙測驗：評量受試者詞彙理解及語文發展的程度，分為圖畫詞彙與口語詞彙兩部分。其中圖畫詞彙由主試者呈現圖卡，受試者說出其適當的名稱；口語詞彙由主試者輔以字卡口述詞彙，受試者解釋詞彙的意義。

2. 仿繪測驗：主試者呈現紀錄紙上的圖樣，要求受試者依圖樣仿畫。主要在評量受試者視知覺及精細動作的能力。

3. 算術測驗：主試者口述問題，並配合測驗題卡實施，要求受試者指出或說出正確的答案。主要目的在評量受試者數量的概念、計算及推理應用的能力。

4. 拼圖測驗：主試者呈現樣板圖卡，要求受試者以厚紙板卡組合樣板圖卡上的幾何圖形。主要目的在評量受試者空間知覺及視動協調的能力。

5. 語詞記憶：主試者以均勻的速度唸出一些語詞，要求受試者即刻依樣複誦。主要在評量受試者的短期記憶及注意力。

6. 圖形推理測驗：主試者呈現題卡，受試者依題卡上各圖形排列的規則，選擇一個最適當的圖案搭配。主要目的在評量受試者非文字的推理能力。

題項示例

例題

2.仿繪測驗

※主試者請受試者依照刺激圖仿繪。

5.語詞記憶測驗

※主試者以均勻的速度唸出一些語詞，要求受試者依樣複誦。

題號	題目
1	氣球、麵包
2	大象、皮球

（資料來源：王振德，1999a，1996b）

第四節　智能結構學習能力測驗

測驗發展

　　智能結構學習能力測驗（The Structure of Intellect Learning Abilities，簡稱 SOI-LA）乃陳龍安修訂自 Robert Meeker 和 Mary Meeker 依據 J.P. Guilford 於一九九三年所發展智力結構理論（Structure of Intellect Model）之基礎式（Structure of Intellect, Form L）。陳龍安於一九九六年完成修訂後發行。Guilford 的智力結構理論認為個人的心理能力可由三個向度（運作、內容和結果）加以分類（見圖 15-6）。

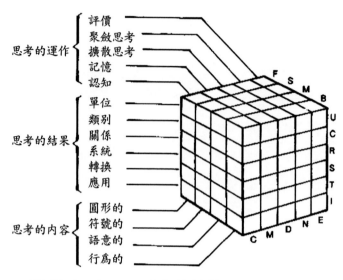

思考的運作 { 評價 聚斂思考 擴散思考 記憶 認知

思考的結果 { 單位 類別 關係 系統 轉換 應用

思考的內容 { 圖形的 符號的 語意的 行為的

F S M B
U C R S T I
C M D N E

圖 15-6　Guilford 的智能結構理論架構

測驗實施

　　SOI-LA 適用於幼稚園大班到小學三年級的學生，可以個別或團體方式進行，施測時間約為九十分鐘。依照指導手冊上的計分鑰進行計分，答對一題算一分。各相同向度之分數亦可相加後取得平均數，了解各層面的能力程度。

測驗應用

　　SOI-LA 之目的在評估學生基本能力的優缺點，做為診斷與輔導之參考。可藉以篩選資優學生、診斷學習障礙及低成就的可能原因，並可做為教學方法成效的評估依據。

　　在詮釋 SOI-LA 的結果時，要先考慮受試者是否有視力、注意力和其他生理、醫療或情緒上可能干擾到學生回答的情形，將狀況排除之後方可進行測驗結果的解釋。測驗結果可根據標準九之評鑑水準，繪出側面圖，以協助閱讀測驗者了解受試者各項學習能力之強弱。並參照指導手冊或其他資料教材，提出教學或改進策略（參見表 15-3）。

測驗內容

SOI-LA 測量十項與學習有關的能力，其涵義包括視覺完形、視覺概念化、字彙、語文概念、視覺分辨力、心理動作、語文關係的理解、複雜語文概念的理解、聽覺記憶、數學數列的理解、細節之視覺記憶等；並可以將分測驗之分數依運作、內容和結果三個向度加以組合，得到認知、記憶、聚斂思考、評鑑、圖形、符號、語意、單位、類別、關係、系統等十一種能力分數。

表 15-3　SOI-LA 各分測驗與學習能力之關係及其教學應用策略

分測驗	學習能力	教學應用策略
1.認圖單 （視覺完形）	基礎閱讀	運用視覺表象的配對活動。開始時使用一些完整簡單的圖形，然後逐漸運用愈加細緻化的部分圖形。
2.認圖類 （視覺概念化）	基礎閱讀	運用視覺辨識之分類活動。例如：石頭、貝殼、郵票、幾何圖形之分類練習。
3.認語單 （字彙、語文概念）	進階閱讀	增進學生之字彙並理解之，凡增進學生更精確了解字義的活動均可採用。例如：教導學生知道字詞所含之多重意義，並配合場所運用適當之字彙。
4.評圖單 （視覺分辨力）	基礎閱讀	舉凡要求學生判斷圖形之異同的活動均可使用。
5.聚圖單 （心理動作）	書寫	對於能力中等或低落的學生，宜提供其練習描繪、仿畫和書寫的機會；對於能力高的學生，則鼓勵他們參與藝術活動。
6.認語關 （語文關係的理解）	進階閱讀	強調字與字、觀念與觀念間的理解活動。活動中可以要求學生辨識各種人事物之屬性，並比較其間相似與相異之處。此外，比喻及類推活動亦有助於語文關係能力之增進。
7.認語系 （複雜語文概念的理解）	進階閱讀	把教材內容分成幾個部分，一次只教一小部分，給與學生較充分的時間完成作業，並且給與立即回饋，然後再逐漸加長加深教材之內容。此外，可運用圖解句子和把過程畫成流程圖等進行活動的設計。
8.記符單 （聽覺記憶）	算術	舉凡可訓練記憶之活動遊戲均可利用。此外，注意力之訓練亦有助於記憶力之養成。
9.認符系 （數學數列的理解）	算術	利用實體輔助使學生熟練一些算術事實。例如：用豆子玩五個一數或兩個一數的遊戲。另外，教導學生找出一組數字間之關係類型的練習活動亦可使用。
10.記圖單 （細節之視覺記憶）	進階閱讀	運用各種訓練記憶力的活動。

（資料來源：整理自陳龍安，1996：43-46）

題項示例

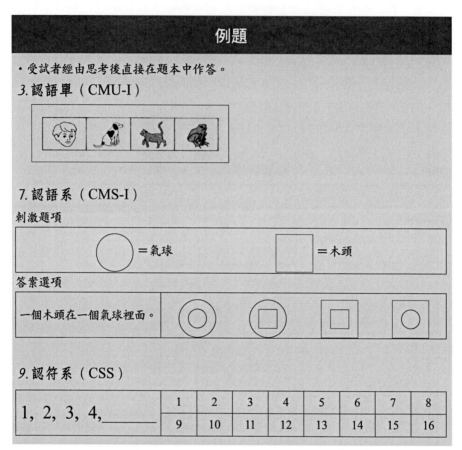

例題

· 受試者經由思考後直接在題本中作答。

3. 認語單（CMU-I）

7. 認語系（CMS-I）

刺激題項

| ◯ ＝氣球 | □ ＝木頭 |

答案選項

| 一個木頭在一個氣球裡面。 | ◉ | ⊡ | ⊡ | ◯ |

9. 認符系（CSS）

1, 2, 3, 4,＿＿＿＿	1	2	3	4	5	6	7	8
	9	10	11	12	13	14	15	16

（資料來源：陳龍安，1996）

第五節　托尼非語文智力測驗

測驗發展

　　托尼非語文智力測驗（Test of Nonverbal Intelligence，簡稱 TONI）乃由 Linda Brown、Rita J. Sherbenou 和 Susan K. Johnsen 於一九八二年所發展，一九九〇年增題修訂而成 TONI-2（即第二版）。國內由吳武典、蔡崇建、胡心慈、王振德、林幸台及郭靜姿於一九九六年修訂完成。一九九七年 Brown 等人再修訂為 TONI-3 並由吳武典等人於二〇〇六年完成修訂。本測驗分為幼兒版（適用於四歲至七歲五個月），及普及版（適用於七歲六個月至十六歲五個月），兩版均有甲、乙兩種複本。

測驗實施

　　TONI-3 適用於四至十六歲五個月的受試者，為一紙筆合併口頭形式的測驗，可以個別或團體方式進行，時間約為三十分鐘左右，以計分鑰計分。

測驗應用

　　TONI-3 為非文字測驗，因此可避免文化或語文之影響，做為資賦優異或智能、聽覺、語言、情緒等障礙學生的智能篩選工具。但應注意的是在該測驗取得高分的受試者，較可以判斷其為智能優異學生，但是受試者在該測驗得低分時，不應武斷指其智能低下。在做診斷及編班分組依據時，必須參考其他測驗結果、學校作業表現和日常活動狀況等，才能做適當的判定。另外，可依據測驗結果在教學上做以下的應用：

　　1.課程或學習項目的選擇：在該測驗得高分者，可利用其在空間、圖形推理上之長處，考慮提供數理方面加深加廣之課程，以協助其充分發揮所長。

2.學業成就和學生潛能的比較：測驗分數高而學業成就低者，宜進一步探究其原因，以提供補救教學；測驗分數與學業成就均低者，宜提供個別診斷，確定是否需要接受特殊教育服務。

3.班級教學中能力分組的依據：教師可依據受試者成績，就相關教學領域，進行分組教學。

4.和語文智力測驗作比較：將 TONI-3 與其他語文智力測驗結果作比較，若兩者分數均高或均低，可表示其內在能力較為一致；若一方高而另一方低時，宜再增加另一份個別智力測驗評量之，以便作較周詳而嚴謹之解釋及建議。

5.補充文字測驗之不足：TONI-3 可供不適用文字測驗者使用，如文盲、非本國語言學生、聽覺障礙、語言障礙、學習障礙學生之用。在對其他文字測驗所做結果有所懷疑時，可做為複核、診斷、校正之用。

測驗內容

TONI-3 之幼兒版共四十五題，普及版共六十二題，均以抽象圖形為題型，要求受試者自題目中找出圖形排列規則，完成問題解決程序。試題內容偏重圖形理解和問題解決，測得能力偏重一般能力而非特殊能力。其題型主要可分為以下五種類型：

1.簡單配合：所有圖形的形狀屬性均同。

2.相似性：圖形的橫列或縱行的關聯性相同。該關聯性有以下幾種變化：

(1)相等：完全相同的圖形。

(2)相加：圖形是因為增加新屬性或圖形而改變。

(3)相減：圖形是因為減去一個或多個屬性而改變。

(4)改變：圖形中的某一屬性或多個屬性有所改變。

(5)漸進：在兩個或多個圖形間有同樣的變化。

3.分類：在題目中的圖形是標準答案圖形組合的一部分。

4.交叉：由橫列和縱行的圖形拼合而成一個新的圖形。

5.漸進：在兩個或多個圖形間有同樣的變化連續。

題項示例

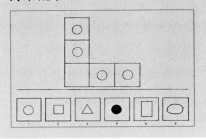
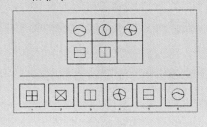

例題

・受試者判斷答案後於答案紙上進行填寫。

1. 簡單配合　　　　　　　　　　*2.* 相似性

（資料來源：吳武典等，2006）

相近測驗簡介

圖形思考智能測驗

由朱錦鳳編製，二〇〇五年心理出版社所出版。本測驗以多元及非語文的形式評估成人智能，適用大專至成人，施測時間約十分鐘，測驗包括點線描繪、形狀組合、方格分解三個分測驗。

綜合性非語文智力測驗（Comprehensive Test of Nonverbal Intelligence）

由許天威、蕭金土根據Hammill等人於一九九六年所編製的CTONI進行修訂，一九九九年心理出版社所出版。目的在評估學生的非語文智能，適用小三至國三，施測時間約四十至六十分鐘，測驗包括物品圖畫類比、幾何圖畫類比、物品圖畫歸類、幾何圖畫歸類、物品圖畫排序、幾何圖畫排序六個分測驗。

第六節　中華畫人測驗

測驗發展

　　中華畫人測驗為邱紹春於一九九七年所發展，認為繪畫是人類原始的衝動，是人類最直接而無限制的重現自我意念、知識的方法，因此由兒童繪畫的表現可以了解兒童的發展狀態。許多研究兒童繪畫發展的學者亦提出相關的理論，例如 Read 於一九四五年指出，一般人的繪畫發展可以分為七個階段：(1)塗鴉期：約二至五歲；(2)線畫期：約四歲左右；(3)敘述的象徵主義：約五至六歲；(4)敘述的寫實主義：約七至八歲；(5)視覺的寫實主義：約九至十歲；(6)抑制時期：約十一至十四歲；(7)藝術的復活時期：約青春期。

測驗實施

　　中華畫人測驗適用於二至十歲的兒童，或十歲以上之智能障礙兒童。可依原始分數換算其大約之心智發展年齡。測驗乃以紙筆方式進行，個別或團體均可。施測過程應盡量鼓勵受試者嘗試，不得有任何語言或手勢動作的暗示。實施時間不限，一般而言約三十分鐘以內可完成。

測驗應用

　　中華畫人測驗之功能在以快速客觀地篩選智能障礙兒童。但應注意的是，該測驗可用以篩檢智能障礙學生，但不適用於資優生的篩檢，且不宜將其結果直接視為智力評量結果。因此，若測驗結果發現受試者為疑似智能障礙者，則應進一步施測其他個別智力測驗，做更精細的鑑定診斷。

測驗內容

　　該測驗以畫人的方式，由受試者所繪人物精細度、發展程度等，鑑別

受試者的智力程度。

題項示例

<table>
<tr><th colspan="1" align="center">例題</th></tr>
<tr><td>
※請受試者在答案紙上畫一個人。
‧受試者在答案紙上畫一個人。

※請受試者在答案紙上畫另一個性別不同的人。
‧受試者在答案紙上另畫一個性別不同的人。
</td></tr>
</table>

（資料來源：邱紹春，1997）

第七節　G567 學術性向測驗

測驗發展

　　G567 學術性向測驗是吳訓生、許天威和蕭金土發展編製，心理出版社於二〇〇三年所出版發行。本測驗設計從學業學習的立場出發，認為與學業學習最有相關的智力因素為語文理解與數學理解。編製過程乃蒐集智力理論及智力測驗相關文獻，經歸納分析後決定測驗的方向，並進一步確定各分測驗的題目形式、命題原則，和分測驗之題型的例題。

測驗實施

　　本測驗實施時間約一百四十分鐘，可以團體施測進行，唯受試者人數過多時，宜安排襄試人員。而為使受試者發揮最大的能力表現，測驗最好安排在上午第一、二節的時間舉行。

測驗應用

本測驗適合施測於國小五年級至國中一年級的學生。

測驗內容

本測驗包括語詞歸納、語詞理解、語文推理、數學序列及數學推理五個分測驗，共八十個題目。

題項示例

例題
・答題者依據刺激題項於答案紙上填寫答案。 1.語詞歸納： ・受測者從答案中選出一個詞，把前述四個詞的共同意義表示出來。 　例1.太陽、火星、月亮、地球：(1)恆星(2)衛星(3)金星(4)星球 2.數學推理： ・受測者依題目所述，計算並從選項中挑選適當的答案。 　例5.甲寫完60個字，乙寫完30個字；當乙寫完60個字時，甲寫了幾個字？ 　(1) 100 (2) 120 (3) 140 (4) 160 3.語文推理： ・受測者依前後關係，選出適當的詞。 　例3.＿＿＿＿＿＿之於開始，好像收場之於＿＿＿＿。(1)推進，展示(2)老師，門徒(3)啓蒙，結束(4)旁枝，末節

（資料來源：吳訓生、許天威、蕭金士，2003）

相近測驗簡介

國中學業性向測驗

由路君約、吳武典和簡明建所編製，二〇〇一年心理出版社出版，目的在評量學生之學業能力，可做為國中入學編班或評量與篩選特殊學生之用，適用國一至國三，施測時間約五十分鐘。測驗包括語文類推、語文歸納、數學計算、數學應用四個分測驗。

學習歷程測驗

第一節　國語正音檢核表

測驗發展

　　國語正音檢核表乃許天威、徐享良和席行蕙參考羅李安、譚潤生（1990）、柯遜添（1991）、張博宇（1978）國音的相關書籍，及林寶貴（1983）調查所得資料，決定所欲評量的語音後發展而成。測驗發展時乃將易混淆之國語語音以成組順序排列，再根據張蓓莉（1986）的研究，評量其中常用字彙的發音，於一九九二年出版，二〇〇四年再版。

測驗實施

　　國語正音檢核表適於評估國小一年級及疑似語言障礙者，所有題目皆以圖畫的形式呈現，受試者以口頭形式回答問題。施測以一對一個別方式進行，時間約為五十分鐘。測驗中構音診斷測驗的部分，主試者僅需記錄受試者之反應類型。而發音與節律診斷測驗的部分，主試者應注意兒童是否有紀錄卡上的症狀，並加以記錄。建議測驗過程利用錄音機錄下學生的

回答,以便事後能再加以檢視。

測驗應用

該測驗乃以標準參照測驗的方式,診斷受試者國語語言障礙的類型,找出受試者構音、聲音、節律及其他部分的問題檢查,以便進一步設計矯正計畫,例如:

1. 聽辨力的訓練:藉著朗讀一些相似的語音,如「兔子」與「肚子」等等,讓孩子區辨各種音的不同。
2. 某個音的矯正:老師須事先對著鏡子揣摩每個音的口形,事先了解,哪個音是舌頭哪個部位用力,哪些音又只是送氣與不送氣的差別等規則。教師對每個音了解很清楚,方能進行發音指導。
3. 利用各種方式進行語音的矯正:嘗試不同的教法,多利用孩子個別能力與興趣予以指導。
4. 構音器官的運動訓練:將訓練課程以遊戲方式進行,如吹吸氣的遊戲、舌頭運動的遊戲和口腔運動的遊戲等等。

測驗內容

國語正音檢核表在測試某些語音組合而成二個字的詞彙,並以圖片呈現,共分兩類評量形式:

1. 構音診斷測驗:共四十五題,將測驗題目以卡片呈現,卡片正面為圖畫,背面為測試的語詞。整部分測驗中所測的構音包括國語注音全部的聲母、韻母及結合韻母。
2. 聲音與節律診斷測驗:共四題,主試者出示圖片,要求受試者看圖編故事,觀察並記錄其發音準確度、語言流暢度等。

題項示例

例題

甲、構音診斷

※主試者呈現刺激圖片，並於構音診斷紀錄表中分析記錄其發音的反應類型。

・請受試者說出圖片之物品名稱或概念詞彙。

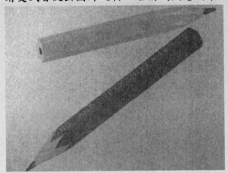

紀錄紙

題號	語詞	構音	反應類型
一	鉛筆	一ㄢ ㄅ	
二	皮球	ㄆ 一ㄡ	

記錄符號說明：△：替代符號，三角形內為替代之音。
　　　　　　　　○：省略符號，圓圈內為被省略的音。
　　　　　　　　＋：贅加符號，在加號後寫出所贅加的音。
　　　　　　　　×：歪曲符號。

（資料來源：許天威、徐享良、席行蕙，1992）

相近測驗簡介

國小注音符號能力診斷測驗

由黃秀霜、鄭美芝所編製，二○○三年心理出版社出版，目的在評估注音符號認讀能力及錯誤分析，適用小一，施測時間約三十至六十分鐘，測驗包括聽寫與認讀二個部分。

修訂中文口吃嚴重度評估工具兒童版（SSI-3）

　　由楊淑蘭和周芳綺所修訂，二○○四年心理出版社出版，目的在診斷兒童口吃嚴重度，適用幼稚園至十三歲兒童，施測時間不限。測驗包括口吃事件的發生頻率、最長的三次口吃事件的平均時長、可觀察的身體上伴隨之行為三項行為向度。

第二節　中文年級認字量表

測驗發展

　　中文年級認字量表乃黃秀霜依據中央研究院（1993）所編製之新聞語料字頻統計表，將字集分為十個不同之字頻等級，再從每個等級中以亂數表隨機抽取四十至五十個字做為該等級之預試單字，共抽取四百三十五個字，經預試研究後保留二百個字，於二○○一年發展出版。

測驗實施

　　該測驗適用於國小一年級至國中三年級的學生，亦可適用於學習障礙學生。可依據測驗目的，及受試對象之年級和專注程度，以個別或團體施測方式進行。團體實施時，請受試者依序在題本中每個字之右邊寫下注音；個別施測時，主試者一面請受試者將題本中的字詞依序誦讀，一面將受試者的反應進行記錄，在讀錯字的右邊註明該生之錯誤發音，當連續唸錯二十個字時，就停止施測。答對一個字算一分，最高分為二百分，最低分為零分。在個別測試中自我校正其讀音而成正確者，或在團體施測時修改成正確者，亦可得分。每個學生施測時間約十分鐘。團體施測則需二十至三十分鐘可完成。

測驗應用

　　該測驗可用以篩選認字困難的學生，並可藉由質的分析診斷閱讀障礙

兒童之認字錯誤形態。該測驗定有全國常模，學生之得分可比對常模，在百分等級二十五以下者，為認字困難學生。而由於該測驗可以不同的方式進行，建議施測者在結果記錄上註明施測方式，以使閱讀測驗結果者掌握重要的測驗訊息。

測驗內容

該測驗共包括二百個中文字，乃將每十個字排列成一行，共有二十行。其評量結果可能包括以下八種認字問題：

1. 字形混淆：唸錯之音與目標字之字形相似或混淆，可細分為兩種：一為形似字，例如將「永」字誤為「水」，而唸出「ㄕㄨㄟˇ」之音；二為部分相同者，即錯誤之音與目標字有部分相同，而產生混淆，如將「漂」字誤為「標」。

2. 字音相近：可能有四種狀況：音調值錯誤：如將「永」唸成「ㄩㄥˋ」；聲韻相似：所唸之音與目標字相近，如將「ㄌ」唸成「ㄖ」；省略音：如「ㄅㄧㄠ」唸成「ㄅㄠ」；增加音：如將「ㄅㄠ」唸成「ㄅㄧㄠ」。

3. 字義相關：唸錯之音與目標字是上下連詞或字義相近，如將「然」字唸成常見詞「雖然」的「ㄙㄨㄟ」。

4. 字形加字音混淆：將目標字誤為另一字，如將「淳」字誤為「享」，而誤唸為「箱」。

5. 字形加字義混淆：將目標字誤為另一字，而唸出與該字上下相連之另一字，如將「淳」字誤為「享」，唸出「享受」的「ㄕㄡˋ」。

6. 字音加字義混淆：將目標字唸成上下相連的另一字，但其音有誤，如將「垃」字，唸成「垃圾」的「圾」，而音誤唸成「ㄙㄜ」。

7. 字形加字音加字義混淆：將目標字誤為另一字形相近之字，再聯想另一上下相連的字，但誤唸其音，如將「揉」誤為「柔」，聯想「柔軟」的「軟」字，誤唸出「ㄌㄨㄢˇ」之音。

8. 不明錯誤：無法歸類於上述七大類之錯誤發音。

題項示例

例題

※主試者將題本呈現給受試者。

•請受試者依序寫注音（團體施測）或誦讀字音（個別施測）。

不　去　媽　本　個

（資料來源：黃秀霜，2001）

第三節　閱讀理解困難篩選測驗

測驗發展

　　閱讀理解困難篩選測驗乃柯華葳由行政院國家科學委員會經費補助發展而成。一般而言，閱讀能力主要決定於兩個因素：一為認字，二為理解，而閱讀理解又可以分為本文處理及部分處理兩個能力（見圖 16-1）。該測驗即在測量受試者的該兩種能力，並依據研究結果，將測驗分為兩種版本，即國民小學二、三年級版，和國民小學四、五、六年級版。

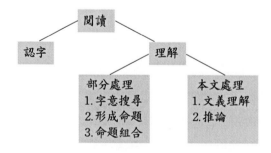

圖 16-1　閱讀理解成分分析圖示

（資料來源：柯華葳，1999：53）

測驗實施

閱讀理解困難篩選測驗主要以團體測試方式進行，時間約為二十分鐘。

測驗應用

該測驗可篩檢出閱讀理解能力較差的學生。若施測結果學生成績落在低分組分數範圍內，則應該進一步了解個案是否為閱讀理解困難或障礙的學生。

測驗內容

閱讀理解困難篩選測驗主要包括兩個部分：

1. 部分處理：部分處理指處理少量的本文，包括字意搜尋，形成命題及命題的組合。其題型以多義詞和指示代名詞為重點。
2. 本文處理：對較長本文的理解，包括文義理解及推論。其題型以句及句或句間較不連貫的短文來測量理解能力，受試者必須由上下文推論後得到答案。

題項示例

例題

・請受試者依刺激題項及問題作答問題。

一、選擇題

____我覺得我的爸爸最了不起。「了」的意思與下列哪一個相同？

　　⑴了斷　⑵了不得　⑶斷了　⑷沒完沒了

二、閱讀測驗

　　放學回家的路上，發現路旁長滿了手拉手的牽牛花，一朵一朵紫色的小喇叭。回到家，我看到爸爸、媽媽、弟弟、妹妹，手拉著手坐在沙發上。我看見了笑得說不出話來，因為他們都變成牽牛花。

____紫色的小喇叭是指？

　　⑴我自己　⑵爸爸、媽媽、弟弟和妹妹　⑶牽牛花　⑷我最愛的樂器

（資料來源：柯華葳，1999）

第四節　修訂畢保德圖畫詞彙測驗

測驗發展

　　修訂畢保德圖畫詞彙測驗（Peabody Picture Vocabulary Test-Revised，簡稱 PPVT-R）乃由 Lloyd M. Dunn 與 Leota M. Dunn 於一九八一年所發展。最初發展時，乃從《韋柏大學辭典》（*Webster's Collegiate Dictionary*）中選出適當的字後以圖片形式做為刺激物進行測驗的編製。原版共三百題，修訂版將具有文化、宗教、性別或民族偏見之項目予以刪除後保留一百四十四題。我國由陸莉和劉鴻香於一九九八年完成修訂發行。

測驗實施

　　PPVT-R 適用對象為三至十二歲的兒童。測驗時間未作嚴格限制，通常十至十五分鐘可完成。測驗以個別施測為主，先根據受試者的年齡找到測驗起點，以連續答對八個題數的區間做為基礎水準，基礎水準以下之題目全部視為做對。再往上做到連續八題中答錯六題為止，此即為最高水準。將最高水準題號減去答錯的題數，即得到受試者的原始分數，再對照年齡常模換算成標準分數和百分等級。

　　Dunn指出，實施該測驗時受試者不需說話，以便使受試者排除緊張減少壓力，而提高接受測驗的意願，減少測驗中的壓力。

測驗應用

　　PPVT-R 主要目的在藉由測量受試者之聽讀詞彙能力，評估其語文能力，是一份適合初步評量智能障礙兒童的篩選工具，但若要鑑定其為智能障礙，宜再配合其他標準化測驗一起使用評估。另外，PPVT-R 用以做為刺激物的圖畫，為清晰的線條，不易產生形象背景之困擾，對知覺有障礙的腦傷兒童很適用。

測驗內容

PPVT-R 有甲式和乙式兩種複本，每個複本有試題一百二十五題，每題以四幅圖畫呈現在一頁上，兒童聽讀詞彙後，指出其中一幅圖為答案。

題項示例

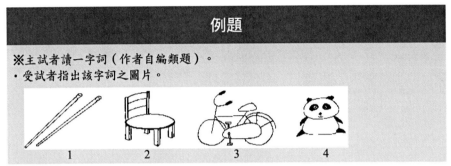

（資料來源：仿編自陸莉、劉鴻香，1998）

第五節　國民中小學學習行為特徵檢核表

測驗發展

國民中小學學習行為特徵檢核表（Learning Characteristisc Checklist，簡稱LCC）由孟瑛如和陳麗如經過四個試用階段發展而成。初步發展時乃廣泛蒐集學習行為特徵的概念，共二百五十八題，於一九九八年首次用於現場之教師，並擴大用於學生家長及各家長團體成員；於次年經實際應用者之反映後，修正縮減為二百零二題，並與魏氏兒童智力量表進行相關研究；而於二○○○年在研究中發展一百零六題首度進行標準化之工作計畫，由編製群討論，及專家學者審查而訂定預試量表。最後於二○○一年編製完成八十題五個因素的學習行為特徵檢核表。

測驗實施

　　國民中小學學習行為特徵檢核表適用於評估國民教育階段，即國小一年級至國中三年級的學生，包括一般學生及輕度智能障礙的學生，對於中重度智能障礙的學生則較不適用。該測驗採五點量表，依「總是如此」、「經常如此」、「有時如此」、「很少如此」，及「從不如此」五個頻率層次，計分為五分、四分、三分、二分及一分。施測結果，分數愈高表示具有該學習特徵的表現頻率愈高。施測過程約二十分鐘，進行的方式乃以熟悉學生學習行為的教師（至少應和學生相處二個月以上）或家長，評估後以勾選的方式於答案紙上填寫學生的學習行為表現。

測驗應用

　　本量表在評估學生的學習行為特徵，可以篩檢具有學習障礙的學生，做為資源班安置的參考工具。而藉由評估結果，更可在了解受試者各種學習特徵後參考相關發表資料〔如《學習障礙與補救教學》（孟瑛如，2001）及「有愛無礙——學障情障互動網站」（http://www.dale.nhctc.edu.tw）〕設計適當的教學介入（參考圖表16-1），使學生有較正向的學習成果。

測驗內容

　　該量表共五個因素，分別為：

1. 注意與記憶問題：是指有關注意力與記憶力方面的問題，前者包括集中性注意力、選擇性注意力、專注力等；後者包括短期記憶、運作記憶與長期記憶等。其表現問題可能出現在上課中、作業上或日常生活行事上等。

2. 理解與表達問題：指有關個人學習表現運作過程中，輸入與輸出的問題，前者包括文字辨認、文章意義理解等；後者包括發音、口語表達、書寫表達，及閱讀問題等。

3. 知動協調問題：是指在知覺認知與動作表現的問題，如視、聽、觸與在時間、空間等方面的知覺認知與表現。

4. 社會適應問題：是指在團體中表現的問題，如與同儕的關係、環境適應、人際互動等。

5. 情緒表現問題：是指個人情緒表現方面的問題，如自信心、焦慮表現、學習情緒表現等。

題項示例

例題
・答題者依據刺激題項於答案紙上填寫受評者的學習行為表現（五點量表）。 1. 考試時會遺漏某些題目未作答。 28. 能用口語表達清楚，但用文字或注音符號表達有困難。 59. 無法按照指示畫出要他畫的圖形或符號。

（資料來源：孟瑛如、陳麗如，2001）

圖表 16-1　國民中小學學習行為特徵檢核表應用實例

範例：＿＿陳XX＿＿的學習行為問題介入計畫　　　日期：2001 年 9 月 18 日

問題項目	問題出現頻率	強化執行期間	教學計畫	課堂學習特殊需求	行政支援與處理	備註
注意與記憶問題	☑很頻繁 □頻繁 □不頻繁 □很不頻繁	9月20日～5月30日	作業規劃成多份，配合獎勵增強	字體放大加入圖畫的內容；進一步評量注意力缺陷問題	國文教師注意對其寫作的鼓勵。安排同學小瑛配合共同完成作業	
理解與表達問題	□很頻繁 ☑頻繁 □不頻繁 □很不頻繁	9月20日～1月31日	時時以問答形式進行學習及生活的輔導；訓練陳生養成隨時記札記的習慣；將容易寫錯的字，作成字卡拼圖，增加記憶	以檔案評量了解其寫作能力之表現與改變	其他相關評量工具的採購與執行	輔導家長進入學習障礙家長協會

問題項目	問題出現頻率	強化執行期間	教學計畫	課堂學習特殊需求	行政支援與處理	備註
知動協調問題	□很頻繁 ☑頻繁 □不頻繁 □很不頻繁	9月20日～5月30日	導師與家長介入日常生活輔導		職能治療師提供簡單知動復健課程建議	
社會適應問題	□很頻繁 ☑頻繁 □不頻繁 □很不頻繁	2月1日～5月30日	推舉陳生擔任班上康樂股長，規劃班上活動；安排他照顧能力較差的其他同學	觀察記錄其與其他同學互動情形	輔導教師諮商；於其親友中發掘輔導資源	
情緒表現問題	□很頻繁 □頻繁 □不頻繁 ☑很不頻繁	擬不執行				

第六節　學習障礙行為特徵檢核表系列測驗

測驗發展

　　學習障礙行為特徵檢核表系列測驗乃孟瑛如蒐集各領域之相關理論與學生學習行為之問題特徵所編製，於二〇〇四年由心理出版社出版。其中包括國民中小學記憶策略行為特徵檢核表、國民中小學考試技巧行為特徵檢核表、國民中小學社交技巧行為特徵檢核表，及國民中小學時間管理行為特徵檢核表四個測驗。

測驗實施

　　學習障礙行為特徵檢核表系列測驗在評估台灣地區國民中學及國民小學學生的各種學習行為特徵，分別為記憶策略、考試技巧、社交技巧及時

間管理技巧。各檢核表一次施測時間約為二十分鐘，其中各教師版填寫之教師必須與受評之學生有兩個月以上的接觸時間。本系列檢核表適用於疑似學習障礙學生、情緒障礙學生、輕度智能障礙學生及一般生。唯對於智能障礙中度及重度學生之評估，本系列檢核表之適用性較低。

測驗應用

學習障礙行為特徵檢核表系列測驗之各版本均有小一至國三之男生與女生常模，得以對照受試者在團體中表現之相對位置，施測後可了解學生之各類學習行為特徵是否有落後於同儕的表現，可篩檢出在各類學習行為特徵上有問題的學生。教師可藉由評量結果發展規劃學生之各類學習策略。

測驗內容

本系列檢核表在「國民中小學記憶策略行為特徵檢核表」，包括日常行為、學業發展、學習策略以及記憶特性四個向度；「國民中小學考試技巧行為特徵檢核表」包括考前準備、考試答題，及考後檢討三個向度；「國民中小學社交技巧行為特徵檢核表」包括自我有關行為、工作有關行為，以及人際有關行為三個向度；「國民中小學時間管理行為特徵檢核表」則包括作業時間規劃管理、課業學習時間管理、測驗與評量時間管理，及日常生活時間管理四個向度。各檢核表依其特性可能分為教師版、家長版、學生自評版及學生同儕版。各檢核表之各版本及其測驗題數見表16-1。

表 16-1　學習障礙行為特徵檢核表系列測驗各版本測驗內容及題數

測驗向度			記憶策略 日常行為、學業發展、學習策略、記憶特性	考試技巧 考前準備、考試答題、考後檢討	社交技巧 自我有關行為、工作有關行為、人際有關行為	時間管理 作業規劃、課業學習、測驗評量、日常生活
教師版			26	30	56	37
家長版			23	29		36
學生版	國小低年級	自評	27	24	43	28
		同儕評			33	
	國小中高年級	自評	38	41	43	36
		同儕評			43	
	國中	自評	40	45	48	40
		同儕評			41	

題項示例

例題
・答題者依據刺激題項於答案紙上填寫受評者在各活動之行為特徵表現（五點量表）。 **國民中小學記憶策略行為特徵檢核表──國小中高年級學生自評版** 25. 我會忘記寫作業。 **國民中小學考試技巧行為特徵檢核表──教師版** 12. 當考卷上有很多個題目時，他便無法耐心的把問題回答完。 **國民中小學社交技巧行為特徵檢核表──家長版** 26. 他常會因為粗心而寫錯答案。 **國民中小學時間管理行為特徵檢核表──國小低年級學生自評版** 05. 我會因為寫錯字而必須要花很多時間才能完成作業。

（資料來源：孟瑛如，2004a，2004b，2004c，2004d）

魏氏記憶量表第三版（WMS-III）中文版

由花茂棽、張本聖、林克能、楊建銘、盧小蓉、陳心怡等修訂自David Wechsler 所編製之記憶量表，二〇〇三年中國行為科學社出版。目的在鑑定個人記憶力，以及診斷記憶功能損傷和退化情況，並供臨床治療之參考。適用十六歲至八十四歲成人，施測時間約四十五至五十五分鐘。測驗包括以聽覺呈現及以視覺呈現之測驗，結果可歸納為八種主要指數及四種組合分數。

學習適應量表（增訂版）

由李坤崇所編製，二〇〇三年心理出版社出版。目的在評估學生的學習適應評量，適用小四至國三，施測時間約二十五至三十分鐘。測驗包括學習方法、學習習慣、學習態度、學習環境和身心適應五個部分。

第七節　基本讀寫字綜合測驗

測驗發展

基本讀寫字綜合測驗乃洪儷瑜、張郁雯、陳秀芬、李瑩玓和陳慶順以國小年級的讀寫字之學習目標為基礎，自行編製而成，二〇〇三年由心理出版社出版發行。其中所採用之字詞係採自國立編譯館統計所完成之「國民小學常用字研究資料庫」。

測驗實施

基本讀寫字綜合測驗適用國小一年級至國小二年級之一般學生，或是小學三年級以上有讀寫字困難的學生。本測驗建議以個別方式進行施測，如需要團體實施，則以十人以內的小團體方式施測為宜，尤其低年級的學

生或目的在診斷學生的讀寫字能力時，由於需要觀察其寫字技能表現，因此一次受試人數不宜過多。

測驗應用

本測驗僅建立小一上到小三上各學期的常模以供對照。小三以上有讀寫字困難的學生或是讀寫能力早熟的幼稚園大班學生，可以參照發展性常模，換算讀寫字的年紀分數。

本測驗結果可以評估學生讀寫字的能力，並且能診斷出學生一般讀寫字的錯誤類型，包括音似形異、音似形似、音似形似義關聯、音異形似及音異義關聯五種錯誤類型；在寫字錯誤類型部分則包括錯字、別字、上下顛倒左右相反、未完成、注音代替、寫到題目另一字，以及其他不明錯誤等七種錯誤類型。在應用上可以依目的對學生的讀寫字能力進行篩選及診斷（見圖 16-2），以便進一步規劃補救教學方案。

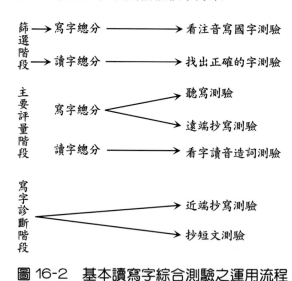

圖 16-2　基本讀寫字綜合測驗之運用流程

（資料來源：洪儷瑜、張郁雯、陳秀芬、陳慶順、李瑩玓，2003：50）

測驗內容

本測驗可分讀字與寫字兩個部分，共有九個分測驗，識字部分包括看

詞選字測驗、看字讀音測驗、看字造詞測驗、聽詞選字測驗；寫字部分包括看注音寫國字測驗、聽寫測驗、遠端抄寫測驗、近端抄寫測驗及抄短文測驗。其中後兩個分測驗為補充測驗。

題項示例

例題

1. **找出正確的字**
　＊主試者唸一詞。
　‧受試者依題本之刺激尋找正確的答案。
　‧例題：（　　　）精□　（1）伸　（2）神　（3）什　（4）華

3. **聽寫測驗**
　＊主試者敘述題目。
　‧受試者依以在答案紙上作答。
　‧例題：「請你寫出『過年』的『年』」。

6. **遠端抄寫測驗**
　＊主試者將有二十五個中文字的題本海報貼於黑版。
　‧受試者在二分鐘內將海報上的字按照順序抄寫在答案紙格子中。

（資料來源：洪儷瑜、張郁雯、陳秀芬、陳慶順、李瑩玓，2003）

相近測驗簡介

國小兒童書寫語文能力診斷測驗

　由楊坤堂所編製，二〇〇一年心理出版社出版。可用以診斷評估兒童的語言書寫能力，適用小一至小六，施測時間約四十至八十分鐘。測驗包括作文產品量表、造句量表、文意量表三個分測驗。

國小學童書寫語言測驗

　乃教育部特殊教育工作小組委託林寶貴和錡寶香所編製，於二〇〇三年由台灣師範大學特殊教育中心發行，目的在了解學童書寫之能力，適用小一至小六學童。本測驗包括聽寫測驗、句子結合、筆畫加減、國字填寫及造句五個分測驗。

第八節　兒童口語理解測驗

測驗發展

　　兒童口語理解測驗乃林寶貴與錡寶香接受教育部特殊教育工作小組委託編製，由台灣師範大學特殊教育中心於二○○三年所印行。編製過程乃廣泛蒐集學齡階段兒童語言發展、語言評量、語言學習、語言處理等之相關文獻，以做為測驗設計之依據。本測驗不在測量學童的語音與語用能力，其目的在評量學童的口語理解能力，測試的內容以學童如何使用已建立之語言知識（如：語彙、語意、語法知識）去記憶、覺知、解釋及偵測其所聽到的口語訊息。

測驗實施

　　兒童口語理解測驗主要在評量國小一年級至六年級學童的口語理解能力，測驗過程建議將受試者之答案寫下來，以做為進一步分析錯誤類型之用。

測驗應用

　　本測驗可用以篩選口語理解有困難的學童，或做為探討身心障礙學生口語理解能力之用。測驗結果若發現學童在聽覺記憶部分表現較差，可進一步釐清其聽覺記憶能力是否是因學生在指稱空間關係語彙表現上，具有困難所產生的，或是純粹是因為聽覺記憶缺陷所產生。本作者所編製之相關測驗尚有兒童口語表達指標、中文閱讀理解測驗，及國小學童書寫能力測驗（林寶貴、錡寶香，2003），應用者可以依學生的需求挑選測驗進行評估。

測驗內容

　　本測驗內容包括：聽覺記憶、語法理解、語意判斷及短文理解四個分測驗，每個分測驗的題目皆由易至難排列，共一百題（見表16-2）。其中「聽覺記憶」主要是使用「上、下」等方位詞，以及比較關係之詞彙，用以評量學童在遵循口語指示時，將語言訊息暫存於短期記憶中，及使用工作記憶處理語言訊息之能力；「語言理解」主要在測試兒童是否已理解中文的語法結構，包括：被動句、問句形式之串連結合的規則；「語意判斷」在評量兒童是否能覺知語意錯誤之詞彙及句子，並提供正確的用法；「短文理解」以短文評量學童是否理解其所聽到的短文大意及事實陳述。

表 16-2　兒童口語理解測驗設計架構

分測驗	語言要素	語言處理歷程	題數
聽覺記憶	語意、語法	聽覺知覺、聽覺記憶、工作記憶處理	18
語法理解	以語法為主	聽覺記憶、後設語言覺知	24
語意判斷	以語意為主	聽覺記憶、詞彙蒐集、後設語言覺知	26
短文理解	語意、語法	聽覺記憶、後設語言覺知、口語篇章表徵	32

（資料來源：林寶貴、錡寶香，2003：13）

題項示例

例題

1.聽覺記憶測驗
　＊施測者將測驗圖冊放在受試學生面前。
　‧受試者依其意在圖冊上指出。
　‧例題：施測者說「請指黃色的車子」。

2.語法理解
　＊主試者敘述一個問題。
　‧受試者依其意回答。
　‧例題：主試者說「小明有四個蘋果，請問小明有幾個蘋果？」

4.短意判斷
*主試者敘述一錯誤的句子。
• 受試者以正確的語句更正回答。
• 例題：主試者說「我用耳朵吃飯」。

（資料來源：林寶貴、錡寶香，2003）

相近測驗簡介

簡明失語症測驗（CCAT）

由鍾玉梅、李淑娥和張妙鄉所編製，二〇〇三年心理出版社出版，目的在評估失語症，適用疑似腦傷患者，施測時間三十至六十分鐘，測驗包括簡單應答、口語敘述、圖物配對、聽覺理解、語詞表達、閱讀理解、複誦句子、圖字仿寫、自發書字。

基礎數學概念評量

由柯華葳於一九九九年研究發展而成，可用以篩檢基礎數學概念較差的學生。該測驗共包括十二個分測驗，分別為比大、比小、不進位加法、進位加法、不借位減法、借位減法 1、借位減法 2、借位減法 6、九九乘法、空格運算、三則運算、應用問題等，每個分測驗題數為五至十六題不等，可以團體測試方式進行，測驗所花費的時間約為十五分鐘。

知覺動作與發展測驗

第一節　感覺發展檢核表

測驗發展

　　感覺發展檢核表乃鄭信雄和李月卿參考一九八九年美國南加州大學愛爾絲（Jean Ayres）博士所著《兒童及其感覺統合》（*Sensory Integration and the Child*）一書中各綜合症候群後面的檢核表所編製發展而成，於一九九六年及一九九八年先後完成幼兒版及兒童版之全國標準化後發行。前者稱為幼兒感覺發展檢核表，後者稱為兒童感覺發展檢核表。

測驗實施

　　幼兒感覺發展檢核表適用於評估三至六歲的幼兒，兒童感覺發展檢核表適用於評估六至十二歲兒童，測驗時間約二十至三十分鐘，乃由平日照顧受評者的人員填寫。檢核表採五點量表計分，所得原始分數對照常模表（norms table）可得 T 分數。

測驗應用

　　感覺發展檢核表主要在評估受試者感覺統合失常的程度，以便對感覺統合缺陷的孩童進行矯治。其功能有四：一為協助師長了解和接納適應困難的兒童；二為發展用以改善異常行為兒童的訓導方向；三為評估治療訓練的進展；四為可做為認識兒童學習管道的重要參考來源。

測驗內容

　　感覺發展檢核表無論是幼兒版或兒童版均各有五十題敘述句，可以篩檢出感覺統合失常的五個症候群，分別呈現在五個分量表中，即：

1. 前庭和雙側大腦分化失常（前庭反應不足）：包括前庭平衡系統所掌理的有關方向、距離、速度等感覺，軀肢筋肉張力僵硬，眼球追蹤注視能力和手腳單側專門化等失常，以及行為和學習上的困難現象。
2. 觸覺防禦（感覺敏銳抑制困難）：有關防禦輕觸和其他感覺極度泛濫，在抑制和統整上有困難，以致引起表面觸覺過度敏感好惡矛盾的心緒行為及脾氣敏感固執等表現。
3. 發育性運用障礙：因識別性觸覺和身體形象發展欠佳，以致引起運用身軀手腳或動作的笨拙，或無法建立整潔和迅速的習慣等。
4. 空間和形狀視覺失常：視覺低層次處理欠佳，致使視知覺和學習困難。
5. 重力不安全症：前庭平衡系統對地心引力或加速過度敏感。

題項示例

(資料來源:李月卿、鄭信雄,1996;鄭信雄、李月卿,1998)

相近測驗簡介

兒童感覺統合功能評量表

由林巾凱、林仲慧、林明慧、莊孟宜、簡錦蓉、張珮玥、李勇璋和林佑萱所編製,二○○四年心理出版社出版,目的在評估兒童感覺統合功能評量,適用三至十歲,施測時間二十分鐘。測驗包括姿勢動作、兩側整合動作順序、感覺區辨、感覺調適、感覺搜尋、注意力與活動量及情緒/行為反應七個分測驗。

第二節　簡明知覺──動作測驗

測驗發展

簡明知覺──動作測驗(Quick Neurological Screening Test,簡稱QNST)乃Margaret Mutti、Harold M. Sterling和Norma V. Spalding所發展。

以知覺－動作理論（Perceptual-Motor Theory）的觀點來看：視、聽、觸、運動等感官所組成的感覺－動作，與知覺－動作的發展乃是較高層概念學習的必要基礎，若這些基本階段的學習有缺陷，將會使整個學習速度變得緩慢（周台傑整理自 Ayres, 1978; Cratty, 1973; Delacato, 1966; Getman, 1965; Kephart, 1971）。QNST 的項目乃取材自醫學上小兒科檢查及神經心理與發展的量表。我國由周台傑於一九九六年修訂出版。

測驗實施

　　QNST 適用於六至十二歲的兒童，測驗實施以個別方式為主，受試者依照主試者的指示做動作，時間約需二十至三十分鐘。

測驗應用

　　QNST 主要在測量與兒童學習有關的神經性統整能力，如動作發展的成熟度、大小肌肉的控制力、注意力、視知覺與聽知覺技能、動作的速度、韻律感、空間感、空間組織與身體平衡等能力。可藉由測驗了解兒童的各項能力，以做為知動能力的評估，或做為復健課程規劃的依據。若發現受試者於任何一個分測驗的結果，評定類別屬於「劣等」，則應當進一步用其他評量方式，或轉介專業治療師，作更進一步的診斷。

測驗內容

　　該測驗共含十五個分測驗：

1. 書寫技能：受試者在計分紙上寫下他的姓名與簡單句子。主要測量手部精細肌肉的能力、動作計畫、身體顫抖、不隨意動作與慣用手等項目。

2. 認知與仿畫圖形：受試者指認與仿畫五個幾何圖形，包括圓形、方形、菱形、三角形和長方形，由受試者所繪出圖形進行評分。主要測量視覺－動作協調、動作計畫、動作成熟度等。例如圖 17-1 為受試者仿繪圖形連接不良之可能狀況。

3. 認知手掌上的字形：受試者將雙眼閉上，然後分辨任何在其手掌上

所寫的數字。主要測量注意力、口語表達等能力。

4. 追視技能：受試者轉動雙眼追視一移動的物體，在測驗中任何不協調的動作都應予以記錄。

5. 模仿聲音組型：受試者模仿主試者做出一些有節奏的動作。主要測量聽覺－動作統整能力。

6. 用手指指觸鼻尖：受試者閉上雙眼，用手來回輕觸自己的鼻子與主試者的手掌。主要測量空間知覺、方向感、動作計畫等能力。

7. 用手指接成圓圈：受試者用拇指尖同手掌的其他手指依次接觸做成一個個圓圈狀。主要觀察受試者的精細動作協調、左右區分等能力。

8. 同時觸摸手和臉：主試者輕輕與迅速地同時碰受試者的臉頰與手，評估受試者是否能指出被觸碰的部位。主要測量兒童對觸覺刺激辨認的能力。

9. 迅速翻轉手掌動作：受試者五指併攏，手掌朝下，雙手放置在自己的雙膝。主要觀察兒童動作的速度、節奏、協調與正確速度。

10. 伸展四肢：受試者閉上雙眼，舌頭向外伸出，五指向外張開，雙手與雙腿向前平伸三十秒。主要觀察任何無法控制的身體動作、緊張程度、不尋常的手指姿勢或是身體是否顫抖等項目。

11. 腳跟緊靠腳尖行走：受試者將一腳的足尖緊靠另一腳的足跟，沿一直線向前或倒退行走約三公尺的距離。雙眼睜開與閉上各做一次，主要測量身體平衡與移動能力。

12. 單腳站立：受試者輪流用左腳或右腳，單腳站立十秒鐘。先張開雙眼，再閉上雙眼做同樣動作。主要測量左右區分與身體平衡能力。

13. 交換跳：受試者繞著房間交換跳，主要測量左右區分與身體平衡能力。

14. 辨別左右：以受試者在第六、七和第十二分測驗中的表現為依據。檢查受試者是否會對主試者的示範，使用正確的身體部位，而不是像鏡子中反射的影像，無法區分照鏡人的左方與右方。主要測驗受試者的方向感。

15. 異常行為：主試者觀察受試者在整個測驗的行為特徵，包括固執動

作、說話過多、退縮行為、疲倦、防衛行為、焦慮、容易興奮、分心與衝動的行為。

圖 17-1　受試者仿繪圖形連接不良的狀況

題項示例

例題
※主試者觀察及評估後於答案紙上進行填寫

2.認知與仿畫圖形

	分數
	1
指認圖形名稱少於五個	1
所畫圖形爲橫向排列	1
畫圖動作很緩慢或很快速（請擇一圈選）	1

6.用手指指觸鼻尖

	分數
	1
缺乏左右區別能力（使用和主試者對應側的手）（第14項分測驗的記分參照此項）	1
不尋常地快或慢（請擇一圈選）	1
手的動作一致朝向目標的左邊或右邊（目標爲主試者的手）	1

（資料來源：周台傑，1996）

第三節　視覺－動作統整發展測驗

測驗發展

　　拜瑞－布坦尼卡　視覺－動作統整發展測驗（The Berry-Buktenica De-velopmental Test of Visual-Motor Integration，簡稱VMI）乃美國心理發展與治療心理學者 Keith E. Beery 於一九九六年編製完成第四版。國內由陸莉和劉鴻香於一九九七年修訂發行。該測驗的中心觀點為：「兒童抄畫幾何圖形的能力與其學業成就有顯著關係」，認為「從阿米巴到人類以及從嬰兒到成人，良好的發展特徵在於『接合和統整部分到整體』」。視覺－動作統整便是指視知覺與手指－手部動作之間協調良好的程度。因此，從兒童的抄畫表現可以取得許多有意義的資訊。

測驗實施

　　VMI 適用於三歲以上至成人的受試者，測驗實施可以團體、小組或個人施測方式進行，時間約十至十五分鐘。根據指導手冊的評分標準予以計分，每通過一題得一分。至於補充測驗的部分，除非實施補充測驗有意義或其因素會影響視－動測驗的成績，否則不需要施測。

測驗應用

　　VMI 強調統整，並具有發展順序性，且不受文化限制。透過 VMI 可對兒童做早期篩選，鑑定出在統整或協調視知覺與動作能力（手指與手部動作）有明顯困難的個案。經予適當的教育、醫療或其他方式介入，得以矯正或防治個案的問題。因本測驗涉及診斷工作，因此應注意凡熟悉本測驗施測及評分者，均可實施此測驗與評分，但要解釋測驗結果，需要具有教育及心理學背景者為宜，以避免誤導。

測驗內容

　　VMI 包括二十七個有難易順序的幾何圖形，由受試者依序抄畫。另外，VMI 包含兩個補充測驗，即視知覺測驗及動作協調測驗，乃在測量單純視知覺或動作協調的能力，可做為進一步研究視覺動作協調測驗結果之標準化測驗。

題項示例

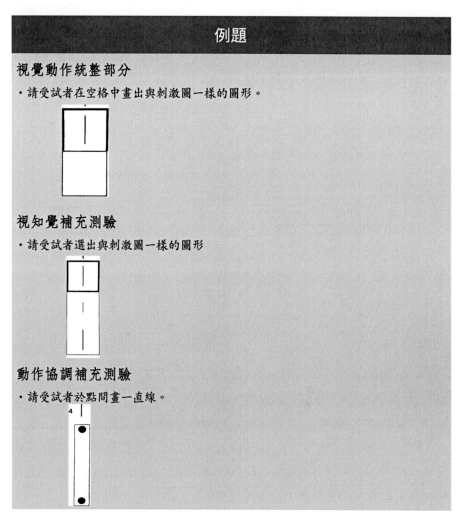

例題

視覺動作統整部分
・請受試者在空格中畫出與刺激圖一樣的圖形。

視知覺補充測驗
・請受試者選出與刺激圖一樣的圖形

動作協調補充測驗
・請受試者於點間畫一直線。

（資料來源：陸莉、劉鴻香，1997）

第四節　嬰幼兒綜合發展測驗

測驗發展

　　嬰幼兒綜合發展測驗乃教育部社會教育司於一九九二年為推展國內學前特殊教育工作而補助王天苗教授進行為期三年之專題計畫所得成果，二〇〇三年委由台灣師範大學特殊教育中心出版管理。本測驗由特殊教育、兒童發展、物理治療、語言治療和小兒醫學等專業人員組成之跨專業研究小組編訂而成，以台灣地區 3703 名嬰幼兒為標準化樣本，建立整體發展及各發展領域的年齡分數及十八個年齡組之 Z 分數、百分等級和發展商數等標準分數常模，主要用來評估嬰幼兒在認知、語言、動作、社會和自理等五項發展能力及十項行為特性。藉由本測驗可以初步篩選嬰幼兒可能具有的發展問題，或進一步診斷鑑定嬰幼兒的發展情形。

測驗實施

　　嬰幼兒綜合發展測驗使用於實足年齡介於三個月至七十一個月的一般嬰幼兒或發展遲緩嬰幼兒，屬於個別測驗。在施測前應先決定評量的目的，再選擇使用篩選測驗題本或是診斷測驗題本。實施時首先計算嬰幼兒的實足年齡，以決定開始施測的年齡組，再依受試者之反應變化施測的順序。施測時間約四十至九十分鐘。本測驗除由評量者直接對受試者施測外，還藉由問卷或訪談熟識嬰幼兒發展的重要他人蒐集間接之資訊。

測驗應用

　　本測驗需配合對嬰幼兒養育環境等情況的評估，才能對個案有全面的瞭解。評量者依據受測者之側面圖及相關資料的結果，可以做以下的解釋或應用：(1)幼兒整體發展狀況、(2)幼兒各發展領域間及領域內的發展情形

比較、(3)配合本測驗施測過程中觀察到的幼兒行為，做更廣泛而周延的解釋。在使用篩選測驗時，若幼兒篩選測驗總分或任一分測驗結果有「疑似遲緩」情形，則建議以診斷測驗接受進一步的診斷。

測驗內容

本測驗依「診斷」或「篩選」功能，分二份測驗題本：

1. 「診斷測驗」：包括評估嬰幼兒認知、語言、動作、社會及自理五大領域發展能力，和測驗十項行為特性的「嬰幼兒行為紀錄表」。其中「認知能力」分測驗測量注意力、知覺辨別、記憶、思考推理和概念等五項能力；「語言能力」分測驗包括理解和表達兩項能力；「動作能力」分測驗測量肌肉控制、移位和身體協調等三項粗動作，視動協調兩大項精細動作發展能力；「社會能力」測驗人際互動、情感與情緒、自我與責任和環境適應四項能力；「自理能力」分測驗測量飲食、穿脫衣和盥洗衛生三項能力。診斷測驗共計三百四十三題，而「嬰幼兒行為紀錄表」則以五點量表方式，評量嬰幼兒對評量者之反應、對玩具之反應、情緒、合作、動機、挫折容忍力、持久性、專注力、活動量和思考方式等十項行為特徵及一項行為總評。

2. 「篩選測驗」：包括認知能力、語言能力、動作能力、社會能力、自理能力五個分測驗，共八十七題。

題項示例

例題

「認知能力」分測驗

注意力

1. 會注視眼前距離二十公分處懸空的紅毛線球五秒。

　＊主試者拿紅球置於幼兒眼睛上方約二十公分之處，以緩慢速度搖動紅毛球線，試著去引起幼兒對它的注視。

　‧幼兒仰臥或被扶坐著，如果幼兒會注視紅球五秒，此行為出現一次即算通過。

「自理能力」分測驗

穿脫衣
14.替他穿脫衣褲的時候，他會配合地伸出手腳。

（資料來源：王天苗，2003）

相近測驗簡介

零歲至六歲兒童發展篩檢量表

由黃惠玲所編製，二〇〇〇年心理出版社出版，可快速並簡便地篩檢出遲緩邊緣、發展遲緩或發展不均衡的學生。適用零至六歲，施測時間十至二十分鐘，測驗包括語言與溝通發展、社會人格發展、粗動作技能發展、細動作技能發展、知覺與認知發展五個分測驗。

認知神經心理能力檢核表

是由特殊教育工作小組委託陳振宇等人於二〇〇三年所編製完成，現由台灣師範大學特殊教育中心出版管理。目的在篩選或鑑定五至八歲疑似發展遲緩或學習障礙兒童，內容包括注意力測驗、動作測驗、視知覺測驗、記憶力測驗、推理測驗、語言測驗及聽知覺測驗七個分測驗，共一百五十一題。

第18章

情緒與行爲測驗

第一節　情緒障礙量表

測驗發展

　　情緒障礙量表（Scale of Assessing Emotional Disturbance，簡稱 SAED）乃由美國學者 Michael H. Epstein 和 Douglas Cullinan 在一九九八年所發展的評量表，主要目的在幫助確認特殊教育中情緒困擾的兒童。該測驗中對情緒困擾的界定，乃是根據美國聯邦政府一九九○年《障礙者教育法案》（IDEA）所下的定義。我國由鄭麗月於二○○一年完成修訂工作並建立國內常模後出版。

測驗實施

　　SAED 適用於六歲至十八歲之普通班及特殊教育學生，以個別或團體施測皆可，由對學生熟悉，且與學生相處二個月以上之家長或老師評估填寫。評量時無施測時間限制，一般而言，約需十分鐘。依評估者勾選問題

嚴重、問題顯著、問題輕微、沒有問題，分別計分為：三分、二分、一分及零分。測驗得分愈高，表示個人在情緒方面障礙的可能性愈高。

測驗應用

SAED 適用於協助一般人對情緒和行為障礙兒童的了解，可用以評量學生是否符合情緒和行為障礙特殊教育的要求，篩檢兒童是否具有情緒困擾，並評定學生是否為社會不適應，而非情緒困擾個案。藉由此量表也可以了解學生是否具有情緒和行為障礙，而影響其學習上的表現。

測驗內容

SAED 共五十二題，包含七個分量表和一個整體能力的表現，分別為：

1. 人際關係問題（RP）：評量與同儕和教師在建立和維持關係上的困難情形。
2. 不當的行為（IB）：評量對他人侵略和干擾的行為。
3. 不快樂或沮喪（UD）：評量受試者負面的情緒、思想或影響。
4. 生理症狀或害怕（PF）：評量受試者的焦慮和生理的不適狀況。
5. 社會失調（SM）：評量受試者在學校以外的反社會或犯罪行為。
6. 整體能力（OC）：評量受試者與整體適應有關的正面技能或長處。
7. 不利影響：評定受試者的教育表現是否受其情緒和行為問題負面的影響。

題項示例

例題										
・請受試者於答案紙上進行填寫（四點量表）。										
	沒有問題	問題輕微	問題顯著	問題嚴重	IL	RP	IB	UD	PF	SM
11.對同儕有攻擊或暴力行為	0	1	2	3			—			
19.擔心不可能發生的危險或災難	0	1	2	3					—	
註：填答部分之右邊，乃做為分測驗分類計分之用										

（資料來源：鄭麗月，2001）

相近測驗簡介

青少年社會行為評量表（Adolescent Social Behavior Scale, ASBS）

由洪儷瑜所編製，二〇〇〇年心理出版社出版，目的在評定學生適應與不適應的正負向行為，以便做情緒篩選及行為評量。本測驗可評估學生適應及不適應行為，分教師評、同儕評、學生自評三個版本，適用小六至國三，施測時間約三十分鐘。

行為與情緒評量表（BERS）

由楊宗仁所編製，二〇〇一年心理出版社出版，可用以鑑定情緒障礙學生，適用六至十八歲兒童，施測時間約十分鐘。測驗包括優勢人際關係、優勢家庭參與、優勢內在能力、優勢學校表現及優勢情感五個分測驗。

第二節　中華適應行為量表

測驗發展

中華適應行為量表乃徐享良於一九九八年編製，量表共包括兩個部分。第一部分的架構是依據美國智能障礙學會（American Association on Mental Retardation，簡稱 AAMR）第九次修訂智能障礙定義、分類及支持系統發展而成。第二部分之架構，則參照我國修訂適應行為量表、修訂文蘭適應行為量表、美國適應行為量表學校修訂版，加入有關人格和行為偏差的不良適應行為內涵，做為檢核學生有無偏差行為的參考。目前版權歸屬教育部，由台灣師範大學特殊教育中心管理借用事宜。

測驗實施

中華適應行為量表適用於五至十五歲的兒童及青少年，其實施可以兩種方式進行：一為由十分熟悉受評者行為之學校導師直接評量；二為由十分熟悉受評者行為的其他人（如雙親、保母等）。透過晤談口述，由教師

或其他專業人員來評定並記錄。全部施測的時間，若由導師直接評量約為二十分鐘，若透過晤談則約需四十分鐘。記錄時不宜有個人或學校的偏見。量表可單獨評量第一部分或第二部分。

測驗應用

中華適應行為量表第一部分各分量表，得分在百分等級十六以下之受試者，表示適應行為功能低下，需要施以特殊教育，如有某個領域特別低下，表示受評者可能缺乏該領域發展能力。此時，家庭或學校應提供機會給與訓練或學習。若受評量者具有兩個或兩個以上之適應缺陷問題，在個別智力測驗上又未達平均數負兩個標準差，即可判定為智能障礙者。

由第二部分測驗結果，可了解受試者是否具有孤獨或反社會的行為傾向。測驗結果等級愈高，表示不良適應或失調行為愈趨嚴重，應進一步予以輔導或行為矯正。

測驗內容

中華適應行為量表分為兩部分：第一部分有二百題，分為十個分量表，用來評量一般兒童及青少年在家庭、學校、社區、工作場所等日常生活情境中應具備之適應能力表現；第二部分在評量受試者的偏差行為，共有五十題。其內容分別為：

適應行為評估部分

1. 溝通能力：包括透過符號行為或非符號行為理解和表達訊息的能力。符號行為如說話、寫字、圖示符號、手語、打電話；非符號行為如臉部表情、肢體動作、觸碰、姿勢等。
2. 自理能力：包括如廁、飲食、穿脫衣服、衛生習慣、打扮等技能。
3. 居家生活：包括洗滌整理衣服、做家事、收拾自己的東西、準備食物與烹飪、依預算購物、居家安全、安排日常作息等。
4. 社會技能：與他人交往的技能，包括自我介紹、與人互動、結束互動、對相對情境中的線索予以接受並適當反應的表現等。
5. 社區活動：與適當地利用社區資源的表現有關，包括在社區內旅

行、在一般商店或超市購物等。

6.自我指導：與做選擇有關，如按照時間表學習，在各種情境、時間及與人交往中適切表現等。

7.安全衛生：與保持健康有關的技能，如注意飲食、檢查疾病等。

8.實用知識：在學校裡認知能力和技巧等，與學習表現有關。

9.休閒活動：發展各種休閒和娛樂興趣，如獨自娛樂或與他人共同活動等。

10.職業活動：在社區內依據特定工作技能、適當社會行為以保持部分時間工作或全日工作的表現等。

偏差行為評估部分

1.獨處不良適應：指一個人在獨處時或團體中，個人表現出與他人沒有關聯的偏差行為，如長時間呆坐看人。

2.人際不良適應：指一個人在團體中，個人表現出與他人互動的偏差行為，如對人動粗。

題項示例

例題

*評定者依受評者的狀況直接評定或透過晤談後評定。

第一部分　適應行為部分

一、溝通能力	得分				
1.會使用「為什麼」、「怎麼樣」、「什麼」、「誰」、「何處」、「何時」等用語。	0	1	2	3	4
2.描述人物活動內容時，會說出人物名稱。	0	1	2	3	4

二、自理能力	得分				
1.能正確地使用碗和筷子吃飯，並保持餐桌整潔。	0	1	2	3	4
2.能擺放用餐餐具。	0	1	2	3	4

六、自我指導	得分				
1.能說出自己最有興趣的學科。	0	1	2	3	4

九、休閒活動			得分			
6.能認識社區中的休閒活動場所及設備。	0	1	2	3	4	

第二部分　偏差行為評估

一、獨處不良適應行為			出現頻率×表現強度				
2.對任何事，似乎漠不關心而沒有反應。	0	1	2	3	1	2	3

二、人際不良適應			出現頻率×表現強度				
1.對別人投擲東西。	0	1	2	3	1	2	3
2.跺腳、尖叫、吶喊。	0	1	2	3			

（資料來源：徐享良，1998）

相近測驗簡介

社會適應表現檢核表

　　由盧台華、鄭雪珠、史習樂和林燕玲所編製，二〇〇三年心理出版社。目的在評估學生在日常生活中所需各項能力表現，適用五至十五歲，施測時間不限。測驗包括自我照顧、動作、溝通、社會情緒及學科學習五個領域。

文蘭適應行為量表

　　由吳武典、張正芬、盧台華和邱紹春所翻譯編製，二〇〇四年心理出版社出版。可用以診斷評量智能障礙者之適應行為，做為教育安置之重要參考，適用三至十二歲，施測時間不限。測驗包括溝通、日常生活技巧、社會化及動作技巧四個領域。

其他測驗

第一節　威廉斯創造力測驗

測驗發展

　　威廉斯創造力測驗（Creative Assessment Packet，簡稱 CAP）乃 Frank Williams 所發展，其理念來自對創造者人格特質之研究結果，認為高創造力者具有四種主要特質，即冒險性、好奇心、想像力及挑戰性。我國由林幸台和王木榮於一九九四年修訂完成。

測驗實施

　　CAP 適用於評量國小四年級至高中職三年級的學生，乃以紙筆方式進行測驗，時間約為四十至六十分鐘。以個別或團體方式進行均可。

測驗應用

　　該測驗主要目的在篩選具特殊才能與創造力的受試者。可做為甄選參加發展創造力方案或資賦優異教育方案的學生。對於學業成就或智力測驗

表現較差而被忽略的兒童，可給與再評估及確認，發現具高創造力的受試者，以便進一步設計適當的教育方向。

　　本測驗所得結果僅能說明大腦功能中右半腦圖形思維的現象，左半腦功能的顯現可能只在標題上產生作用，如能配合施測語文式的創造力測驗，求得整體性的結果，將可得到更完整的相關訊息。

測驗內容

　　威廉斯創造力測驗共有三個分量表，十個向度，分別為：

1. 創造性思考活動：乃由學生以繪圖表現，予以評估，可取得流暢性、開放性、變通力、獨創力、精密力及標題六個向度之分數。
2. 創造性傾向量表：為三點式的性格態度量表，可得冒險性、好奇性、想像力及挑戰性四個向度之分數。
3. 創造性思考與傾向評定量表：此評定量表共五十二題，其中四十八題為三點量表，四題為開放式題目。可取得流暢、變通、獨創、精密、好奇、想像、挑戰、冒險八個因素。由家長及教師依觀察結果評定受試者的創造行為，包括八種擴散式思考與情意因素。

題項示例

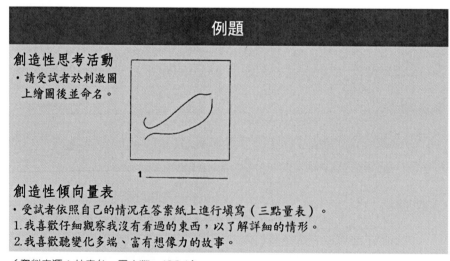

（資料來源：林幸台、王木榮，1994）

相近測驗簡介

科技創造力測驗

由葉玉珠所編製，二○○五年心理出版社出版。目的在評估學生在科技領域的創造能力，適用小三至小六，施測時間約四十分鐘。測驗包括字詞聯想與書包設計兩個分測驗，以流暢力、變通力、獨創力、精進力、視覺造型為評估指標。

問題解決創造力測驗

由朱錦鳳所編製，二○○五年心理出版社出版。目的在評估學生創造力與問題解決的能力，適用大專學生，施測時間約三十分鐘。測驗包括字詞聯想、成語替換、情境式問題解決、點線思考、圖形創作與形狀思考六個分測驗。

第二節　領導才能性向測驗

測驗發展

領導才能性向測驗為陳政見以教育部所界定之領導才能內涵進行測驗的編製，以計劃、組織、溝通、協調、決策、預測、評鑑等七個項目為綱，參酌國內外相關文獻和領導才能量表內容編製完成。在擬題時，兼顧人的問題（who）、事務的問題（what）、時間的問題（when）、地點的問題（where）及物品或資源整體運用的問題（whole）。該測驗乃於二○○四年由心理出版社出版。

測驗實施

領導才能性向測驗以國小階段五、六年級的學生為施測對象，測驗時間約四十分鐘。

測驗應用

　　本測驗主要是用來篩選具領導才能學生之用。受試者在各分測驗答對的題數即為原始分數。得分愈高者表示在該分測驗之認知能力愈佳，反之則愈低。然不宜單獨使用測驗結果以評量與鑑定學生的領導才能，必須佐以其他資訊，如學生在校表現、興趣、人格特質、家庭與文化背景等個人檔案予以綜合研判。測驗結果所得之原始分數可對照相當年級、性別之常模，查出百分等級與 T 分數。

測驗內容

　　本測驗共可取得學生能力、成就、責任、參與及地位五個分測驗，共有六十個題目。

題項示例

例題
・受試者依據刺激題項於答案上填寫受評者在各活動之表現。 （　）2.學校舉辦壁報比賽，你通常是擔任下列哪一個角色？ 　　　⑴當壁報比賽的組長，然後指揮別人做事 　　　⑵擔任召集人組織班上同學，依個人專長來工作 　　　⑶負責購買美工用具或材料的人 　　　⑷幫同學著色的人 　　　⑸負責裝飾壁報工作的人 （　）20.這週末想在後院舉行家庭野餐，需準備的資源，如：食物、殺蟲劑……，請你依其重要性由大至小排列。 　　　⑴玩具→報紙→餐具→垃圾桶→雨傘 　　　⑵餐具→垃圾桶→報紙→雨傘→玩具 　　　⑶雨傘→報紙→餐具→垃圾桶→玩具 　　　⑷垃圾桶→報紙→餐具→玩具→雨傘 　　　⑸報紙→餐具→垃圾桶→玩具→雨傘

（資料來源：陳政見，2004a）

領導技能問卷

　　由王振德所編製，二○○五年心理出版社出版。目的在了解個人領導能力的優點與弱點，適用小五至高中，施測時間約四十分鐘。測驗可得九個向度的訊息，包括領導基本概念、書寫溝通技巧、口語溝通技巧、價值澄清、做決定技巧、團體動力技巧、問題解決技巧、個人特質與計畫技巧。

第三節　身心障礙者轉銜服務評估量表

測驗發展

　　身心障礙者轉銜服務評估量表主要目的在評估身心障礙者轉銜服務的內涵，乃陳麗如、王文科和林宏熾在二○○一年以質的方式，透過訪談及蒐集相關文獻取得題庫後，經由統計分析發展而成。

測驗實施

　　該量表為一紙筆測驗，可小團體施測，但有生理缺陷的學生（如視覺障礙或肢體障礙學生），得經由主試者一對一協助填寫。認知能力較差的學生得透過家長共同反應填寫。花費時間約十五至三十分鐘，依受試者的障礙問題而異。

測驗應用

　　該量表適於評估身心障礙離校學生，尤其適用於正處於離開高中職特殊教育學校及特殊教育班（含資源班）之學生，包括正準備離校的學生，及剛離開學校之身心障礙人士。該量表主要目的在評估身心障礙者離校轉

圖表 19-1 身心障礙者轉銜服務評估量表應用實例

陳 XX 的 ITP　　　　　　　　評估日期：2001 年 9 月 18 日

需求項目	需求程度	強化執行期間	課程計畫	行政及教學支持	畢業後可持用之資源建議	備註
A 醫療服務	很高	2001.9.20-2002.5.30	生活教育中加入上肢復健課程；實用語文課中加入語言復健課程	職能及語言治療師定期評估及參與復健課	省立新竹醫院及東元醫院復健科	
B 成人生活服務	高	2001.9.20-2003.1.31	生活教育課中加入成人生活輔導—母親長期陪搭乘公車訓練	職能治療師介入生活復健課程	新竹東大路XX復健診所（職能復健；可健保補助）	追蹤輔導一學期
C 心理輔導服務	很高	2001.9.20-2002.5.30	導師與家長介入日常生活輔導中	輔導教師諮商	新竹市學府路殘障服務協會（TEL:57189XX）	必要時與該中心協會連繫轉介
D 個人事件服務	高	2002.2.1-2002.5.30	於生活教育課中，教育案主解決問題資源及技能	輔導教師諮商	於其親友中發掘輔導資源	
E 工作與生活服務	高	2001.9.20-2002.5.30	職業教育課中進行職業試探，發掘可能工作生活的問題	評量工具的採購與執行	（資料建立中）	
F 職場適應服務	很高	2002.2.1-2002.12.31	於職業教育課中模擬或安排工廠實地訓練	實習輔導室提供就業機會資料	仁愛啟智中心對重障者之支持性就業	資源轉移
G 社區學習服務	很高	2002.5.1-2003.1.31	社會適應課中增加案主認知社區之學習種類機會	注意相關機構之訓練課程訊息	新竹區救國團具休閒學習機會	追蹤輔導一學期
H 升學輔導服務	很低	擬不執行				

校長：謝 X X　　　主任：范 X X　　　組長：范 X X　　　教師：陳 X X

家長：陳 X X　　專業人員：林語言治療師 X X（省新）　何職能治療師 X X（東元）

（資料來源：王文科、陳麗如，2001：25）

衡服務之需求內涵。建議於高二學年結束前，或高三學年度一開始時，或一轉入新的環境時，即藉由評估結果，了解案主在各種服務上之需求，及內在需求之差異現象，以便提早為案主編寫個別化轉銜計畫（individualize transition plan，簡稱 ITP），及進一步提供適當的轉銜教育與服務。圖表19-1即為依據該量表評估結果，應用在ITP中，及做為轉銜課程規劃之用。

測驗內容

　　身心障礙者轉銜服務評估量表共有八個因素，含四十四題，採四點量表，依填答為「非常需要」、「有點需要」、「不太需要」或「完全不需要」等四個程度選項，分別計分為四分、三分、二分及一分。施測結果，分數愈高表示具有該項服務需求的程度愈高。該八個因素為：

1. 醫療服務：指有關就醫與復健的相關服務事項。
2. 成人生活服務：指促進個人達成人獨立生活表現與生活能力提升的協助，包括公民權利與生活中相關事件的服務事項等。
3. 心理輔導服務：是指各種輔導的服務，包括與他人互動、處事輔導、生涯輔導等。
4. 個人事件服務：是指有關個人事務的輔導，包括自我了解、事件選擇、婚姻輔導等。
5. 工作與生活服務：是指在未來或當時工作及交友生活事件的輔導，包括工作的進行、休閒與友伴等。
6. 職場適應服務：是指就業以後的就業適應輔導，包括工作福利、工作穩定的維繫等。
7. 社區學習服務：是指畢業以後在社區非學制上的學習生活輔導，包括中期或短期學習的各種能力訓練。
8. 升學輔導服務：是指協助學生對升學的評估與入學以後的輔導。

題項示例

例題

・由答題者於答案紙上進行填寫（四點量表）。
1. 幫忙你作殘餘能力（如視覺、行動能力）的保健。
2. 教你搭乘交通工具。
3. 幫你再診斷你的障礙問題。

（資料來源：陳麗如、王文科、林宏熾，2001）

相近測驗簡介

學前兒童提早入學能力檢核表

由郭靜姿所編製，二〇〇四年心理出版社出版。目的在了解學前兒童的日常生活表現，以評估學前兒童提早入學及入學準備的程度，適用未滿六足歲兒童，施測時間十五至二十分鐘，測驗分家長版及教師版兩種版本。

第四節　活動量評量表

測驗發展

活動量評量表乃陳政見參照美國精神疾病學會出版的《精神疾病診斷與統計手冊》所提出的注意力缺陷過動症之主要特徵，及相關文獻所發展。目的在評量學生於學校生活中所表現出來之活動過多的行為表現。本評量表分為學前及國小二種版本，即：幼稚園兒童活動量評量表及國小學生活動量評量表，分別於二〇〇一年及二〇〇四年由心理出版社出版。

測驗實施

　　幼稚園活動量評量表適用學前幼兒,施測時間約為三至五分鐘;國小學生活動量評量表則適用小一至小六學童,施測時間約為十至十五分鐘。兩者均應由與學生相處六個月以上之教師或家長進行評量。

測驗應用

　　活動量評量表旨在篩選具有「活動過多行為特徵」之國小及學前學生,分數愈高代表學生之活動量愈高,即過動行為特徵愈顯著。評量結果的解釋主要依據教師評量之原始分數對照常模,以了解學生相對地位分數,做為轉介輔導之依據。

測驗內容

　　幼稚園活動量評量表可取得幼兒不專注、衝動與過動三個分測驗分數,題目共三十七題;國小學生活動量評量表則可取得在「衝動-攻擊」及「不專注/活動過多」兩個分測驗之分數,亦有三十七題。每個題項以從不、極少、偶而、經常及總是五點量表進行評估。

題項示例

例題
幼稚園活動量評量表 ‧答題者依據刺激題項於答案紙上填寫受評者在各活動之行為表現。(五點量長) 5.唱歌時對著其他同學的臉或耳朵大聲唱。 26.在唱遊活動時總是搶先出場表演。 **國小學生活動量評量表** ‧答題者依據刺激題項於答案紙上填寫受評者在各活動之行為表現(五點量表)。 3.在隊伍裡拉扯、推撞、拍打其他同學。 37.與老師談話時,在自己的身體摸來摸去。

(資料來源:陳政見,2004b;陳政見、劉英森,2001)

相近測驗簡介

特殊需求學生轉介表

由洪儷瑜經過數年的研發及數次的修訂後發展形成，用以篩檢出可能的高危險群類別，包括身體病弱、感官障礙或動作問題、智能障礙、學習障礙、情緒障礙、注意力缺陷過動症或自閉症。可根據篩檢結果進一步擬定鑑定方向之評量工作。該測驗包括一百題，共九大部分的題項，即生理、感官動作、學業表現、學習能力、口語能力、團體生活、個人生活適應、行為情緒適應及家庭社區，施測時間約二十至四十分鐘。該測驗為洪儷瑜教授所提供分享之資源，可於「洪儷瑜資源網」下載應用於篩檢評估疑似身心障礙學生。

應用篇

　　鑑定與評量的知能貴在於能應用於實務。本篇為了使讀者能以綜觀的角度思考特殊學生的鑑定與評量工作，因此提出綜合研判的實例數件，基本上希望將本書各篇之應用精神以個案實務呈現，以便引導讀者在接觸個案時能以寬闊的心面對鑑定與評量的工作，以免誤判案例。但首先要聲明的是，對於任何一個案例的結論，單靠書面資料是危險的，仍然需要依賴觀察、互動、組織資料等各種專業的介入才能做正確的判斷與應用，因此最終仍要回歸到應用者鑑定與評量的專業知能表現。

特殊學生鑑定與評量

綜合研判

本章以四個案例呈現，除第一節以行為表徵做研判的討論外，其他各節則強調以測驗資料的角度出發，探討各種可能的處理方向。

第一節　由行為表徵研判

一、個案描述

小明在閱讀上出現語言表達問題，例如他常常將「同夥」讀成「同果」，「漂亮」讀成「標亮」。

二、個案分析

就小明的行為表徵，可以從認知課題、生理課題、情緒課題及其他課題思考幾個障礙類別可能出現的表徵。

1. 從認知課題上思考：小明可能是一位智能障礙者，因為智力的關係，使其擁有有限的語言字彙，因此「有邊讀邊」唸出不對的語詞；小明也可能是一位學習障礙者，具有閱讀上的問題，擁有中文

年級認字量表中所言的「字形混淆」現象，其原因可能是小明在學習字詞上就出現困難，但也可能是小明的視知覺限制，造成其容易認讀錯誤。

2. 從生理課題上思考：小明可能為聽覺障礙者，因為聽覺的限制，使其在學習語言的管道縮減而學得不標準語言，呈現構音問題。但是嚴格地說，從此角度出現的問題是屬於語言障礙的問題；小明也可能是視覺障礙者，因為視覺刺激抓取偏誤，而誤讀字詞。

3. 從情緒課題上思考：小明可能具有注意力缺陷及／或過動的問題，使其不能集中注意認出正確的字，因此以常見的相近字詞讀出。

4. 從其他課題思考：小明可能為語言障礙者，因為具有構音問題，致使其可能認識該字，卻讀出另一個字音。

三、 後續處理建議

基本上這樣的資訊相當不足，若要明確鑑定其障礙類別，則十分不當。如果懷疑小明為身心障礙學生，想要對小明進行障礙類別的鑑定，則建議先以洪儷瑜教授的特殊學生需求轉介表首先進行評估，再針對疑似障礙類別進行進一步相關測驗的施測及相關資訊的蒐集。而就小明現有的資料，則只建議評估者／教學者以較寬廣的態度面對學生的學習問題，並思考其適當的介入策略。

第二節　由測驗資料研判——疑似學習障礙

一、個案描述

姓名	小美		
學校	ＸＸ國中三年級		
托尼非語文智力測驗	智商：88　百分等級：21		
中文年級認字量表	字數：62　百分等級：2		
閱讀理解困難篩選測驗（四五六年級版）	題數：8　通過率：0.40		
魏氏兒童智力量表	語文智商	作業智商	全量表智商
	50	89	67
其他描述	生理健康，聽覺學習能力強，但國文學業成就低下，對於學業表現給與鼓勵則會自己努力學習。		

二、個案分析

　　小美WISC全量表智商為67，乍看之下為一智能障礙學生。但進一步看其語文量表智商及作業量表智商差距高達39，具有明顯的內在差異，其作業量表智商為89，再看托尼非語文智力測驗亦為88，更驗證其在排除語言表現後之智商屬正常智力範圍內，因此若將其朝智能障礙之方向思考，則可能誤判。進一步從中文年級認字量表發現其字彙相當少，百分等級為2，認字狀況相當不良，因此評估小美的語言表現有偏低現象，至於其成因是為學習障礙、為文化不利或其他因素則有待進一步探討。但是此測驗訊息另外有一個應注意的地方為：小美以四五六年級版本之閱讀理解困難篩選測驗施測答對五題，通過率為40%，對照六年級組的分數仍落於低分組以下，則其可能為理解有困難的學生，但是由於小美之認字能力低，則應該再評估其理解之問題。

三、後續處理建議

　　小美的閱讀理解困難會受到其有限的字彙影響，因此難以判斷其為單純理解問題，或認字少影響的閱讀理解困難結果。建議針對此一現象應改為以口語的方式呈現閱讀理解困難篩選測驗的題目，請學生答題，方能真正了解學生的字詞理解能力。此外針對認字問題並建議可以其他歷程測驗，如漢字視知覺測驗了解其認字能力上是否具有視知覺問題，或基本讀寫字綜合測驗了解其寫字讀字的能力，也可以聽覺理解測驗了解其聽覺理解方面的表現等等，可配合教師的教室觀察挑選適當的測驗，以便取得適當的教學訊息。

第三節　由測驗資料研判——疑似注意力缺陷

一、個案描述

姓名	小華				
學校	×× 國小五年級				
魏式兒童智力量表	語文智商		作業智商		全量表智商
	87		93		88
基礎數學概念評量	九九乘法	空格運算		三則運算	應用問題
作對／全部%→	94	38		40	13
作對／作完%→	100	100		100	100
國民中小學學習行為特徵檢核表	注意與記憶	理解與表達	知動協調	社會適應	情緒表現
測驗切結點→	83	81	86	80	87
學生 PR 值→	84	96	93	99	90
其他描述	1.學習方面：學習速度緩慢，注意力與記憶力差，常常無法在規定時間內完成作業。加減乘運算能力可，表現速度較慢。思考推理題型需老師一步步提示方可解題。 2.情緒表現：好勝心強，挫折容忍度較低，常具有言語挑釁的情形，並有兩次攻擊同學的紀錄。				

二、個案分析

　　小華 WISC 全量表智商為 88，為一智商分數落在正常範圍內的學生。但從其基礎數學概念評量發現其基礎數學運算表現上出現不理想狀況，各項分數均有偏低現象，不符合其智力表現。唯其在作對／作完的百分比上取得 100%的得分，顯示小華並非不會基礎運算，只是在答題速度上有顯著低下情形，因此懷疑小華具有某些學習表現的問題。再從學習行為特徵檢核表亦發現其各分測驗均高於測驗切結點，顯示具有學習行為問題特徵的傾向。

三、後續處理建議

　　從測驗資訊顯示小華可能具有學習行為問題之表現，由於小華已施測魏氏兒童智力量表，建議再將其測驗結果拿出來再做進一步的檢視，其中幾個因數指數的訊息很值得注意，包括語文理解、知覺組織、專心注意及處理速度等等。另外也建議嘗試從其他簡單測驗，如工作記憶測驗、多向度注意力測驗等，了解其學習歷程的問題特徵，進一步規劃適當的介入策略。至於其情緒行為表現方面，可能為另一個應予以注意的問題，建議進行相關測驗了解其可能問題所在，如青少年社會行為評量表、行為與情緒評量表、情緒障礙量表等，以在必要時規劃進一步的輔導介入。

第四節 由測驗資料研判——疑似聽覺障礙

一、個案描述

姓名	小麗		
學校	ｘｘ國小三年級		
醫學評估資料	聽覺障礙右耳高音頻聽力損失 56 分貝，低音頻損失 35 分貝；左耳高音頻聽力損失 70 分貝，低音頻損失 40 分貝。		
中文年級認字量表	字數：49　百分等級：24		
閱讀理解困難篩選測驗	題數：8　通過率：0.44		
魏式兒童智力量表	語文智商	作業智商	全量表智商
	79	105	89
其他描述	1. 家庭狀況：小麗家庭經濟情況不佳，未曾接受語言治療。 2. 情緒方面：在大團體中表現退縮、膽小，也比一般同學更容易緊張。 3. 學習方面：學習速度緩慢，記不住老師或父母的交代，比較抓不到老師或同學說話的重點。具備基本的讀寫能力，但理解及運用性的語文能力極差，短文書寫時缺乏組織及重點，句子常有文法錯置現象。		

二、個案分析

　　小麗 WISC 全量表智商為 83，為一智商分數落在正常範圍內的學生。其語文量表智商及作業量表智商差距高達 26，具有明顯的內在差異，其作業量表智商達 105，語言量表智商為 79；中文認字百分等級為 24，落在該測驗所定義「認字薄弱」的群體。配合醫學評估資料來看，顯示小麗語言學習表現可能受到其聽力的影響。

三、後續處理建議

　　從醫學評估資料可知小麗具有聽覺障礙問題，若小麗未領有身心障礙

手冊則教師可建議家長帶小麗前往各鄉鎮市區公所提出身心障礙手冊鑑定申請（則經由一定程序可免付鑑定費用，但若直接前往鑑定醫院申請鑑定則需付鑑定費），並可依此申請相關福利。在學習方面，由於小麗為聽覺障礙學生，建議加做非語文智力測驗，如綜合性非語文智力測驗、瑞文氏圖形推理測驗或陳氏非語文能力測驗等等，以更確定其智力表現。而小麗具有語言學習行為問題之表現，其中是否受到聽力或發音的影響則有待進一步的檢核。建議可以嘗試從其他測驗了解，如聲韻覺識測量了解其在聲音的覺察表現、兒童口語理解測驗了解小麗之語意語法等學習上的表現等，了解其語言課程學習上之限制程度。而由於小麗年紀尚小，應掌握語言矯正的關鍵時機，可再加做如國語正音檢核表或聲調覺識測驗等，以了解其構音或聲調之學習問題表現，可以依以進一步規劃適當的語言訓練課程。

參考文獻

中文部分

王天苗（2003）。**嬰幼兒綜合發展測驗指導手冊**。台北：國立台灣師範大學特殊教育中心。

王振德（1999a）。**簡易個別智力量表指導手冊**。台北：心理。

王振德（1999b）。簡易個別智力量表之編製。**特殊教育研究學刊，17**，1-11。

毛連塭（1992）。**視覺障礙兒童輔導手冊**。國立台灣師範大學特殊教育研究所主編，教育部第二次全國特殊兒童普查工作執行小組印行。

心理出版社（2005）。教育與心理出版知訊。**心理心，27**。台北：心理。

中國行爲科學社（2005）。**中國行為科學社測驗及圖書簡介，31**，1-7。

孔繁鐘、孔繁錦（編譯）（1997）。**DSM-Ⅳ 精神疾病的診斷與統計**。台北：合記。

台北市教育局（2001）。**台北市九十學年度國民小學身心障礙學生鑑定及安置工作計畫**。台北：台北市教育局。

台灣省聲暉協進會（1998）。**被聲音遺忘的天使**。台中：台灣省聲暉協進會。

朱家瑜（譯）（1998）。C. Jarvis 著。**理學檢查與健康評估**。台北：藝軒。

李月卿、鄭信雄（1996）。**幼兒感覺發展檢核表實施手冊**。台北：心理。

李坤崇（1999）。**多元化教學評量**。台北：心理。

宋淑慧（1992）。**多向度注意力測驗編製之研究**。國立彰化師範大學特殊教育研究所碩士論文，未出版，彰化縣。

宋維村（2000）。**自閉症學生輔導手冊**。台北：教育部特殊教育小組。

吳武典、胡心慈、蔡崇建、王振德、林幸台、郭靜姿（2006）。**托尼非語文智力測驗指導手冊**（再版）。台北：心理。

吳訓生、許天威、蕭金土（2003）。**G567 學術性向測驗指導手冊**。台北：

心理。

吳淑娟、吳國銘、李素惠、林昭珍、胡鈺麟、許秀桃、蔡孟珊等（編）
（2001）。**國民中小學數學課本（一年級上學期）**。台南：翰林。

吳清山、林天祐（1997）。眞實評量。**教育資料與研究，15**，67-68。

邱紹春（1997）。**中華畫人測驗指導手冊**。台北：心理。

邱鴻麟、姚昭銘、鄭虎夫、楊慶成、張英麗、曾永鴻等（編）（2001）。
國民小學自然課本（三年級上學期）。台南：翰林。

周台傑（1996）。**簡明知覺動作測驗指導手冊**。台北：心理。

周台傑（1999）。學習障礙學生之鑑定與評量。載於台北市教育局（主
編），**台北市八十七學年度學習障礙學生鑑定、評量、教學系列研討
會實錄**（頁38-50）。台北：台北市立師範學院特殊教育中心。

林宏熾（2000）。**多重障礙學生輔導手冊**。台北：教育部特殊教育小組。

林幸台、王木榮（1994）。**威廉斯創造力測驗指導手冊**。台北：心理。

林幸台、吳武典、王振德、蔡崇建、郭靜姿、胡心慈（2000）。**綜合心理
能力測驗施測指導**。台北：心理。

林幸台、吳武典、王振德、蔡崇建、郭靜姿、胡心慈（2001）。**綜合心理
能力測驗編製技術報告**。台北：心理。

林寶貴（1994a）。**語言障礙與矯治**。台北：五南。

林寶貴（1994b）。**聽覺障礙教育與復健**。台北：五南。

林寶貴、錡寶香（2000）。**語言障礙學生輔導手冊**。台北：教育部特殊教
育小組。

林寶貴、錡寶香（2003）。**兒童口語理解測驗指導手冊**。台北：國立台灣
師範大學特殊教育中心。

林麗珍、車崇珍、郭寶鶯、賴玉連、謝昭玲等（編）（2001）。**國民中小
學國語課本（一年級上學期）**。台南：翰林。

孟瑛如（2001）。**學習障礙與補救教學**。台北：五南。

孟瑛如（2004a）。**國民中小學記憶策略行為特徵檢核表指導手冊**。台北：
心理。

孟瑛如（2004b）。**國民中小學考試技巧行為特徵檢核表指導手冊**。台北：

　　心理。

孟瑛如（2004c）。國民中小學社交技巧行為特徵檢核表指導手冊。台北：
　　心理。

孟瑛如（2004d）。國民中小學時間管理行為特徵檢核表指導手冊。台北：
　　心理。

孟瑛如、陳麗如（2001）。國民中小學學習行為特徵檢核表指導手冊。台
　　北：心理。

柯華葳（1999）。閱讀理解困難篩選測驗施測說明。台北：行政院國家科
　　學委員會。

洪儷瑜（1995）。必也正其名乎——行為異常、性格異常、情緒障礙或嚴
　　重情緒困擾。特殊教育季刊，54，10-15。

洪儷瑜（1998）。我國嚴重情緒障礙教育之芻議——從「第二屆行為異常
　　兒童及青少年國際研討會」出席會議心得談起。特教園丁，1，1-7。

洪儷瑜（1999）。ADHD 學生的教育與輔導。台北：心理。

洪儷瑜、張郁雯、陳秀芬、陳慶順、李瑩玓（2003）。基本讀寫字綜合測
　　驗指導手冊。台北：心理。

財團法人第一社會福利基金會（1998）。行為問題的功能性分析與處理策
　　略。台北：財團法人第一社會福利基金會。

徐享良（1998）。中華適應行為量表使用手冊。台北：教育部。

桂怡芬（1996）。紙筆與實作的互補：我的實作評量經驗。教育資料與研
　　究，13，24-35。

郭生玉（1999）。心理與教育測驗（13 版）。台北：精華。

郭靜姿（1996）。資賦優異學生的鑑定與教育安置。教育資料集刊，21，
　　27-54。

許天威、徐享良、席行蕙（1992）。國語正音檢核表使用手冊。台北：心
　　理。

許天威、蕭金土（1999）。綜合性非語文智力測驗指導手冊。台北：心
　　理。

許家驊（2003）。實作評量效度規準及實徵建構之探討。教育學刊，21，

127-147。

陳政見（2004a）。**領導才能性向測驗指導手冊**。台北：心理。

陳政見（2004b）。**國小學生活動量評量表指導手冊**。台北：心理。

陳政見、劉英森（2001）。**幼稚園兒童活動量評量表指導手冊**。台北：心理。

陳振宇、謝淑蘭、成戎珠、黃朝慶、洪碧霞、櫻井正三郎、吳裕益、邱上眞、陳小娟、曾進興（2003）。**認知神經心理能力檢核表使用手冊**。台北：國立台灣師範大學特殊教育中心。

陳榮華（1997）。**魏氏兒童智力量表第三版中文版指導手冊**。台北：中國行為科學社。

陳榮華（1998）。WISC-Ⅲ中文版主要內容提示。摘於**魏氏兒童智力量表研討會會議手冊**。台北：中國行為科學社。

陳榮華、陳心怡（2000）。**魏氏幼兒智力量表修訂版中文版指導手冊**。台北：中國行為科學社。

陳榮華、陳心怡（2002）。**魏氏成人智力量表第三版中文版指導手冊**。台北：中國行為科學社。

陳龍安（1996）。**智能結構學習能力測驗指導手冊**。台北：心理。

陳麗如、王文科、林宏熾（2001）。**身心障礙者轉銜服務評估量表指導手冊**。台北：心理。

教育部（1992）。**多重障礙兒童鑑定標準及就學輔導原則要點**。台北：教育部。

教育部（1994）。**各級學校可用測驗使用手冊**。台北：教育部訓委會。

教育部（1997）。**特殊教育法**。台北：教育部。

教育部（2005）。**教育部特殊教育通報網特殊教育學校概況**。2005 年 12 月 23 日，摘自 http://www.set.edu.tw/frame.asp。台北：教育部。

陸莉、黃玉枝、林秀錦、朱慧娟（2000）。**智能障礙學生輔導手冊**。台北：教育部特殊教育小組。

陸莉、劉鴻香（1997）。**拜瑞—布坦尼卡　視覺—動作統整發展測驗指導手冊**。台北：心理。

陸莉、劉鴻香（1998）。**修訂畢保德圖畫詞彙測驗指導手冊**。台北：心理。

張世彗、藍瑋琛（2004）。**特殊學生鑑定與評量（第二版）**。台北：心理。

張宏俊（1997）。精神疾病的病因與症狀。載於鍾信心等著，**精神科護理學**（四版）（頁63-80）。台北：華杏。

張美玉（2001）。從多元智能的觀點談歷程檔案評量在教育上的應用。**教育研究資訊，1，**32-54。

張敏雪（1999）。教室內的實作評量。**現代教育論壇，4，**35-39。

張禧莉（1991）。**特殊學生評量工具彙編**。台北：國立台灣師範大學特殊教育中心。

張禧莉、胡梅（1999）。**中華民國特殊教育法規彙編**。台北：國立台灣師範大學特殊教育中心。

莊佩玲（2002）。發覺孩子的真實能力——實作評量的實施與設計。**師友，417，**38-42。

黃世鈺（1999）。資優幼兒情意行為觀察量表編製原理與實例探析。**國民教育研究學報，5，**331-351。

黃秀霜（2001）。**中文年級認字量表指導手冊**。台北：心理。

黃美涓（2000）。**身體病弱學生輔導手冊**。台北：教育部特殊教育小組。

黃裕惠（譯）（2000）。**行為改變技術理論與運用**。台北：學富。

單文經（1998）。評介二種多元評量：真實評量與實作評量。**北縣教育，25，**46-52。

彭森明（1996）。實作評量理論與實際。**教育資料與研究，9，**44-48。

蔡崇建（1989）。**魏氏兒童智力量表的解釋與診斷分析**。台北：台北市立師範學院特殊教育中心。

蔡崇建（1991）。**智力的評量與分析**。台北：心理。

劉信雄、王亦榮、林慶仁（2000）。**視覺障礙學生輔導手冊**。台北：教育部特殊教育小組。

劉唯玉（2000）。教學原理課程實施檔案評量之行動研究。**花蓮師院學**

報，**10**，47-64。

鄭信雄、李月卿（1998）。**兒童感覺發展檢核表實施手冊**。台北：心理。

鄭麗月（2001）。**情緒障礙量表指導手冊**。台北：心理。

盧雪梅（1999）。實作評量的應許、難題和挑戰。**現代教育論壇，4，**
3-9。

英文部分

AAMR (1992). *Definition, classification and systems of supports* (9th ed.). Washington: American Association on Mental Retardation.

American Psychiatric Association, APA (1994). *Diagnostic and statistical manual of mental disorders* (4th ed.). Washington: American Psychiatric Association.

American Psychiatric Association, APA (2000). *Diagnostic and statistical manual of mental disorders* (4th ed. Text Revision). Washington: American Psychiatric Association.

ASHA (1983). Position of the American Speech-Language-Hearing Association on social dialects. *ASHA, 25*, 23-25.

Bluestone, M. A. (1985). Decreasing pica by antecedent scavenging behaviors. Paper presented at the annual meeting of the American Psychological Association. (ERIC Document Reproduction Service No. Ed 268 745)

Chen, Y. F., & Martin, M. A. (2000). Using performance assessment and portfolio assessment together in the elementary classroom. *Reading Improvement, 37* (1), 32-38.

Cioffi, G., & Garney, J. J. (1997). Dynamic assessment of composing abilities in children with learning disabilities. *Educational Assessment, 4*(3), 175-202.

Clauser, B. E., Harik, P., & Clyman, S. G. (2000). The generalizability of scores for a performance assessment scored with a computer-automated scoring system. *Journal of Educational Measurement, 37*(3), 245-261.

Crosson, J. E. (1969). The functional analysis of behavior: A technology for special education practices. *Mental Retardation, 7(*4), 15-18.

Day, H. M., Horner, R. H., & O'Neill, R. E. (1994). Multiple functions of problem behaviors: Assessment and intervention. *Journal of Applied Behavior Analysis, 27,* 279-289.

Elliott, J., Ysseldyke, J., Thurlow, M., & Erickson, R. (1998). What about assessment and accountability? Practical implications for educators. *Teaching Exceptional Children, Sept/*Oct, 20-27.

Gerber, M. M., Semmel, D. S., & Semmel, M. I. (1994). Computer-based dynamic assessment of multidigit multiplication. *Exceptional Children, 61(*2), 114-123.

Gillam, R. B., Pena, E. D., & Miller, L. (1999). Dynamic assessment of narrative and expository discourse. *Top Lang Disord, 20*(1), 33-47.

Hallahan, D. P., & Kauffman, J. M. (1997). *Exceptional Learners.* Boston: Allyn & Bacon.

Hambleton, R. K. (2000). Advances in performance assessment methodology. *Applies Psychological Measurement, 24*(4), 291-293.

Heward, W. L., & Orlansky, M. D. (1992). *Exceptional children: An introductory survey of special education.* New York: Merrill.

Jochum, J., Curran, C., & Reetz, L. (1998). Creating individual educational portfolios in written language. *Reading &Writing Quarterly, 14*(3), 283-306.

Kauffman, J. M. (1997). *Characteristics of emotional and behavioral disorders of children and youth* (6th ed.). Columbus: Merrill.

Leonard, W. H., Speziale, B. J., & Penick, J. E. (2001). Performance assessment of a standards-based high school biology curriculum. *The American Biology Teacher, 63*(5), 310-316.

Lerner, J. (2000). *Learning disabilities: Theories, diagnosis, and teaching strategies*(7th ed.). Boston, MA: Houghton Mifflin.

Lofts, R. H., & Others (1990). Effects of serum zinc supplementation on pica behavior of persons with mental retardation. *American Journal on Mental Re-*

tardation, 95(1),103-09.

Meisels, S. J., Xue, Y., Bickel, D. D., Nicholson, J., & Atkins-Burnett, S. (2001). Parental reactions to authentic performance assessment. *Educational Assessment, 7*(1), 61-85.

Mostropieri, M. A., & Scruggs, T. E. (1994). *Effective instruction for special education* (2nd ed.). Texas: Pro-ed.

Parette, H. P., & Bartlett, C. S. (1996). Collaboration and ecological assessment: Bridging the gap between medical and educational environments for students who are medically fragile. *Physical Disabilities: Education & Related Services, 15*(1), 33-47.

Piazza, C. C., Hanley, G. P., & Fisher, W. W. (1996). Functional analysis and treatment of cigarette pica. *Journal of Applied behavior Analysis, 29,* 437-450.

Salend, S. J. (1998). Using portfolios to assess student performance. *Teaching Exceptional Children, 31*(2), 36-43.

Scruggs, T. E., & Mastropieri, M. A. (1994). Assessment of students with learning disabilities: Current issues and future directions. *Diagnostique: Professional Bulletin of the Council for Education Diagnostic Services, 20* (1), 17-31.

Slate, J. R. (1995). Discrepancies between IQ and index scores for a clinical sample of students: Useful diagnositic indicators. *Psychology in the Schools, 32,*103-108.

Smith, M. B., Patton, J., & Ittenbach, R.(1994). *Mental retardation.* New York : Maxwell Macmillan.

Smith, T. E. C., Polloway, E. A., Patton, J. R., & Dowdy, C. A. (1998). *Teaching students with special needs in inclusive settings.* Boston: Allyn & Bacon.

Spalding, E. (2000). Performance assessment and the new standards project: A story of serendipitous success. *Phi Delta Kappan, 81*(10), 758-764.

Standford, P., & Siders, J. A. (2001). Authentic assessment for intervention. *In-*

tervention in School and Clinic, 36(3), 163-167.

Steege, M. W., & Davin, T., & Hathaway, M. (2001). Reliability and accuracy of a performance-based behavioral recording procedure. *School Psychology Review, 30*(2), 252-261.

Swason, H. L. (1996). Classification and dynamic assessment of children with disabilities. *Focus on Exceptional Children, 28*(9), 1-20.

Vygotsky, L. S. (1978). Mind in society: *The development of higher psychological processes*. Cambridge, MA: Harvard University Press.

Wetzel, M. C., Taylor, M. J., & Lachowicz, J. M. (1991). Ecological assessment of disabling stereotyped behavior in a workday program. *Education and Training in Mental Retardation, 26*(3), 223-231.

World Health Organization, WHO (1992). T*he ICD10 Classification of Mental and Behavioural Disorders*. Geneva: World Health Organization.

Woodward, J., Monroe, K., & Baxter, J. (2001). Enhancing student achievement on performance assessments in mathematics. *Learning Disability Quarterly, 24*, 33-46.

附錄一　身心障礙及資賦優異學生鑑定標準

中華民國九十一年五月九日教育部（91）台參字第91063444號令訂定發布全文20條

第　1　條　本標準依特殊教育法（以下簡稱本法）第三條第三項及第四條第二項規定訂定之。

第　2　條　各類特殊教育學生之鑑定，由各直轄市、縣（市）政府「特殊教育學生鑑定及就學輔導委員會」（以下簡稱鑑輔會）負責相關事宜。

　　　　　各類特殊教育學生之鑑定，應採多元評量之原則，依學生個別狀況，採取標準化評量、直接觀察、晤談、醫學檢查等方式，或參考身心障礙手冊記載蒐集個案資料，綜合研判之。

第　3　條　本法第三條第二項第一款所稱智能障礙，指個人之智能發展較同年齡者明顯遲緩，且在學習及生活適應能力表現上有嚴重困難者；其鑑定標準如下：

　　　　　一、心智功能明顯低下或個別智力測驗結果未達平均數負二個標準差。

　　　　　二、學生在自我照顧、動作、溝通、社會情緒或學科學習等表現上較同年齡者有顯著困難情形。

第　4　條　本法第三條第二項第二款所稱視覺障礙，指由於先天或後天原因，導致視覺器官之構造缺損，或機能發生部分或全部之障礙，經矯正後對事物之視覺辨認仍有困難者；其鑑定標準如下：

　　　　　一、視力經最佳矯正後，依萬國式視力表所測定優眼視力未達〇‧三或視野在二十度以內者。

　　　　　二、無法以前款視力表測定時，以其他方式測定後認定者。

第 5 條 本法第三條第二項第三款所稱聽覺障礙，指由於先天或後天原因，導致聽覺器官之構造缺損，或機能發生部分或全部之障礙，導致對聲音之聽取或辨識有困難者；其鑑定標準如下：

一、接受自覺性純音聽力檢查後，其優耳語音頻率聽閾達二十五分貝以上者。

二、無法接受前款自覺性純音聽力檢查時，以他覺性聽力檢查方式測定後認定者。

第 6 條 本法第三條第二項第四款所稱語言障礙，指語言理解或語言表達能力與同年齡者相較，有顯著偏差或遲緩現象，而造成溝通困難者；其狀況及鑑定標準如下：

一、構音障礙：說話之語音有省略、替代、添加、歪曲、聲調錯誤或含糊不清等現象，並因而導致溝通困難者。

二、聲音異常：說話之音質、音調、音量或共鳴與個人之性別或年齡不相稱，並因而導致溝通困難者。

三、語暢異常：說話之節律有明顯且不自主之重複、延長、中斷，首語難發或急促不清等現象者。

四、語言發展遲緩：語言之語形、語意、語彙、語法、語用之發展，在語言理解或語言表達方面，較同年齡者有明顯偏差或遲緩現象者。

第 7 條 本法第三條第二項第五款所稱肢體障礙，指上肢、下肢或軀幹之機能有部分或全部障礙，致影響學習者；其鑑定標準依行政院衛生署所定「身心障礙等級」中所列肢體障礙之標準。

第 8 條 本法第三條第二項第六款所稱身體病弱，指罹患慢性疾病，體能虛弱，需要長期療養，以致影響學習者；其鑑定由醫師診斷後認定之。

第 9 條 本法第三條第二項第七款所稱嚴重情緒障礙，指長期情緒或行為反應顯著異常，嚴重影響生活適應者；其障礙並非因智

能、感官或健康等因素直接造成之結果。

情緒障礙之症狀包括精神性疾患、情感性疾患、畏懼性疾患、焦慮性疾患、注意力缺陷過動症，或有其他持續性之情緒或行為問題者。

嚴重情緒障礙之鑑定標準如下：

一、行為或情緒顯著異於其同年齡或社會文化之常態者，得參考精神科醫師之診斷認定之。

二、除學校外，至少在其他一個情境中顯現適應困難者。

三、在學業、社會、人際、生活等適應有顯著困難，且經評估後確定一般教育所提供之輔導無顯著成效者。

第 10 條 本法第三條第二項第八款所稱學習障礙，指統稱因神經心理功能異常而顯現出注意、記憶、理解、推理、表達、知覺或知覺動作協調等能力有顯著問題，以致在聽、說、讀、寫、算等學習上有顯著困難者；其障礙並非因感官、智能、情緒等障礙因素或文化刺激不足、教學不當等環境因素所直接造成之結果；其鑑定標準如下：

一、智力正常或在正常程度以上者。

二、個人內在能力有顯著差異者。

三、注意、記憶、聽覺理解、口語表達、基本閱讀技巧、閱讀理解、書寫、數學運算、推理或知覺動作協調等任一能力表現有顯著困難，且經評估後確定一般教育所提供之學習輔導無顯著成效者。

第 11 條 本法第三條第二項第九款所稱多重障礙，指具兩種以上不具連帶關係且非源於同一原因造成之障礙而影響學習者。

多重障礙之鑑定，應參照本標準其他各類障礙之鑑定標準。

第 12 條 本法第三條第二項第十款所稱自閉症，指因神經心理功能異常而顯現出溝通、社會互動、行為及興趣表現上有嚴重問題，造成在學習及生活適應上有顯著困難者；其鑑定標準如下：

一、顯著口語、非口語之溝通困難者。

二、顯著社會互動困難者。

三、表現固定而有限之行為模式及興趣者。

第 13 條 本法第三條第二項第十一款所稱發展遲緩，指未滿六歲之兒童，因生理、心理或社會環境因素，在知覺、認知、動作、溝通、社會情緒或自理能力等方面之發展較同年齡顯著遲緩，且其障礙類別無法確定者；其鑑定依兒童發展及養育環境評估等資料，綜合研判之。

第 14 條 本法第四條第一項第一款所稱一般智能優異，指在記憶、理解、分析、綜合、推理、評鑑等方面較同年齡具有卓越潛能或傑出表現者；其鑑定標準如下：

一、智力或綜合性向測驗得分在平均數正一點五個標準差或百分等級九十三以上者。

二、專家學者、指導教師或家長觀察推薦，並檢附學習特質與表現等具體資料者。

第 15 條 本法第四條第一項第二款所稱學術性向優異，指在語文、數學、社會科學或自然科學等學術領域，較同年齡具有卓越潛能或傑出表現者；其鑑定標準為下列各款規定之一：

一、某領域學術性向或成就測驗得分在平均數正一點五個標準差或百分等級九十三以上，經專家學者、指導教師或家長觀察推薦，並檢附專長學科學習特質與表現等具體資料者。

二、參加國際性或全國性有關學科競賽或展覽活動表現特別優異，獲前三等獎項者。

三、參加學術研究單位長期輔導之有關學科研習活動，成就特別優異，經主辦單位推薦者。

四、獨立研究成果優異，經專家學者或指導教師推薦，並檢附具體資料者

第 16 條 本法第四條第一項第三款所稱藝術才能優異，指在視覺或表

演藝術方面具有卓越潛能或傑出表現者；其鑑定標準為下列各款規定之一：

一、某領域藝術性向測驗得分在平均數正一點五個標準差或百分等級九十三以上者，或術科測驗表現優異者。

二、參加國際性或全國性各該類科競賽表現特別優異，獲前三等獎項者。

三、專家學者、指導教師或家長觀察推薦，並檢附藝術才能特質與表現等具體資料者。

第 17 條 本法第四條第一項第四款所稱創造能力優異，指運用心智能力產生創新及建設性之作品、發明或問題解決者；其鑑定標準為下列各款規定之一：

一、創造能力測驗或創造性特質量表得分在平均數正一點五個標準差或百分等級九十三以上者。

二、參加國際性或全國性創造發明競賽表現特別優異，獲前三等獎項者。

三、專家學者、指導教師或家長觀察推薦，並檢附創造才能特質與表現等具體資料者。

第 18 條 本法第四條第一項第五款所稱領導才能優異，指具有優異之計畫、組織、溝通、協調、預測、決策、評鑑等能力，而在處理團體事務上有傑出表現者；其鑑定標準為下列各款規定之一：

一、領導才能測驗或領導特質量表得分在平均數正一點五個標準差或百分等級九十三以上者。

二、專家學者、指導教師、家長或同儕觀察推薦，並檢附領導才能特質與表現等具體資料者。

第 19 條 本法第四條第一項第六款所稱其他特殊才能優異，指在肢體動作、工具運用、電腦、棋藝、牌藝等能力具有卓越潛能或傑出表現者；其鑑定標準為下列各款規定之一：

一、參加國際性或全國性技藝競賽表現特別優異，獲前三等

獎項者。

二、專家學者、指導教師或家長觀察推薦，並檢附專長才能
　　特質與表現等具體資料者。

第　20　條　本標準自發布日施行。

附錄二　身心障礙者鑑定作業辦法

中華民國八十六年十一月十二日行政院衛生署（86）衛署醫字第 86063471
　號令訂定發布全文 15 條

中華民國八十八年八月二十一日行政院衛生署（88）衛署醫字第 88055821
　號令修正發布第 2 條條文

中華民國九十一年三月一日行政院衛生署（91）衛署醫字第 0910015496 號
　令修正發布第 12 條條文

第　1　條　本辦法依身心障礙者保護法（以下簡稱本法）第十條第二項
　　　　　　規定訂定之。

第　2　條　本辦法所稱衛生主管機關：在中央為行政院衛生署；在直轄
　　　　　　市為直轄市府衛生局；在縣（市）為縣（市）政府。

第　3　條　直轄市及縣（市）衛生主管機關應依本法第十條第一項規
　　　　　　定，以任務編組方式設鑑定小組，辦理下列事項：

　　　　　　一、鑑定醫療機構之指定事項。

　　　　　　二、身心障礙等級重新鑑定之指定事項。

　　　　　　三、鑑定結果爭議與複檢之處理事項。

　　　　　　四、其他相關事項。

　　　　　　前項鑑定小組委員，由下列人員組成：

　　　　　　一、衛生局代表。

　　　　　　二、社會科（局）代表。

　　　　　　三、教育局代表。

　　　　　　四、醫療人員。

　　　　　　五、身心障礙者團體代表。

　　　　　　六、地方人士。

第　4　條　智能障礙者、自閉症或慢性精神病患者之鑑定，必要時由所
　　　　　　在地直轄市或縣（市）衛生主管機關邀集醫師、臨床心理人

員、特殊教育人員、社會工作人員、職能治療人員組成鑑定作業小組予以鑑定。

第 5 條 申請身心障礙者之鑑定，應檢具下列文件：

一、一吋半身照片三張。

二、身分證影印本或戶口名簿影印本。

身心障礙者因障礙情況改變自行申請重新鑑定者，除檢具前項規定之文件外，並應另檢具三個月內之診斷證明。

第 6 條 身心障礙者之鑑定，其流程如下：

一、向戶籍所在地直轄市區公所或縣市鄉（鎮、市、區）公所申請。

二、經直轄市區公所或縣市鄉（鎮、市、區）公所詢視後發給身心障礙者鑑定表。

三、持憑身心障礙者鑑定表至指定之醫療機構或場所辦理鑑定。

四、鑑定醫療機構或鑑定作業小組應於鑑定後一個月內，將該鑑定表送達申請人戶籍所在地之直轄市及縣（市）衛生主管機關。

五、直轄市或縣（市）衛生主管機關核發鑑定費用，並將該鑑定表核轉直轄市或縣（市）社政主管機關依規定製發身心障礙手冊。

植物人或癱瘓在床無法自行至醫療機構辦理鑑定者，由直轄市或縣（市）衛生主管機關請鑑定醫療機構指派醫師前往鑑定。

第一項身心障礙者鑑定表之格式，由中央衛生主管機關定之。

第 7 條 對於鑑定結果有異議申請複檢，或因障礙情況改變申請重新鑑定，依前條第一項規定之流程辦理。依前項規定申請複檢，應於收受鑑定結果通知之日起一個月內申請之，逾期者不予受理。

第　8　條　鑑定醫療機構對於身心障礙者之鑑定，其鑑定醫師資格、鑑定工具與鑑定檢查項目，應符合中央衛生主管機關之規定。

第　9　條　鑑定醫師應親自鑑定，始得填具身心障礙者鑑定表；鑑定結果對於身心障礙類別與等級之判定，應依身心障礙等級之標準辦理。

前項鑑定所施行之診斷、診察、檢查或檢驗等情形，均應詳載於病歷，其檢查、檢驗結果，鑑定醫療機構並應連同病歷依規定妥善保存。

鑑定醫師填具身心障礙鑑定表，其內容應詳實，字跡工整，以利判別，並需簽章，以示負責。

第　10　條　鑑定醫療機構已有其申請人三個月內之就診紀錄，足以依身心障礙等級之標準，判定其身心障礙類別與等級者，鑑定醫師得逕依其病歷紀錄，填具身心障礙者鑑定表。

第　11　條　鑑定醫療機構、醫師因限於設備及專長，無法確定鑑定其身心障礙類別或等級時，應會診其他醫師或建議其轉診。

第　12　條　除下列情形者外，申請身心障礙者鑑定，以三歲以上能明確判定身心障礙等級為限。

一、可明確鑑定其肢體或器官永久性缺陷之嬰幼兒。

二、由染色體、生化學或其他檢查、檢驗確定為先天缺陷或先天性染色體、代謝異常或經中央衛生主管機關認定因罕見疾病而致身心功能障礙之嬰幼兒。

依前項第二款情形申請身心障礙者鑑定，經鑑定為身心障礙但無法區分其等級者，得先暫予以判定為重度身心障礙。

依前項暫予判定為重度身心障礙者，應於滿三歲後，再申請鑑定其身心障礙等級。

第　13　條　鑑定醫療機構、鑑定醫師，對於身心障礙者之鑑定，不得為虛偽之陳述或鑑定。

第　14　條　依本辦法所為之鑑定，其鑑定費用由直轄市及縣（市）衛生主管機關依規定收費標準核付。鑑定醫療機構不得向申請身

心障礙鑑定者另行收取鑑定費。

第 15 條 本辦法自發布日施行。

附錄三　身心障礙等級

中華民國八十六年七月十九日行政院衛生署衛署醫字第86046446號公告
中華民國八十八年五月十二日行政院衛生署衛署醫字第88027583號公告修
　正
中華民國九十年五月十七日行政院衛生署衛署醫字第0900032095號公告修
　正
中華民國九十一年二月七日行政院衛生署衛署醫字第0910014799號公告修
　正

名稱	定義	等級	標準	備註
視覺障礙	先天或後天原因，導致視覺器官（眼球、視覺神經、視覺徑路、大腦視覺中心）之構造或機能發生部分或全部之障礙，經治療仍對外界事物無法（或甚難）作視覺之辨識。	重度	1.兩眼視力優眼在〇‧〇一（不含）以下者。 2.優眼自動視野計中心三十度程式檢查，平均缺損大於二十DB（不含）者。	身心障礙之核定標準，視力以矯正視力為準，經治療而無法恢復者。
		中度	1.兩眼視力優眼在〇‧一（不含）以下者。 2.優眼自動視野計中心三十度程式檢查，平均缺損大於十五DB（不含）者。 1.單眼全盲（無光覺）而另眼視力〇‧二以下（不含）者。	
		輕度	1.兩眼視力優眼在〇‧一（含）至〇‧二者（含）者。 2.兩眼視野各為二十度以內者。 3.優眼自動視野計中心三十度程式檢查，平均缺損大於十DB（不含）者。 4.單眼全盲（無光覺）而另眼視力在〇‧二（含）至〇‧四（不含）者。	
聽覺機能障礙	各種原因導致聽覺機能永久性缺損。	重度	優耳聽力損失在九十分貝以上者。	
		中度	優耳聽力損失在七十至八十九分貝者。	
		輕度	優耳聽力損失在五十五至六十九分貝	

名稱	定義	等級		標準	備註
平衡機能障礙	因平衡器官如感覺神經系統、前庭神經系統、小腦脊髓基底核或其他中樞神經病變,引致長久持續性之平衡障礙。	重度		平衡機能障礙而無法坐立者	
		中度		平衡機能障礙而無法站立者。	
		輕度		平衡機能障礙致步行困難者。	
聲音機能或語言機能障礙	由於器質性或機能性異常,導致語言理解、語言表達、說話清晰度、說話流暢性或發聲產生困難。	重度		1.無法用語言或聲音與人溝通者。 2.喉部經手術全部摘除,發聲機能全廢者。	
		中度		語言理解、語言表達、說話清晰度、說話流暢性或發聲有嚴重困難,導致與人溝通有顯著困難者。	
		輕度		語言理解、語言表達、說話清晰度、說話流暢性或發聲有明顯困難,且妨礙交談者。	
肢體障礙	由於發育遲緩,中樞或周圍神經系統發生病變,外傷或其他先天或後天性骨骼肌肉系統之缺損或疾病而形成肢體障礙致無法或難以修復者。	上肢	重度	1.兩上肢之機能全廢者。 2.兩上肢由腕關節以上欠缺者。	一、一人同時具有上、下肢、軀幹或四肢中之兩項以上障礙者,以較重級者為準,如有兩項以上同級時,可晉一級,但最多以晉一級為限。 二、機能顯著障礙係指以下情形之一: ・正常關節活動度喪失70%以上。 ・肌力喪失程度在三級(含)以下。
			中度	1.兩上肢機能顯著障礙者。 2.一上肢機能全廢者。 3.兩上肢大拇指及食指欠缺或機能全廢者。 4.上肢的上臂二分之一以上欠缺者。	
			輕度	1.一上肢機能顯著障礙者。 2.上肢的肩關節或肘關節、腕關節其中任何一關節機能全廢者,或有顯著障礙者。 3.一上肢的拇指及食指欠缺或機能全廢者,或有顯著障礙者。 4.一上肢三指欠缺或機能全廢或顯著障礙,其中包括拇指或食指者。 5.兩上肢拇指機能有顯著障礙者。	

名稱	定義	等級		標準	備註
肢體障礙	由於發育遲緩，中樞或周圍神經系統發生病變，外傷或其他先天或後天性骨骼肌肉系統之缺損或疾病而形成肢體障礙致無法或難以修復者。	下肢	重度	1.兩下肢的機能全廢者。 2.兩下肢自大腿二分之一以上欠缺者。	
			中度	1.兩下肢的機能顯著障礙者。 2.兩下肢自踝關節以上欠缺者。 3.一下肢自膝關節以上欠缺者。 4.一下肢的機能全廢者。	
			輕度	1.一下肢自踝關節以上欠缺者。 2.一下肢的機能顯著障礙者。 3.兩下肢的全部腳趾欠缺或機能全廢者。 4.一下肢的股關節或膝關節的機能全廢或有顯著障礙者。 5.一下肢與健全側比較時短少五公分以上或十五分之一以上者。	
		軀幹	重度	因軀幹之機能障礙而無法坐立著。	
			中度	因軀幹的機能障礙而致站立困難者。	
			輕度	因軀幹的機能障礙而致步行困難者。	
		四肢	極重度	四肢的機能全廢者。	
智能障礙	成長過程中，心智發展停滯或不完全發展，導致認知、能力和社會適應有關之智能技巧的障礙稱為智能障礙。	極重度		智商未達該智力測驗的平均值以下五個標準差，或成年後心理年齡未滿三歲，無自我照顧能力，亦無自謀生活能力，須賴人長期養護的極重度智能不足者。	一、智商鑑定若採用魏氏兒童或成人智力測驗時，智商範圍極重度為二十四以下，重度為二十五至三十九，中度為四十至五十四，輕度為五十五至六十九。 二、智商鑑定若採用比西智力量表時，智商範圍極重度為十九以下，重度為二十至三十五，中度為三十六至五十一，輕度為五十二至六十七。
		重度		智商界於該智力測驗的平均值以下四個標準差至五個標準差（含）之間，或成年後心理年齡在三歲以上至未滿六歲之間，無法獨立自我照顧，亦無自謀生活能力，須賴人長期養護的重度智能不足者。	
		中度		智商界於該智力測驗的平均值以下三個標準差至四個標準差（含）之間，或成年後心理年齡介於六歲以上至未滿九歲之間，於他人監護指導下僅可部分自理簡單生活，於他人庇護下可從事非技術性的工作，但無獨立自謀生活能力的中度智能不足者。	

名稱	定義	等級		標準	備註
智能障礙		輕度		智商界於該智力測驗的平均值以下二個標準差至三個標準差（含）之間，或成年後心理年齡介於九歲至未滿十二歲之間，在特殊教育下可部份獨立自理生活，及從事半技術性或簡單技術性工作的輕度智能不足者。	三、無法施測智力測驗時，可參考其他發展適應行為量表評估，或臨床綜合評量，以評估其等級。
重要器官失去功能	1.其殘障之認定必須俟治療中止，確知無法矯治，對身體功能確具障礙者。 2.有二種以上重要臟器併存身心障礙時，提高一等級。 3.各臟器之身心障礙標準 ㈠症狀綜合衡量。 ㈡有無工作能力。 ㈢影響其日常生活活動。 ㈣需他人扶助之情形。	心臟	極重度	心臟血管機能遺存極度障礙，生活自理能力喪失，並經常需賴醫藥及家人周密照顧，而有下列情形之一者： 1.難以控制之進行性慢性鬱血性心衰竭，心臟機能損害第四度，且經治療三個月仍無法改善者。 2.由高血壓心臟病導致之腦血管障礙，極度喪失自理能力，且經治療六個月無法改善者。 3.心臟移植者。	心臟機能損害分類標準： ・第一度：有心臟病，但無運動障礙，平常之活動下，無氣喘、胸痛、疲倦或心悸現象。 ・第二度：有心臟病，且有輕度運動障礙，在休息或輕工作時無症狀，但日常生活較重之工作時則有症狀。 ・第三度：有心臟病，且有重度運動障礙，休息時無症狀，但稍有活動即有症狀。 ・第四度：有心臟病，且無法活動者，在靜止狀態下有心臟代償不全，活動時症狀加重。
			重度	心臟血管機能遺存顯著障礙，生活自理能力缺欠，需賴醫藥及家人周密照顧，而有下列情形之一者： 1.任何心臟病，心臟機能損害第三度，有多發性鬱血性心衰竭，其心臟機能除飲食起居外，不能作任何操作勞動，且經治療六個月無效者。 2.難以控制之頻發性心絞痛，且無法接受冠狀動脈整形手術或繞道手術（或手術失敗），經診斷確實，而治療六個月無改善者。 3.多發性複雜心室性心律不整，合併多發性腦缺血症狀，經治療六個月無改善者。 4.重度心臟傳導阻滯，合併多發性腦缺血症狀，經心電圖證實，而無安裝人工心律調速器者。 5.任何心臟病，在手術後六個月，其心臟機能損害仍在第三度者。 6.肢體周邊動脈阻塞性疾病（經超音波或血管攝影證實），無法手術，但經藥物治療三個月以上仍有缺血性潰瘍者。	

名稱	定義	等級	標準	備註
重要器官失去功能		心臟 中度	心臟血管機能遺存障礙,生活尚可自理,但需賴藥物治療,無法從事輕度勞務(第三度)或勞動可能導致生命危險,而有下列情形之一者: ・經藥物或外科手術後之各種心臟病,有一次以上之鬱血性心衰竭,而藥物治療六個月,尚難完全控制症狀者。 ・患有夾層性主動脈瘤者。 ・動脈瘤無法手術完全切除者。	
		心臟 輕度	心臟血管機能遺存障礙,室內生活可自理,但室外活動仍受限制,或有危險性,而有下列情形之一者: 一、有鬱血性心衰竭病史及證據,但可用藥物控制症狀者。 二、接受永久性心律調整器者。 三、下肢深部靜脈疾病具有顯著下肢水腫者。	
		肝臟 極重度	肝臟機能遺存極度障礙,生活無法自理,經常需要醫藥或家人周密照顧,有下列情形之一者: 一、符合 Pugh's modification of Child-Turcotte criteria 等級之 Child's class C 者。 二、肝臟移殖者。	
		肝臟 重度	肝臟機能遺存顯著障礙,生活自理能力喪失,需家人周密照顧,符合 Pugh's modification of Child-Turcotte criteria 等級之 Child's class B,且有下列情形之一者: 一、肝硬化併難治性腹水。 二、肝硬化併反覆發生及肝性腦病變。 三、肝硬化併反覆發生之食道或胃靜脈曲張破裂出血。 四、自發性腹膜炎。	

名稱	定義	等級	標準	備註
重要器官失去功能		肝臟　中度	肝臟機能遺存顯著障礙，終身不能從事任何工作，日常生活需人扶助，而有下列情形之一者： 一、符合 Pugh's modification of Child-Turcotte criteria 等級之 Child's class B，且合併食道或胃靜脈曲張破裂出血者。 二、反覆性膽道狹窄或肝內膽管結石經兩次以上手術，仍有反覆性膽管發炎者。	
		輕度	室內生活可自理，室外生活仍受限制者，且符合 Pugh's modification of Child-Turcotte criteria 等級之 Child's class B 者。	
		呼吸器官　極重度	需使用氧氣或人工呼吸器以維持生命者： 一、慢性穩定狀況時，未予額外氧氣呼吸，動脈血氧分壓低於（或等於）50mmHg，經治療三個月仍未改善者。 二、需使用人工呼吸器以維持生命，經治療三個月仍未改善者。	一、FEV1：用力呼氣一秒量。 二、FVC：用力呼氣肺活量。 三、DLco：肺瀰散量。
		重度	呼吸器官疾病經治療六個月以上，未能改善，經臨床與肺功能評估，確認其病況為不可逆之變化，日常生活高度依存他人照顧，而有下列情形之一者： 一、FEV1 為正常值百分之二十五（含）以下者。 二、FEV1/FVC 之比值為正常值百分之三十五（含）以下者。 三、DLco 為正常值百分之二十五（含）以下者。 四、肺臟切除一側或以上者。 五、施行永久性氣管切開術後，在未給與額外氧氣時，動脈血氧分壓於 50mmHg 至 55mmHg（含）。	

名稱	定義	等級		標準	備註
重要器官失去功能		呼吸器官	中度	呼吸器官疾病經治療六個月以上，未能改善，經臨床與肺功能評估，確認其病況為不可逆之變化，日常生活部分依存他人照顧，而有下列情形之一者： 一、FEV1 為正常值百分之二十五至三十（含）者。 二、FEV1/FVC 之比值為正常值百分之三十五至四十（含）者。 三、DLco 為正常值百分之二十五至三十（含）者。 四、肺臟切除兩葉或以上未達一側肺者。 五、施行永久性氣管切開術後，在未給與額外氧氣時，動脈血氧分壓於 55mmHg 至 60mmHg（含）。	
			輕度	呼吸器官疾病經治療六個月以上，未能改善，經臨床與肺功能評估，確認其病況為不可逆之變化，日常生活勉可自理，而有下列情形之一者： 一、FEV1 為正常值百分之三十至三十五（含）者。 二、FEV1/FVC 之比值為正常值百分之四十至四十五（含）者。 三、DLco 為正常值百分之三十至三十五（含）者。 四、肺臟切除一葉或以上未達兩葉者。 五、施行永久性氣管切開術後，需經常清除分泌物以維持呼吸功能者。 六、重度睡眠呼吸障礙，呼吸障礙指數（Respiratory Disturbance Index，RDI）大於或等於每小時四十次，或每日累積重度缺氧時間（Sp02 小於或等於百分之八十五）超過一小時（含）以上，需使用呼吸輔助器者。	
		腎臟	極重度	慢性腎臟疾病或泌尿系統疾病併發尿毒症，需長期透析治療，生活無法自理，經常需要醫藥或家人周密照顧者。	腎臟移植後應重新鑑定。

名稱	定義	等級	標準	備註
重要器官失去功能		腎臟 / 重度	腎臟機能遺存極度障礙，生活無法自理，經常需要醫藥或家人周密照顧，而有下列情形之一者： 一、慢性腎臟疾病或泌尿系統疾病併發腎機能衰竭且肌酸酐廓清試驗每分鐘在十五公攝以下，合併有高血壓或貧血，經治療三個月無進步者。 二、永久性尿路改道者。	
		腎臟 / 中度	腎臟機能遺存極度障礙，生活自理能力喪失，並需家人周密照顧，而有下列情形之一者： 一、側腎全切除或無機能者。 二、慢性腎臟病或泌尿系統疾病併發腎機能衰竭且肌酸酐廓清試驗每分鐘在十六至三十公攝之間，治療三個月無進步者。	
		腎臟 / 輕度	慢性腎臟病或泌尿系統疾病，併發腎臟機能減退，有輕度氮血症（尿素氮及肌酸酐超出正常值，但每百公攝血液內分別在四十毫克與四毫克以下），不能從事任何工作，日常生活需人扶助，且經治療三個月無進步者。	
	因吞嚥器官之神經或結構異常而致永久性之吞嚥機能缺損者。	吞嚥機能障礙 / 中度	因吞嚥機能缺損而需長期以管食方式或造廔灌食維持生命者。	
		吞嚥機能障礙 / 輕度	食道嚴重狹窄經擴張術後僅能進食流質者。	
		胃 / 輕度	因醫療目的將胃全部切除，經口飲食但無法保持理想體重的百分之七十五，或需長期全靜脈營養治療者。	全胃切除後常有脹氣、食量減少，甚至有食物逆流口腔、吞嚥問題，體重無法保持而逐漸下降，致生活和工作發生障礙。

名稱	定義	等級		標準	備註
重要器官失去功能		腸道	重度	因醫療目的，將小腸大量切除，無法經口飲食保持一定體重，或需長期全靜脈營養治療者。	小腸大量切除後，體重無法保持而逐漸下降，致生活和工作發生障礙。永久性人工肛門患者可列為輕度身心障礙者範圍。暫時性人工肛門患者，不屬殘障者範圍。
			輕度	因醫療目的，將腸道部分外置於體表，需裝置永久性人工肛門，終生由腹表排便。	
		膀胱	輕度	1.裝置永久性人工膀胱或膀胱造瘻，終生需由腹表排尿者。 2.因神經受損致膀胱功能異常，無法正常排尿，需長期導尿照護者。	
	骨髓造血機能異常，致無法正常生活及工作者。	造血機能	重度	造血功能極度缺陷，經治療三個月以上仍無改善，無法負荷日常工作，並需家人周密照顧，同時具有下列第一、二、三、四項，或有血色沈著病（hemo-chromomatosis）情形者： 一、顆粒性白血球 500/mm3 以下。 二、血小板 20,000/ mm3 以下。 三、修正後網狀紅血球指數在 0.8%以下。 四、每個月至少需輸血一次。	一、重新鑑定期間：兩年。 二、血色沈著病的判定需符合以下兩項： 1.血清中 transferin saturation 大於百分之八十。 2.心臟機能損害第三度以上或肝臟纖維化或硬化。
			中度	造血功能缺陷，經治療三個月以上，仍同時具有下列項目中之兩項，且需不定期輸血，無法負荷日常工作者。 一、顆粒性白血球 500/mm3 以下。 二、血小板 20,000/ mm3 以下。 三、修正後網狀紅血球指數在 0.8%以下。	
			輕度	造血功能缺陷，經治療三個月以上，仍具有下列項目中之任一項，且每個月至少需輸血一次，無法負荷日常工作者。 一、顆粒性白血球 500/mm3 以下。 二、血小板 20,000/ mm3 以下。 三、修正後網狀紅血球指數在 0.8%以下。	

名稱	定義	等級	標準	備註
顏面損傷	先天或後天原因影響，使頭、臉、頸骨、頸部，發生外殘缺變異，或造成呼吸、咀嚼、吞嚥等功能之障礙，而對社會生活適應困難。	重度	頭、臉、頸部殘缺面積占百分之六十以上，無法或難以修復者。	一、以上所述殘缺面積即指頭、臉、頸部之可見部位所占面積之比例計算。 二、該等級均屬可變性，故須定期複查。
		中度	缺鼻、眼窩、雙側上顎、下顎二分之一或殘缺面積占百分之四十至五十九以上，而無法或難以修復者。	
		輕度	缺鼻二分之一，單側上顎或下顎缺損二分之一以下造成明顯中線偏移者；或殘缺面積占百分之三十至百分之三十九，而無法或難以修復者。	
植物人	大腦功能嚴重障礙，完全臥床，無法照顧自己飲食起居及通便，無法與他人溝通。	極重度	大腦功能嚴重障礙，完全臥床，無法照顧自己飲食起居及通便，無法與他人溝通者。	植物人列入一級身心障礙，無法再分等級。
失智症	心智正常發展之成人，在意識清醒狀態下，有明顯症候足以認定其記憶、思考、定向、理解、計算、學習、語言和判斷等多種之高級腦功能障礙，致日常生活能力減退或消失，工作能力遲鈍，社交技巧瓦解，言語溝通能力逐漸喪失。	極重度	記憶力極度喪失，僅剩殘缺片斷記憶，語言能力瓦解，僅餘咕嚕聲，判斷力喪失，對人、時、地之定向力完全喪失，大、小便失禁，自我照顧能力完全喪失，需完全依賴他人養護者。	一、失智症之鑑定係依國際疾病分類法鑑定，非以年齡為鑑定標準。 二、凡因腦疾病或創傷所致之不可治癒之失智症者，比照本類身心障礙等級辦理。
		重度	記憶力重度喪失，近事記憶能力全失，判斷力喪失，對時、地之定向力喪失，對親人之認知功能開始出現障礙，大、小便失禁，自我照顧能力喪失，開始出現簡單之日常生活功能障礙，需完全依賴他人養護者。	
		中度	記憶中度喪失，近事記憶困難，判斷力障礙，對時、地之定向力喪失，自我照顧能力缺損，且有明顯複雜性日常生活功能障礙，需部分依賴他人養護者。	
		輕度	記憶力輕度喪失，近事記憶局部障礙，判斷力障礙，對時間之定向力障礙，自我照顧能力部分缺損，且複雜的日常生活功能開始出現障礙，需在監督下生活者。	

名稱	定義	等級	標準	備註
自閉症	合併有認知功能、語言功能及人際社會溝通等方面之特殊精神病理，以致罹患者之社會生活適應有顯著困難之廣泛性發展障礙。	極重度	1.社會適應能力極重度障礙。 2.社會適應能力重度障礙，語言功能極重度障礙或重度障礙。 3.社會適應能力中度障礙，語言功能極重度障礙。 需完全仰賴他人養護，或需要密切監護，否則無法生存者。	有關社會適應能力及語言功能障礙程度之評定標準，如附件。
		重度	1.社會適應能力重度障礙，語言功能中度或輕度障礙。 2.社會適應能力中度障礙，語言功能重度或中度障礙。 3.社會適應能力輕度障礙，語言功能極重度障礙。 經過特殊教育和矯治訓練，通常可發展出最基本的日常生活自理能力，但無法發展出工作能力，仍需仰賴他人照顧者。	
		中度	1.社會適應能力中度障礙，語言功能輕度障礙。 2.社會適應能力輕度障礙，語言功能重度或中度障礙。 經過特殊教育和矯治訓練，通常在庇護性環境內可自理日常生活，或有可能訓練出簡單的工作能力者。	
		輕度	社會適應能力輕度障礙，語言功能輕度障礙。 通常智能在一般範圍內，仍需要特殊教育和矯治訓練後，才能在適當環境下工作者。	
其他 1.染色體異常	染色體檢查法或其他檢驗醫學之方法，證實為染色體數目異常或染色體結構發生畸變者。	極重度	因染色體異常而無自我照顧能力，亦無自謀生活能力，需賴人長期養護者；或因染色體異常而智商未達該智力測驗的平均值以下五個標準差，或成年後心理年齡未滿三歲之極重度智能不足者。	
		重度	因染色體異常而無法獨立自我照顧，亦無自謀生活能力，需賴人長期養護者；或因染色體異常，而智商界於該智力測驗的平均值以下四個標準差至五個標準差（含）之間，或成年後心理年齡在三歲至未滿六歲之間之重度智能不足者。	

名稱	定義	等級	標準	備註
其他 1.染 色體 異常		中度	因染色體異常，而於他人監護指導下僅可部分自理簡單生活，於他人庇護下，可從事非技術性的工作，但無獨立自謀生活能力者；或因染色體異常，而智商界於該智力測驗的平均值以下三個標準差至四個標準差（含）之間，或成年後心理年齡在六歲至未滿九歲之間之中度智能不足者。	
		輕度	因染色體異常，而在特殊教育下可部分獨立自理生活，及從事半技術性或簡單技術性工作者；或因染色體異常，而智商界於該智力測驗的平均值以下二個標準差至三個標準差（含）之間，或成年後心理年齡在九歲至未滿十二歲之間之輕度智能不足者。	
其他 2.先 天代 謝異 常	生化學或其他檢驗醫學之方法，證實為某種先天代謝異常者。	極重度	因先天代謝異常而無自我照顧能力，亦無自謀生活能力需賴人長期養護者；或因先天代謝異常，而智商未達該智力測驗的平均值以下五個標準差，或成年後心理年齡未滿三歲之極重度智能不足者。	
		重度	因先天代謝異常而無法獨立自我照顧，亦無自謀生活能力需賴人長期養護者；或因先天代謝異常，而智商界於該智力測驗的平均值以下四個標準差至五個標準差（含）之間，或成年後心理年齡在三歲至未滿六歲之間之重度智能不足者。	
		中度	因先天代謝異常，而於他人監護指導下僅可部分自理簡單生活，於他人庇護下可從事非技術性的工作，但無獨立自謀生活能力者；或因先天代謝異常，而智商界於該智力測驗的平均值以下三個標準差至四個標準差（含）之間，或成年後心理年齡介於六歲至未滿九歲之間之中度智能不足者。	
		輕度	因先天代謝異常，而在特殊教育下可部分獨立自理生活，及從事半技術性或簡單技術性工作者；或因先天代謝異常，而智商界於該智力測驗的平均值以下二個標準差至三個標準差（含）之間，或成年後心理年齡介於九歲至未滿十二歲之間之輕度智能不足者。	

名稱	定義	等級	標準	備註
其他 3.其他先天缺陷	染色體檢查法、生化學檢查法或其他檢驗醫學的方法，未能確定為染色體異常或先天代謝異常，但經確認為先天缺陷者。	極重度	因其他先天缺陷，而無自我照顧能力，亦無自謀生活能力需賴人長期養護者；或因其他先天缺陷，而智商未達該智力測驗的平均值以下五個標準差，或成年後心理年齡未滿三歲之極重度智能不足者。	
		重度	因其他先天缺陷而無法獨立自我照顧，亦無自謀生活能力需賴人長期養護者；或因其他先天缺陷，而智商界於該智力測驗的平均值以下四個標準差至五個標準差（含）之間，或成年後心理年齡在三歲至未滿六歲之間之重度智能不足者。	
		中度	因其他先天缺陷，而於他人監護指導下僅可部分自理簡單生活，於他人庇護下可從事非技術性的工作，但無獨立自謀生活能力者；或因其他先天缺陷，而智商界於該智力測驗的平均值以下三個標準差至四個標準差（含）之間，或成年後心理年齡介於六歲至未滿九歲之間之中度智能不足者。	
		輕度	因其他先天缺陷而可部分獨立自理生活，及從事半技術性或簡單技術性工作者；或因其他先天缺陷，而智商界於該智力測驗的平均值以下二個標準差至三個標準差（含）之間，或成年後心理年齡介於九歲至未滿十二歲之間之輕度智能不足者。	
多重障礙	具有兩類或兩類以上障礙者。			同時具有兩類或兩類以上不同等級之身心障礙時，以較重等級為準；同時具有兩類或兩類以上同一等級身心障礙時應晉一級，但最多以晉一級為限。

名稱	定義	等級	標準	備註
慢性精神病患者	罹患精神病，經必要適當醫療，未能痊癒且病情已經慢性化，導致職業功能、社交功能與日常生活適應上發生障礙，需要家庭、社會支持及照顧者。其範圍包括精神分裂症、情感性精神病、妄想病、老年期及初老期精神病狀態、其他器質性精神病狀態、其他非器質性精神病狀態、源發於兒童期之精神病。	極重度	職業功能、社交功能、日常生活功能退化，需完全仰賴他人養護或需密切監護者。	一、輕度與中度者，每一年重新評定一次，連續三次評定等級相同者，第三次由評定醫師依個案情況決定是否需要辦理重新鑑定；重度者，每二年重新評定一次，連續二次評定等級相同者，第二次由評定醫師依個案情況決定是否需要辦理重新鑑定。源發於兒童期之精神病其身心障礙等級、鑑定標準比照自閉症身心障礙鑑定規定辦理。
		重度	職業功能、社交功能退化，需施以長期精神復健治療，以維持其日常生活最基本自我照顧能力，並需他人監護者。	
		中重度	職業功能、社交功能退化，經長期精神復健治療，可在庇護性工作場所發展出部分工作能力，亦可在他人部分監護，維持日常生活自我照顧能力者。	
		輕度	職業功能、社交功能輕度退化，在協助下可勉強維持發病前之工作能力或可在非庇護性工作場所工作，且毋需他人監護，即具日常生活自我照顧能力者。	
頑性（難治型）癲癇症者	係指頑性（難治型）癲癇症患者	輕度	經神經科、神經外科或小兒神經科專科醫師認定有下列情形之一之頑性（難治型）癲癇症者： 一、依醫囑持續性及規則性服用兩種以上（含兩種）抗癲癇藥物治療至少一年以上，其近三個月內血中藥物已達治療濃度，且近一年內，平均每月仍有一次以上合併有意識喪失、明顯妨礙工作、學習或影響外界溝通之嚴重發作者。 二、雖未完全符合前項條件，但有充分醫學理由，經鑑定醫師認定，其發作情形確實嚴重影響其日常生活或工作者。	一、每兩年重新鑑定乙次。 二、所稱「雖未完全符合前項條件」，係指第一款之藥物治療、血中藥物濃度、發作情形，至少有兩要件符合。

名稱	定義	等級	標準	備註
經中央衛生主管機關認定，因罕見疾病而致身心功能障礙者	係指依罕見疾病防治及藥物法所稱之罕見疾病，且符合下列各等級標準者。	極重度	因罕見疾病而致身心功能障礙，而無自我照顧能力，亦無自謀生活能力，需賴人長期養護者；或因罕見疾病，而智商未達該智力測驗的平均值以下五個標準差，或成年後心理年齡未滿三歲之極重度智能不足者。	
		重度	因罕見疾病而致身心功能障礙，而無法獨立自我照顧，亦無自謀生活能力，需賴人長期養護者；或因罕見疾病，而智商界於該智力測驗的平均值以下四個標準差至五個標準差（含）之間，或成年後心理年齡在三歲至未滿六歲之間之重度智能不足者。	
		中度	因罕見疾病而致身心功能障礙，於他人監護指導下僅可部分自理簡單生活，於他人庇護下可從事非技術性的工作，但無獨立自謀生活能力者；或因罕見疾病，而智商界於該智力測驗的平均值以下三個標準差至四個標準差（含）之間，或成年後心理年齡介於六歲至未滿九歲之間之中度智能不足者。	
		輕度	因罕見疾病而致身心功能障礙而可部分獨立自理生活，及從事半技術性或簡單技術性工作者；或因罕見疾病，而智商界於該智力測驗的平均值以下二個標準差至三個標準差（含）之間，或成年後心理年齡介於九歲至未滿十二歲之間之輕度智能不足者。	

附件

社會適應能力及語言功能障礙程度之評定標準

一、社會功能包括身邊自理、人際互動、家庭適應、學校適應、工作適應
　　及社會適應等綜合功能，其等級障礙程度之定義如下：

　　1.極重度障礙：缺乏生存能力之極重度社會功能障礙者屬之。這類病人
　　　從完全缺乏生活自理能力至僅能取食物食用，若無人照料難以生存；
　　　大都處於自我刺激或反覆動作狀態，幾乎完全缺乏與他人之互動。未
　　　達學齡之病人，其身邊自理與社會性發展商數為三十以下者。

　　2.重度障礙：具有部分家庭適應能力之重度社會功能障礙者屬之。這類
　　　病人通常具備部分生活自理能力（需提示或協助），能被動參與少數
　　　熟悉固定的團體生活活動，幾無工作適應能力；常常處於自我刺激或
　　　發呆或反覆動作狀態，僅對強烈的、新奇的或熟悉的外來刺激有反
　　　應。未達學齡之病人，其身邊自理與社會性發展商數為三十至五十
　　　者。

　　3.中度障礙：具有部分學校或工作適應能力之中度社會功能障礙者屬
　　　之。這類病人通常具備完全生活自理能力，能遵守部分學校規定，亦
　　　能學習部分課業，或於庇護情境從事單純反覆性工作，但少數主動與
　　　人互動，別人主動可能以正常或怪異固定之方式反應。未達學齡之病
　　　人，其身邊自理與社會性發展商數為五十至七十者。

　　4.輕度障礙：社會功能近乎正常至輕度障礙者屬之。這類病人通常具備
　　　完全生活自理能力，學校學習和一般學生相似，可在保護性環境工
　　　作，與人亦能有情感交流，但仍表現出過分依賴退縮，或過分友善、
　　　多話、開放的行為，而且視線接觸與同儕社交活動及其身邊自理與社
　　　會性發展商數達七十以上者。

二、語言功能主要指語言之理解與表達能力，其等級障礙程度之定義如
　　下：

1. 極重度障礙：缺乏有意義的語言溝通功能者屬之。這類病人最多僅能理解極少數生活有關之事物；表達方面最好者只能以推拉等肢體動作及怪異行為表達需要，及少數未具功能之仿說。未達學齡之病人，其語言發展商數達三十以下者。

2. 重度障礙：顯著偏差與遲滯之溝通功能，以仿說、推拉及不易了解的生氣、怪異行為為主要表達方法，僅具表達少數日常生活需要（如吃、喝、出去）者屬之。病人之理解能力僅限於較常接觸之事物；表達能力最多只能以單字或詞主動表達少數基本需要，但可主動或被動的仿說詞或句。未達學齡之病人，其語言發展商數達三十至五十者。

3. 中度障礙：具有簡單對話能力，但語言理解與表達均有明顯之偏差。這類病人對有興趣的問題、熟悉的問題，可以主動或在提示之下發問，發問的語句常是簡短、固定、反覆、怪異的；對熟的語句仍夾雜仿說和代名詞反轉現象（但少於50％）；可以句子或詞表達部分生活上自己立即的需要。未達學齡之病人，其語言發展商數為五十至七十者。

4. 輕度障礙：語言功能近乎正常至輕度障礙者屬之。語言理解與表達能力可符合家庭、學校、工作生活之基本需要，但較一般人略遜；語法結構正常，但使用之情境不甚恰當；詞彙較少、句子較短，或像背書似的；聊天、講笑話等能力較差；談話時缺乏主動，或只是「告訴」對方而少「聽」對方內容而反應，反應可能離題，談話中斷時缺乏使談話繼續下去的能力。未達學齡之病人，其語言發展商數達七十以上者。

附錄四　身心障礙鑑定醫院一覽表

鑑　定　醫　院　名　稱	醫　　院　　地　　址	電　　　　　話
台　　北　　市		
台大醫院	北市常德街 1 號	02-23123456 轉 2133
榮民總醫院	北市石牌路二段 201 號	02-28757318
三軍總醫院	北市成功路二段 325 號	02-87923311
空軍總醫院	北市健康路 131 號	02-27642151 轉 211.386
長庚醫院	北市敦化北路 199 號	02-27135211
市立中興醫院	北市鄭州路 145 號	02-25523235
馬偕紀念醫院	北市中山北路二段 92 號	02-25433535 轉 2198
國泰醫院	北市仁愛路四段 280 號	02-27082121
新光醫院	北市文昌路 95 號	02-28332211
陽明醫院	北市雨聲路 105 號	02-28353456
振興醫院	北市石牌振興街 45 號	02-28264400
市立婦幼綜合醫院	北市福州街 12 號	02-23916470
市立仁愛醫院	北市仁愛路四段 10 號	02-27093600
市立和平醫院	北市廣州街 14 號	02-23889595
台北醫學院附設醫院	北市吳興街 252 號	02-27372181
中山醫院	北市仁愛路四段 112 巷 11 號	02-27081166
西園醫院	北市西園路二段 276 號	02-23076968
博仁醫院	北市光復北路 66 號	02-25786677
台北市立忠孝醫院	北市同德路 87 號	02-27861511
台北市立萬芳醫院	北市興隆路三段 111 號	02-29307930
和信治癌中心醫院	北市立德路 125 號	02-28974141
國軍松山醫院	北市健康路 131 號	02-27642151
中心診所醫院	北市忠孝東路四段 77 號	02-27510221
基督教復臨安息日會台安醫院	北市八德路二段 424 號	02-27718151
郵政總局郵政醫院	北市福州街 14 號	02-23956756
景美綜合醫院	北市羅斯福路六段 280 號	02-29331010

鑑 定 醫 院 名 稱	醫 院 地 址	電 話
衛生署台北醫院城區分院	北市鄭州路40號	02-25521821
國軍817醫院	北市基隆路三段155巷57號	02-27357432
宏恩綜合醫院	北市仁愛路四段61號	02-27713161
台北仁濟院附設仁濟醫院	北市廣州街200號	02-23028103
中華醫院	北市大安路一段202號	02-23255267
國軍北投醫院（818醫院）	北市新民路60號	02-28959808
培靈醫院	北市八德路4段355號	02-27606116
仁濟療養院	北市西園路2段42號	02-23060872
國泰綜合醫院內湖分院	北市仁愛路四段280號	02-27935888
台 北 縣		
衛生署台北醫院	北縣新莊市思源路127號	02-22765566
台北縣縣立醫院	北縣三重市中山路2號	02-29829111
亞東紀念醫院	北縣板橋市南雅南路二段21號	02-29546200
馬偕紀念醫院淡水分院	北縣淡水鎮民生路45號	02-28094661
天主教耕莘醫院	北縣新店市中正路362號	02-22193391
耕莘醫院永和分院	北縣永和市中興街80號	02-29286060
恩主公醫院	北縣三峽鎮復興路399號	02-26723456
衛生署八里療養院	北縣八里鄉華富山33號	02-26101660
名恩療養院	北縣鶯歌鎮鶯桃路二段62號	02-26701092
靜養醫院	北縣三峽鎮中山路459巷92號	02-26710427
宏濟神經精神科醫院	北縣新店市安忠路57巷五號	02-22121100
宏慈療養院	北縣新店市安泰路157號	02-22151177
長青醫院	北縣淡水鎮冀箕湖1-5號	02-86260561
私立台北仁濟院附設仁濟療養院新莊分院	北縣新莊市瓊林路100巷7號	02-22015222
臺安醫院	北縣三芝鄉興華村楓子林路42-5號	02-26371600
樹林仁愛醫院	樹林市文化街9號	02-26834567
基 隆 市		
長庚醫院	基隆市麥金路222號	02-24313131
衛生署基隆醫院	基隆市信二路268號	02-24292525
基隆市立醫院	基隆市東信路282號	02-24652141
南光神經精神科醫院	基隆市基金一路91號	02-24310023

鑑定醫院名稱	醫　院　地　址	電　話
宜　蘭　縣		
衛生署宜蘭醫院	宜蘭市新民路 152 號	039-325192
蘭陽仁愛醫院	宜蘭市中山路二段 26 號	039-321888
蘇澳榮民醫院	宜蘭縣蘇澳鎮濱海路一段 301 號	039-905106
員山榮民醫院	宜蘭縣員山鄉內城村榮光路 386 號	039-222141
羅東聖母醫院	宜蘭縣羅東鎮中正南路 160 號	039-544106
羅東博愛醫院	宜蘭縣羅東鎮南昌街 83 號	039-543131
桃　園　縣		
陸軍第 804 總醫院	桃園市成功街三段 1 號	03-3699721
桃園榮民醫院	桃園市成功路三段 100 號	03-3343201
敏盛綜合醫院	桃園市三民路 106 號	03-3281200
聖保祿醫院	桃園市建新街 123 號	03-3379340
衛生署桃園療養院	桃園市龍壽街 71 號	03-3613141
衛生署桃園醫院	桃園市中山路 1492 號	03-4577222
壢新醫院	桃園縣平鎮市廣泰路 77 號	03-4794151
華揚醫院	桃園縣中壢市中山北路二段 316 號	03-3867521
敏盛醫院龍潭分院	桃園縣龍潭鄉中豐路 168 號	03-4855566
敏盛醫院大園分院	桃園縣大園鄉新興路 117 巷 7 號	03-4941234
怡仁綜合醫院	桃園縣楊梅鎮楊新北路 321 巷 30 號	03-3384889
居善醫院	桃園縣大園鄉南港村許厝港 103-40 號	03-3866511
新　竹　縣		
竹東榮民醫院	新竹縣竹東鎮中豐路 81 號	035-962134
衛生署竹東醫院	新竹縣竹東鎮至善路 52 號	035-943248
東元綜合醫院	新竹縣竹北市縣政二路 69 號	035-527000
湖口仁慈醫院	新竹縣湖口鄉忠孝路 29 號	035-993500
新　竹　市		
衛生署新竹醫院	新竹市經國路一段 442 巷 25 號	03-5326151
國軍 813 醫院	新竹市武陵路 3 號	03-5348181
南門綜合醫院	新竹市林森路 20 號	03-5261122
馬偕紀念醫院新竹分院	新竹市光復路二段 690 號	03-5166868
國泰綜合醫院新竹分院	新竹市中華路二段 678 號	03-5278999-2771

鑑定醫院名稱	醫 院 地 址	電 話
苗栗縣		
衛生署苗栗醫院	苗栗市爲公路 747 號	037-261920
大千綜合醫院	苗栗市新光街 6 號	037-357125
爲恭紀念醫院	苗栗縣頭份鎮仁愛路 116 號	037-676811
李綜合醫院	苗栗縣苑裡鎮和平路 168 號	037-862387
重光醫院	苗栗縣頭份鎮中華路 1039 號	037-997666
台 中 縣		
陸軍 803 總醫院	台中縣太平鄉中山路二段 348 號	04-23934191
光田綜合醫院	台中縣沙鹿鎮沙田路 117 號	04-26625111
沙鹿童綜合醫院	台中縣沙鹿鎮成功西街 8 號	04-26626161
仁愛綜合醫院	台中縣大里市東榮路 483 號	04-25271180
光田綜合醫院大甲分院	台中縣大甲鎮經國路 321 號	04-24819900
李綜合醫院大甲分院	台中縣大甲鎮八德街 2 號	04-26885599
衛生署豐原醫院	台中縣豐原市安康路 100 號	04-26862328
台 中 市		
澄清醫院	台中市平等街 139 號	04-22203171
中國醫藥學院附設醫院	台中市育德路 75 號	04-22052121
衛生署台中醫院	台中市三民路一段 199 號	04-22294411
榮民總醫院台中分院	台中市台中港路三段 160 號	04-23592525
中山醫學大學附設醫院	台中市台中港路一段 23 號	04-22015111
台中市立復建醫院	台中市太原路三段 1142 號	04-22393855
靜和醫院	台中市南屯路一段 156 號	04-23711129
彰 化 縣		
衛生署彰化醫院	彰化市中山路二段 160 號	04-7225171
彰化基督教醫院	彰化市南枝街 135 號	04-7238595
秀傳紀念醫院	彰化市中山路一段 542 號	04-7256166
伍倫醫院	彰化縣員林鎮中正路 201 號	04-8326161
明德醫院	彰化市中山路二段 874 巷 33 號	04-7223138
彰化基督教醫院二林分院	彰化縣二林鎮大城路一段 358 號	04-8965155

鑑　定　醫　院　名　稱	醫　　院　　地　　址	電　　　　　　話
南　投　縣		
衛生署南投醫院	南投市復興路 478 號	049-2231150
衛生署中興醫院	南投市中興彰村環山路 57 號	049-2339165
南雲醫院	南投市中興路 870 號	049-2225595
佑民綜合醫院	南投縣草屯鎮太平路一段 200 號	049-2358151
埔里基督教醫院	南投縣埔里鎮鐵山路 1 號	049-2912151
埔里榮民醫院	南投縣埔里鎮榮光路 1 號	049-2998911
曾漢棋綜合醫院	南投縣草屯鎮虎山路 915 號	049-2998911
慈惠醫院	南投縣埔里鎮西安路一段 128 號	049-2996996
千民醫院	南投縣竹山鎮延和里集山路三段 496 號	049-2643333
竹山秀傳醫院	南投縣竹山鎮集山路二段 75 號	049-2624266
慈山醫院	南投縣竹山鎮集山路三段 272 巷 16 號	049-2646998
雲　林　縣		
衛生署雲林醫院	雲林縣斗六市雲林路二段 579 號	05-5323911
國軍斗六（819）醫院	雲林縣斗六市莊敬路 345 號	05-5322017
天主教若瑟醫院	雲林縣虎尾鎮新生路 74 號	05-6337333
中國醫藥大學北港附設醫院	雲林縣北港鎮新德路 123 號	05-7831901
慈愛綜合醫院	雲林縣西螺鎮新豐里新社 321-90 號	05-5871111
嘉　義　縣		
朴子醫院	嘉義縣朴子鎮永和里 42-50 號	02-3790600
灣橋榮民醫院	嘉義縣竹崎鄉灣橋村石麻園 38 號	05-2791072
華濟醫院	嘉義縣太保市北港路二段 601 巷 66 號	05-2378111
佛教慈濟綜合醫院大林分院	嘉義縣大林鎮民生路 2 號	05-2648000
長庚紀念醫院嘉義分院	嘉義縣朴子市嘉朴路西段 6 號	05-3621000
嘉　義　市		
衛生署嘉義醫院	嘉義市文化路 228 號	05-2273311
嘉義基督教醫院	嘉義市忠孝路 539 號	05-2765041
天主教聖馬爾定醫院	嘉義市民權路 60 號	05-2780040
嘉義榮民醫院	嘉義市世賢路二段 600 號	05-2359630

鑑 定 醫 院 名 稱	醫 院 地 址	電 話
台 南 縣		
衛生署新營醫院	台南縣新營市信義街 73 號	06-6351131
奇美醫院	台南縣永康市中華路 901 號	06-2521176
永康榮民醫院	台南縣永康市復興路 427 號	06-3115102
佳里綜合醫院	台南縣佳里鎮興化里 606 號	06-7261656
台灣基督長老教會新樓醫院	台南縣麻豆鎮苓子林 20 號	06-5702228
嘉南療養院	台南縣仁德鄉中山路 870 巷 80 號	06-2795019
台 南 市		
衛生署台南醫院	台南市中山路 125 號	06-2200055
台南市立醫院	台南市崇德路 670 號	06-2609926
成大醫院	台南市中山路 125 號	06-2200055
私立台南仁愛之家	台南市公園路 591 號	06-5902330
台灣基督長老教會新樓醫院	台南市東門路一段 57 號	06-2748316
奇美醫院台南分院	台南市樹林街二段 442 號	06-2288116
郭綜合醫院	台南市民生路二段 22 號	06-2221111
高 雄 縣		
縣立鳳山醫院	高雄縣鳳山市經武路 40 號	07-7418151
縣立岡山醫院	高雄縣岡山鎮壽天路 14 號	07-6222131
衛生署旗山醫院	高雄縣旗山鎮東新街 23 號	07-6613811
長庚醫院	高雄縣鳥松鄉大埤路 123 號	07-7317123
高雄仁愛之家附設慈惠醫院	高雄縣大寮鄉鳳屏一路 459 號	07-7030315
國軍岡山醫院	高雄縣岡山鎮大義路 1 號	07-6250919
樂安醫院	高雄縣岡山鎮通校路 300 號	07-6256791
高 雄 市		
靜和醫院	高雄市民族二路 178 號	07-2019647
市立旗津醫院	高雄市廟前路 1-1 號	07-5712891
市立小港醫院	高雄市山明路 482 號	07-8066807
屏 東 縣		
衛生署屏東醫院	屏東市自由路 270 號	08-7363011
國軍 815 醫院	屏東市中華路 310 號	08-7363000
屏東基督教醫院	屏東市大連路 60 號	08-7368686
安泰醫院	屏東縣東港鎮中正路一段 210 號	08-8329966 轉 1601

鑑定醫院名稱	醫院地址	電話
寶建醫院	屏東市中山路 123 號	08-7665995 轉 1360
國軍高雄總醫院屏東分院	屏東市大湖路 58 巷 22 號	08-7560756 轉 280
國仁醫院	屏東市民生東路 12-2 號	08-7216057
民眾醫院	屏東市忠孝路 120-1 號	08-7325455 轉 178
人愛醫院	屏東市民生路 184 號	08-7320001 轉 1123
龍泉榮民醫院	屏東縣內埔鄉龍潭村昭勝路安平 1 巷 1 號	08-7704115 轉 508
私立輔英科技大學附設醫院	屏東縣東港鎮中山路 5 號	08-8323146 轉 6172
小康醫院	屏東縣新埤鄉新華路文化巷 18-1 號	08-7972613 轉 2205
小康醫院林邊分院	屏東縣林邊鄉永樂村中山路 352 號	08-8758995
全民醫院	屏東縣潮州鎮四維路 162 號	08-7800888 轉 208
六愛醫院	屏東縣潮州鎮中山路 168 號	08-7896868
屏安醫院	屏東縣麟洛鄉麟蹄村中山路 160-1 號	08-7211777
天仁醫院	屏東縣內埔鄉東寧村北寧路 142 號	08-7792036
迦樂醫院	屏東縣新埤鄉箕湖村進化路 12-200 號	08-7981511 轉 131
同慶醫院	屏東縣高樹鄉長榮村興中路 208 號	08-7962033
衛生署屏東醫院恆春分院	屏東縣恆春鎮山腳里恆南路 188 號	08-8892704 轉 204
枋寮醫院	屏東縣枋寮鄉中山路 139 號	08-8789991 轉 223
恆春基督教醫院	屏東縣恆春鎮山腳里恆西路 21 號	08-8892293 轉 712
南門醫院	屏東縣恆春鎮南門路 10 號	08-8894568
茂隆骨科醫院	屏東縣潮州鎮朝昇路 322 號	08-7801915 轉 208
台　東　縣		
馬偕醫院台東分院	台東市長沙街 303 巷 1 號	089-310150
台東醫院	台東市五權街 1 號	089-325174
國軍花蓮總醫院台東分院	台東市長沙街 59 號	089-323904
台東榮民總醫院	台東市勝利街 2 號	089-332839
花　蓮　縣		
衛生署花蓮醫院	花蓮市明禮路 4 號	03-8358141 轉 169
慈濟醫院	花蓮市新生南路 8 號	03-8560794

鑑　定　醫　院　名　稱	醫　　院　　地　　址	電　　　　　話
基督教門諾醫院	花蓮市民權路 44 號	03-8227161
國軍花蓮總醫院	花蓮縣花蓮市進豐街 100 號	03-8335730
玉里榮民總醫院	花蓮縣玉里鎮新興街 91 號	03-8883141
衛生署玉里醫院	花蓮縣玉里鎮中華路 448 號	03-8886141
鳳林榮民醫院	花蓮縣鳳林鎮中正路一段 2 號	03-8763331
澎　湖　縣		
衛生署澎湖醫院	馬公市中正路 10 號	06-9261151
國軍澎湖醫院	澎湖縣馬公市新生路 199 號	06-9272657
金　門　縣		
金門縣縣立醫院	金門縣金湖鎮新市里復興路 2 號	0823-32548
連　江　縣		
連江縣縣立醫院	連江縣馬祖南竿復興村 164 號	0836-25114

註：鑑定醫院因功能之不同，可鑑定之障礙類別將有所不同，詳情可洽詢各縣市政府
　　社會局

附錄五　國內特殊教育相關測驗一覽表

階段	學前							國小						國中			高中職			大專				成人
年級								1	2	3	4	5	6	1	2	3	1	2	3	1	2	3	4	
年齡	0	1	2	3	4	5	6	7	8	9	10	11	12	13	14	15	16	17	18	19	20	21	22	

智力

- 學前認知能力測驗-1996 五
- 中華畫人測驗-1997 心#ᵃ
- 魏氏幼兒智力量表 -2000 中#
- 兒童認知發展測驗－1996 師
- 簡易個別智力量表－ 1999 心#
- 托尼非語文智力測驗－ 2006 心#
- 綜合心理能力測驗－ 2000 心#
- 魏氏兒童智力量表－ 1997 中#
- 智能結構學習能力測驗－ 1996 心#
- 綜合性非語文智力測驗－ 1999 心#
- 國民小學團體語文智力測驗－ 1997 師
- 瑞文氏彩色圖形推理測驗－ 1994 中
- 圖形式智力測驗－ 1993 中
- 瑞文氏標準圖形推理測驗－ 1994 中
- 國民小學推理能力測驗－ 1996 欣
- 正昇語文智力測驗－ 1994 正
- 正昇非語文智力測驗－ 1994 正
- 國民中學推理能力測驗－ 1996 彰
- 國民中學團體語文智力測驗－ 1997
- 國民中學智力測驗－ 2004 中
- 瑞文氏高級圖形推理測驗－ 1994 中
- 陳氏非語文能力測驗－ 1998 中
- 推理思考測驗－ 1997 測

階段	學前	國小	國中	高中職	大專	成人
年級		1　2　3　4　5　6	1　2　3	1　2　3	1　2　3　4	
年齡	0　1　2　3　4　5　6	7　8　9　10　11　12	13　14　15	16　17　18	19　20　21　22	

智力
- 魏氏成人智力量表－2002#
- 大專－成人圖形思考智能測驗－2005心

成就測驗
- 幼兒數學能力測驗－1996心
- 中文年級認字量表－2001心#
- 柯氏國民小學數學科成就測驗－1994中
- 國民小學數學標準參照測驗－1997南
- 國語文成就測驗－1999高
- 國民小學國語文成就測驗－1993欣
- 國民小學數學成就測驗－1997彰
- ①
- ②
- ③
- 國民小學低年級數學診斷測驗－1996心
- 基本讀寫字綜合測驗－2003心#
- 國小兒童書寫語文能力診斷測驗－2001心
- 國小作文能力測驗－1998彰
- 國民小學高年級國語科成就測驗－1994中
- ④
- ⑤
- G567學術性向測驗-2003心#
- ⑥
- ⑦
- ⑧
- 國中學業性向測驗－2001心

階段	學前							國小						國中			高中職			大專				成人
年級								1	2	3	4	5	6	1	2	3	1	2	3	1	2	3	4	
年齡	0	1	2	3	4	5	6	7	8	9	10	11	12	13	14	15	16	17	18	19	20	21	22	

學習歷程測驗

- 修訂畢保德圖畫詞彙測驗－1998 心#
- 兒童口語表達能力測驗－1994 中師
- 國語語音聽知覺測驗－1996 高
- 學前兒童語言障礙評量表－1993 師
- 認知神經心理能力檢核表－1996 高
- 兒童認知功能綜合測驗－1996 高
- 注音符號認識測驗－2000 五
- 音韻覺識能力測驗－1995 南
- 認知神經心理能力檢核表－2003 教
- 國民中小學學習行為特徵檢核表－2001 心#
- 國民中小學時間管理行為特徵檢核表－2004 心#
- 國民中小學記憶策略行為特徵檢核表－2004 心#
- 國民中小學考試技巧行為特徵檢核表－2004 心#
- 國民中小學社交技巧行為特徵檢核表－2004 心#
- 學齡兒童語言障礙評量表－1992 師
- 漢字視知覺測驗－1997 師
- 兒童口語理解測驗－2003 師#
- 閱讀理解困難篩選測驗－1999 國#
- 工作記憶廣度測驗－1996 東
- 後設認知評量表－1995 屏
- 聲調覺識測驗－1996 屏
- 聽覺記憶能力測驗－1998 師

階段	學前							國小						國中			高中職			大專				成人
年級								1	2	3	4	5	6	1	2	3	1	2	3	1	2	3	4	
年齡	0	1	2	3	4	5	6	7	8	9	10	11	12	13	14	15	16	17	18	19	20	21	22	

學習歷程測驗

- 聲韻覺識測驗—1997屏
- ⑨
- 學習適應量表—1996心
- 國小學習障礙學生聽覺理解評量表—1997彰
- 國民小學閱讀理解測驗—1998彰
- 國中生學習與讀書策略量表-1997中
- 高中（職）學生學習與讀書策略量表—1997中
- 魏氏記憶量表—2005中
- 嬰幼兒綜合發展測驗—2003師#

知覺動作發展測驗

- 幼稚園兒童活動量評量表—2001心#
- 幼兒感覺發展檢核表—1996心#
- 兒童感覺統合功能評量表-2004心
- 視覺-動作統整發展測驗—1997心#
- 修訂中文口吃嚴重度評估工具—2004（10）心
- 文蘭適應行為量表—2004心
- 兒童感覺發展檢核表—1998心#
- 簡明知覺動作測驗-1996心#
- 多向度注意力測驗—1993心
- 兒童知覺動作能力測驗—1993中師
- 國小學生活動量評量表—2004心#
- 簡明失語症測驗—2003心#（沒有年齡限制）

階段	學前							國小						國中			高中職			大專				成人
年級								1	2	3	4	5	6	1	2	3	1	2	3	1	2	3	4	
年齡	0	1	2	3	4	5	6	7	8	9	10	11	12	13	14	15	16	17	18	19	20	21	22	

情緒與行為測驗

- 中華適應行為量表－1998 師#
- 社會適應表現檢核表－2003 心
- 情緒障礙量表－2001 心#
- 行為與情緒評量表－2001 心
- 主題情境測驗－2000 心
- 行為困擾量表－2003 心
- 田納西自我概念量表－2000 測
- 國小兒童自我概念量表－2000 心
- 國小學童生活適應量表－1996 心
- 青少年社會行為評量表－2000 心
- 柯氏性格測驗－1998 中
- 貝克憂鬱量表－2000 中
- 基本人格量表－1999 心
- 健康、性格、習慣量表－1999 測
- 人際行為量表－1998 測
- 貝克自殺意念量表－2000 中
- 貝克絕望感量表－2000 中
- 貝克焦慮量表－2000 中

階段	學前							國小						國中			高中職			大專				成人
年級								1	2	3	4	5	6	1	2	3	1	2	3	1	2	3	4	
年齡	0	1	2	3	4	5	6	7	8	9	10	11	12	13	14	15	16	17	18	19	20	21	22	
其他測驗	0歲至6歲兒童發展篩檢量表－2000 心																							
	學前發展性課程評量－1998 心																							
				學前兒童提早入學能力檢核表－2004 心																				
								威廉斯創造力測驗－1994 心#																
														領導才能性向測驗－2004 心										
														領導技能問卷－2005 心									
														⑩			⑩						⑩

a：〝－〞後數字指出版年數，文字指出版單位；〝#〞指本書內文有較清楚之介紹。（出版單位代號：心：心理出版社；五：五南出版社；中：中國行為科學社；中師：台中教育大學；正：正昇教育科學社；欣：欣興出版社；東：台東大學；屏：屏東教育大學；南：台南大學；高：高雄師大；師：台灣師大；國：國科會；測：測驗出版社；彰：彰化師大）

本表不列 1991（民 80）年以前出版之測驗

①：國語正音檢核表－2004 心#
②：國小注音符號能力診斷測驗－2003 心
③：國小低年級數學科篩檢測驗－1996 心
④：國民小學高年級數學科成就測驗－1994 中
⑤：國民小學高年級國語科成就測驗－1994 中
⑥：國中新生國語文能力測驗－1994 心
⑦：國中新生數學能力測驗－1994 心
⑧：國中新生自然科學能力測驗－1994 心
⑨：數學應用問題解題測驗－1996 彰
⑩：身心障礙者轉銜服務評估量表－2001 心#

附錄六　鑑定表格

一、台北市國民小學資源班學習障礙類鑑定資料一覽表

編號		姓名		性別		實齡		團體智測	CPM 百分等級		學科成績	國語	
									SPM 百分等級			數學	
電話		手機		住址	台北市	區 里 鄰 路（街） 巷 弄 號 樓之					身分證字號		

級任教師及家長的觀察紀錄（請依狀況選擇轉介資料表或檢核表）

◎特殊需求學生轉介資料表【註：分類未明的個案使用】
　1.□疑有（學習障礙）類別的危險性；□與一般同學差異不大
　2.整體學業表現　等，數學學業表現　等，國語學業表現　等；其他（　　　　　　　）
◎國民中小學學習行為特徵檢核表或學習行為特徵檢核表【註：疑似學習障礙者使用】
　1.注意與記憶問題（出現頻率）2.理解與表達問題（出現頻率）　3.知動協調問題（出現頻率）
　4.社會適應問題（出現頻率）5.情緒表現問題（出現頻率）　或 1.讀寫障礙2.數學障礙3.發展性障礙
◎學習困難情形說明：（含輔導的困難情形說明）

聽說讀寫算技能檢核（請依兒童需求選擇測驗項目）

測驗名稱				
原始分數				
標準分數				
解　釋				

◎ 聽說讀寫算技能檢核結果說明：

魏氏兒童智力量表（量表分數或智商）

常識	類同	算術	詞彙	理解	記憶廣度	圖畫補充	符號替代	連環圖系	圖形設計	物形配置	符號尋找	迷津	語文量表智商	作業量表智商	全量表智商	因數指數分數			
																語文理解	知覺組織	專心注意	處理速度

◎WISC-III 組型特質驗證
1.□　VIQ—PIQ │ ≧20 (語文智商、操作智商)　4.□ VIQ 內任兩個分測驗分數相差 7 分或 7 分以上
2.□　VCI—FDI │ ≧15 (語文理解、專心注意)　5.□ PIQ 內任兩個分測驗分數相差 9 分或 9 分以上
3.□　POI—PS I │ ≧15 (知覺組織、處理速度)　6.□ 完全或部分 ACID 組型 (A=算術、C=符號替代、I=常識、
　　　　　　　　　　　　　　　　　　　　　　　　　　　　D=記憶廣度，迷津和符號尋找除外)
7.□　符合 SCAD 組型 (S=符號尋找、C=符號替代、A=算術、D=記憶廣度，迷津除外)
8.□　符合 WDI (魏氏發展指數) ＞.20 符合上述可能之組型，合計共（　　　）項
◎WISC-III 組型特質驗證結果說明：
1.□ VCI、FDI、POI、PS I 有任一項≧85；且同時其中一項低於其他三項之一 15 分或 15 分以上
2.□ 疑似 LD （　　　　　類型）□不似 LD □無法確定需進一步評量
（如伴隨情緒行為問題，需進行嚴重情緒障礙評估）

資源教師初步診斷記錄（請用 1，2…序號列出主要、次要障礙類別，並詳述其障礙情形）
一般認知能力及學科能力評量項目（請依兒童需求選擇測驗項目）

測驗名稱				
原始分數				
標準分數				
解釋				

◎障礙類別：□學習障礙(　　　類)□智能障礙(臨界、輕、中)度 □嚴重情緒障礙 □其他(　　　)

◎學業問題說明：(如聽、說、讀、寫、算)

◎學習歷程問題說明：(如注意、記憶、理解、推理、表達、知覺、或知覺動作協調等能力)

醫學診斷評估結果		
◎診斷結果：□學習障礙□注意力缺陷過動症□其 他 (　　　　)		
◎建議：		

種子教師意見	學習障礙兒童　□是　□否(　　)	家長意見	□接受特教服務　□不接受特教服務
	嚴重情緒障礙兒童□是　□否(　　)		
安置建議	□普通班＋資源班　□普通班＋輔導室 □普通班　　　　□其他(　　　)	鑑定結果	□學習障礙　　□智能障礙(臨界、輕、中)度 □嚴重情緒障礙□其他(　　　　)

二、台北市國民小學資源班嚴重情緒障礙類鑑定資料一覽表

編號		姓名		性別		實齡		團體智測	CPM 百分等級		學科成績	國語	
									SPM 百分等級			數學	
電話		手機		住址	台北市 區 里 鄰 路（街） 巷 弄 號 樓之						身分證字號		

級任教師及家長的觀察紀錄（請依狀況選擇轉介資料表或檢核表）

◎特殊需求學生轉介資料表【註：分類未明的個案使用】
　1.□疑有（嚴重情緒障礙）類別的危險性；□與一般同學差異不大
　2.整體學業表現　等，數學學業表現　等，國語學業表現　等；其他（　　　　　　）
◎性格及行為量表【註：疑似嚴重情緒障礙者使用】
　1.人際關係問題（　度）　　2.行為規範　（　度）　　　3.憂鬱情緒問題（　度）
　4.焦慮情緒問題（　度）　　5.偏畸習癖問題（　度）
◎情緒行為問題或注意力缺陷過動症情形說明：

魏氏兒童智力量表（量表分數或智商）

常識	類同	算術	詞彙	理解	記憶廣度	圖畫補充	符號替代	連環圖系	圖形設計	物形配置	符號尋找	迷津	語文量表智商	作業量表智商	全量表智商	因數指數分數			
																語文理解	知覺組織	專心注意	處理速度

WISC-III 組型特質驗證
1.□｜VIQ－PIQ｜≧20（語文智商、操作智商）　4.□ VIQ 內任兩個分測驗分數相差 7 分或 7 分以上
2.□｜VCI－FDI｜≧15（語文理解、專心注意）　5.□ PIQ 內任兩個分測驗分數相差 9 分或 9 分以上
3.□｜POI－PS I｜≧15（知覺組織、處理速度）　6.□ 完全或部分 ACID 組型（A=算術、C=符號替代、I=常識、D=記憶廣度, 迷津和符號尋找除外）
7.□ 符合 SCAD 組型（S=符號尋找、C=符號替代、A=算術、D=記憶廣度, 迷津除外）
8.□ 符合 WDI（魏氏發展指數）＞.20 符合上述可能之組型，合計共（　　）項

WISC-III 組型特質驗證結果說明：
1.□ VCI、FDI、POI、PS I 有任一項≧85；且同時其中一項低於其他三項之一 15 分或 15 分以上
2.□ 疑似 LD（　　　　類型）□不似 LD □無法確定需進一步評量
(如伴隨內在能力差異、學習問題，需進行學習障礙評估)

情緒障礙量表（教師評量）

無能力學習	人際關係問題	不當行為	不快樂或沮喪	生理狀況或害怕	整體能力	社會失調	情障商數（　　　　）
							百分等級（　　　　）
							□情障　　□非情障
百分等級	百分等級	百分等級	百分等級	百分等級	百分等級	原始分數	

◎【情緒障礙量表】結果說明：

問題行為篩選量表（教師、家長評量）					
內容	注意力缺陷/過動症 不專注型	注意力缺陷/過動症 過動及衝動型	注意力缺陷/過動症 綜合型	功能受損	對立違抗	違規行為
教師	是否	是否	是否	是否	是否	是否
家長	是否	是否	是否	是否	是否	是否

◎【問題行為篩選量表】結果說明：

資源教師初步診斷記錄（請用 1，2…序號列出主要、次要障礙類別，並詳述其障礙情形）

◎障礙類別：□嚴重情緒障礙（　　　　　　）□學習障礙 □智能障礙（臨界、輕、中）度□其他（　　　）
◎情緒行為問題或注意力缺陷過動症情形說明：（含嚴重度、出現情境、排除因素、異常行為）

醫學診斷評估結果

◎診斷結果：□精神性疾患□情感性疾患□畏懼性疾患□焦慮性疾患□注意力缺陷過動症□學習障礙
　　　　　　□其　他（　　　　　　）
◎建　　議：

種子教師意見	嚴重情緒障礙兒童□是　□否（　　　） 學習障礙兒童　　□是　□否（　　　）	家長意見	□接受特教服務　□不接受特教服務
安置建議	□普通班＋資源班□普通班＋輔導室 □普通班　　　　□其他（　　　）	鑑定結果	□嚴重情緒障礙□智能障礙（臨界、輕、中）度 □學習障礙　　□其他（　　　　　）

名詞索引

漢英對照

內部一致性信度　internal consistency reliability

心評小組　☆　64, 109

月暈效應　halo effect　155

文蘭適應行為量表　☆　56, 236

五劃

幼兒感覺發展檢核表　☆　100, 118, 219

世界衛生組織　World Health Organization; WHO　45, 50

功能性分析　functional analysis　143-146, 148

功能性評量　functional assessment　29, 119, 143, 144, 145, 146, 148

可訓練性智能障礙　trainable mental retardation; TMR　55

可教育性智能障礙　educable mental retardation; EMR　55

失語症　aphasia　111, 218

生態評量　ecological assessment　29, 32, 119, 121, 122, 123, 124, 125, 126

另類評量　alternative assessment　119

六劃

成人人格與行為障礙　disorders of adult personality and behavior　92

成骨不全　osteogenesis imperfecta　86

成就測驗　achievement test　8, 38, 64, 68, 71, 88, 135

百分等級　percentile rank; PR　7-8, 68, 69, 138, 203, 206, 227, 234, 240, 251, 254

托尼非語文智力測驗　Test of Nonverbal Intelligence; TONI　36, 56, 187, 193, 251

肌肉失養症　muscular dystrophy　59

多向度注意力測驗　☆　64, 103, 253

多重感官障礙　multiple sensory impairments　115

多重障礙兒童鑑定標準及就學輔導原則要點　☆　116

多重障礙　multiple disabilities　20, 36, 56, 86, 105, 113, 114, 115, 116

行為　behavior; B　4, 23, 28, 29, 37, 38, 42, 43, 50, 51, 56, 67, 89, 90, 92, 93, 94, 95, 96, 97, 98, 101, 104, 121, 122, 124, 125, 136, 137, 140, 143, 144,

145, 146, 148, 157, 160, 162, 167, 169, 202, 207, 208, 209, 210, 211, 212, 213, 220, 221, 223, 224, 227, 228, 231, 232, 233, 234, 235, 236, 238, 244, 245, 246, 249, 253, 255

十二劃

☆：為我國體制或國內學者編製測驗之專用名詞，故不予以英文對照

英漢對照

A

AAMD　美國智能不足協會

AAMR　美國智能障礙學會

ABR　聽性腦幹聽力檢查儀

ABSS　青少年行為簡式量表

achievement test　成就測驗　8, 38, 64, 68, 71, 88, 135

adaptive behavior　適應行為

ADD　注意力缺陷障礙

additions　添加　106

ADHD　注意力缺陷過動症

Adolescent Behavior Short Scale　青少年行為簡式量表

Adolescent Social Behavior Scale　青少年社會行為評量表　95, 98, 104, 233, 253

age norm　年齡常模　7-8, 206

alternative assessment　另類評量；替代評量　119

aggressive behavior　攻擊性行為　94

Alpha reliability　α信度　7

alternate-forms reliability　複本信度　6

American Association on Mental Deficiency　美國智能不足協會　47, 51

American Association on Mental Retardation　美國智能障礙學會　233

American Speech-Language-Hearing Association　美國聽語協會　105, 109

amputations　截肢　86

animal pegs　動物椿測驗

antecedent　前因　144-146

anxiety disorder　焦慮性疾病　91

aphasia　失語症　111, 218

aptitude test　性向測驗　38, 68, 69, 70, 71, 169

intelligence quotient　智商　3, 8, 48, 49, 50, 51, 64, 111, 176, 182, 187, 251, 253, 254

intelligence test　智力測驗　7, 15, 32, 35, 38, 42, 48, 49, 50, 53, 54, 56, 63, 64, 69, 70, 83, 107, 116, 118, 167, 182, 187, 194, 197, 237, 255

internal consistency reliability　內部一致性信度

International Classification of Diseases　疾病國際分類　45

IQ　智商

K

Kuder-Richardson reliability　庫李信度　7

L

label　標記　23-24, 46, 117, 118, 127, 131, 138

language disorder　語言障礙

LD　學習障礙

learning disabilities　學習障礙　12, 16, 36, 47, 57, 58, 59, 61, 62, 63, 64, 65, 67, 70, 111, 130, 187, 190, 194, 202, 208, 210, 211, 229, 246, 249, 251

learning potential assessment　學習潛能評量　127

light perception　光覺　15, 74, 75, 76

loudness　音量　81, 106, 109

M

mannerism　作態行為　94

mathematics disorder　數學障礙　58

matrix reasoning　短陣推理（測驗）

maze　迷津（測驗）

measurement　測量　3-4, 6, 7, 42, 54, 59, 77, 112, 121, 122, 135, 159, 184, 186, 191, 204, 205, 206, 216, 222, 223, 226, 228, 255

mediated assessment　中介評量　127

memory span　記憶廣度（測驗）

mental deficiency　智能不足　53

mental retardation　智能障礙　20, 23, 24, 32, 33, 35, 36, 47, 48, 49, 50, 51, 52,

53, 54, 55, 56, 58, 59, 60, 61, 62, 88, 107, 108, 114, 115, 116, 122, 126, 137, 145, 153, 154, 165, 170, 182, 187, 196, 206, 208, 211, 233, 234, 236, 246, 249, 251

minimal brain dysfunction　細微腦功能失調　58

mixed disorders of scholastic skills　混合性學業技巧障礙　60

mixed receptive-expressive language disorder　接受與表達混合性語言障礙　107

mood affective disorder　情感性疾病　91-92

mood disorder　情感性疾病　91-92

motor speech disorder　語言動作障礙　107-108

MR　智能障礙

multiple disabilities　多重障礙學生　20, 36, 56, 86, 105, 113, 114, 115, 116

multiple sensory impairments　多重感官障礙　115

muscular dystrophy　肌肉失養症　59

N

negativism　阻抗行為　94

neurotic　精神官能症　92

NJCLD　美國學習障礙聯合委員會

norm　常模　7, 30, 41, 118, 138, 182, 203, 211, 214, 227, 231, 240, 245

norm-referenced evaluation　常模參照（評量）　4, 138

norms table　常模表　219

O

object assembly　物形配置測驗

OC　整體能力　232

omissions　省略　60, 106, 108, 201, 203

organic mental disorder　器質性精神病　90-91

organic mood affective disorder　器質性情感障礙

osteogenesis imperfecta　成骨不全　86

osteomyelitis　骨髓炎　86

other developmental disorders of scholastic skills　其他學業技能發展障礙 60, 65

225, 227, 228, 229, 233, 237, 240, 245

139, 152, 206, 226

static assessment　靜態評量　127

stereotyped behavior　刻板動作　93

Structure of Intellect Model　智力結構理論　189

stuttering　口吃　108, 112, 202

substitutions　替代　60, 106, 201

summative evaluation　總結性評量　4, 19

supplementary subtest　交替測驗　176-178

symbol search　符號尋找（測驗）

symbol substitution　符號替代

systematic manipulation　系統化操作　143

T

T score　T 分數　8, 240

talented　資賦優異　5, 42, 47, 63, 67, 69, 70, 71, 170, 193, 237

test　測驗　1, 3, 4, 6, 7, 8, 15, 16, 17, 23, 25, 28, 29, 31, 32, 33, 35, 36, 37, 38, 39, 40, 41, 42, 43, 50, 54, 55, 56, 58, 63, 64, 67, 68, 69, 70, 71, 77, 83, 86, 88, 95, 98, 100, 107, 112, 118, 132, 135, 136, 137, 138, 139, 153, 154, 155, 156, 157, 159, 163, 167, 169, 170, 171, 172, 173, 174, 175, 176, 177, 178, 179, 180, 182, 183, 184, 185, 187, 188, 189, 190, 191, 193, 194, 195, 196, 197, 198, 199, 200, 201, 202, 203, 204, 205, 206, 207, 208, 210, 211, 213, 214, 215, 216, 217, 218, 219, 220, 221, 222, 223, 225, 226, 227, 228, 229, 231, 232, 233, 234, 236, 237, 238, 239, 240, 241, 243, 244, 245, 246, 249, 250, 251, 252, 253, 254, 255

Test of Nonverbal Intelligence; TONI　托尼非語文智力測驗　36, 56, 187, 193, 251

testing the limits approaches　極限取向測驗　127

the American Psychiatric Association　美國精神醫學協會　45, 103

the Berry-Buktenica Developmental Test of Visual-Motor Integration　拜瑞—布坦尼卡　視覺—動作統整發展測驗

the National Joint Committee on Learning Disabilities　美國學習障礙聯合委

　　員會　57, 61

the Structure of Intellect Learning Abilities　智能結構學習能力測驗　70, 189

thinking aloud　放聲思考　129-130

tic disorder　抽動性障礙　91

TMR　可訓練性智能障礙

tone　音色　109

traditional assessment　傳統評量

trainable mental retardation　可訓練性智能障礙　55

tremor　震顫型　86

U

UD　沮喪

US. Office of Education　美國教育署　57

USOE　美國教育署　57

V

validity　效度　4, 7, 29, 30, 33, 39, 40, 42, 130, 132, 139, 155, 161, 165, 167

VCI　語文理解指數　67

verbal scale IQ　語文量表智商　64, 178, 179, 251, 254

Verbal Comprehension Index　語文理解指數

visual agnosia　視覺辨識能力缺失症

visual exploration　視覺搜尋

visual fields　視野　74-75, 77, 78

visual impairments　視覺障礙　20, 53, 73, 74, 75, 76, 77, 114, 115, 116, 170,

　　241, 250

visual memory　視覺記憶

VIQ　語文量表智商

VMI　拜瑞－布坦尼卡　視覺－動作統整發展測驗

vocabulary test　詞彙測驗　177, 179, 188

voice disorder　聲音異常　106, 108, 109

W

Z

國家圖書館出版品預行編目（CIP）資料

特殊學生鑑定與評量／陳麗如著. --二版--
臺北市：心理，2006（民95）
面；　公分.--（特殊教育系列；61017）
含參考書目；面
ISBN 978-957-702-928-7（平裝）

1. 特殊教育 – 評鑑

529.6　　　　　　　　　　95013579

特殊教育系列 61017

特殊學生鑑定與評量（第二版）

作　　者：陳麗如

責任編輯：郭佳玲

總 編 輯：林敬堯

發 行 人：洪有義

出 版 者：心理出版社股份有限公司

地　　址：231026 新北市新店區光明街 288 號 7 樓

電　　話：(02) 29150566

傳　　真：(02) 29152928

郵撥帳號：19293172　心理出版社股份有限公司

網　　址：https://www.psy.com.tw

電子信箱：psychoco@ms15.hinet.net

排 版 者：辰皓國際出版製作有限公司

印 刷 者：辰皓國際出版製作有限公司

初版一刷：2001 年 9 月

二版一刷：2006 年 8 月

二版十三刷：2024 年 1 月

I S B N：978-957-702-928-7

定　　價：新台幣 400 元

■有著作權‧侵害必究■